自由的你

体悟疗法与强迫症干预

东振明 ———————— 著

FAREWELL
to OBSESSION

知识产权出版社
全国百佳图书出版单位
—北京—

图书在版编目（CIP）数据

自由的你：体悟疗法与强迫症干预/东振明著. —北京：知识产权出版社，2022. 1（2023. 5 重印）

ISBN 978 -7 -5130 -7767 -5

Ⅰ. ①自… Ⅱ. ①东… Ⅲ. ①心学—研究 Ⅳ. ①B244. 8

中国版本图书馆 CIP 数据核字（2021）第 202829 号

责任编辑：刘　爽　　　**责任校对：**谷　洋
封面设计：研美设计　　**责任印制：**刘译文

自由的你：体悟疗法与强迫症干预

东振明　著

出版发行：知识产权出版社有限责任公司	**网　　址：**http：//www. ipph. cn
社　　址：北京市海淀区气象路 50 号院	**邮　　编：**100081
责编电话：010 -82000860 转 8125	**责编邮箱：**39919393@ qq. com
发行电话：010 -82000860 转 8101/8102	**发行传真：**010 -82000893/82005070/82000270
印　　刷：天津嘉恒印务有限公司	**经　　销：**各大网上书店、新华书店及相关专业书店
开　　本：720mm ×960mm　1/16	**印　　张：**21. 5
版　　次：2022 年 1 月第 1 版	**印　　次：**2023 年 5 月第 2 次印刷
字　　数：375 千字	**定　　价：**68. 00 元

ISBN 978 -7 -5130 -7767 -5

看清想法

选择行为

经历情绪

目　录

中　篇　体悟疗法

解开心锁

徐光兴

强迫症（Obsessive-complusive Disorder，OCD）是精神障碍中的特异病症。这是一种令人备感苦涩、烦恼无尽的思维与行为障碍，它把人引诱到一个黑暗陷阱中，又让人难以启齿，只能悄悄隐藏痛苦。这一病症需要社会和专业心理工作者更多的关注和心理援助。

历史上，世界各国的研究者把它与忌讳行为、仪式行为、恶灵附体联系在一起，甚至有学者认为“最原始的强迫症”源自恋爱，尤其是有了“单相思”后，就开始了强迫性的“没有终止的思念”。专业的临床治疗者试图从心理学角度去探究，例如个人的性格、罪恶意识、危机感、洁癖、焦虑或疑病等引发的症状。严重的个案可能并发抑郁症，甚至有自杀风险。精神分析学鼻祖弗洛伊德认为，强迫症来自幼儿“肛门期”人格形成阶段，因错误训练而埋下身心障碍的隐患。

近年来，世界各国对强迫症的病理机制、神经系统活动及其治疗技术的研究取得了长足的进步，特别是遗传学、认知科学和神经生物学等角度的研究有了突破性的发现，许多未知之谜正在一步步地被破解。

这种谜一般的精神障碍伴随着脑部的生化物质失调，大脑的基底核出现异常，产生了无法消除的“错误信息”。就像一位患者所说的，“脑中的信息窗户全部上好了插销，无法打开透气，直至窒息”，就好像人的思维和行为的“换挡机制”被卡住了。因此，通俗地说，这就像是一种“脑锁”，而干预过程就是“解锁”的过程。

20 世纪 60 年代以来，对强迫症的干预主要运用行为疗法。后来，研究者在治疗中发现，某些性格脆弱、儿童期遭受过心理创伤的人特别容易发生强迫症状。有些个体的思考方式出现了扭曲，认为“结果会影响一切 = 必须承担一切后果”，于是出现了强迫症个体“认知功能缺陷”的理论假说。此后，世界各国一直提倡使用认知行为疗法，主要有“评价与治疗目标的设置→正常化与非威胁性的替代措施→问题的分析与探讨→录音分析与思考方式的修正→现实生活中新的行为实验→预防复发”等治疗步骤。

在为数众多的强迫症干预方法中，东振明先生的干预体系——体悟疗法——脱颖而出，这是中国本土化的认知行为疗法新产物。体悟疗法整合了认知行为疗法、接纳与承诺疗法、森田疗法，以及正念训练、儒家文化体验、传统气功和八段锦的练习，改变头脑运作机制，让强迫症个体实现“自我解锁”，选择另一道门，战胜“恶魔附体”，从症状的桎梏中解脱出来。

《自由的你：体悟疗法与强迫症干预》介绍了体悟疗法的起源和理论假说，对强迫症来访者的内心世界进行了明快的解析，并具体说明如何打开谜一般的“脑锁”；辅之以正念练习，用中国传统文化对患者的心灵进行滋养；展示强迫症治疗案例的干预过程，运用诊断和治疗的“地形图”、自我发展最大化、预警性注意等方法和假说，来培养强迫症患者的九种心理免疫力，培育健康的“核心自我”，并获得灵魂的深切感悟和觉醒。

据美国公共精神卫生统计信息，每40个人中就有一个强迫症患者，按人口基数计算，美国的强迫症患者超过500万人；日本的流行病学社会调查结果显示，强迫症患病率占日本人口的1.9%～3.2%；近年来，我国的强迫症患病率也呈上升趋势，在精神卫生机构的心理门诊中，强迫症患者占精神障碍病例的8.4%～16.2%，按照我国的人口基数推测，这是一个值得关注的、数量巨大的心理障碍群体。

东振明先生这一专著的出版，对于目前还处于对症状有羞耻感、焦虑感，选择压抑、沉默，独自咀嚼着无边苦涩的这一群体，无疑是个福音。相对于常规的药物治疗，本书像是一道撕破暗夜的曙光，这一低成本、高效的强迫症治疗技术，必将得到广泛的认可。

强迫症是一种奇妙又难治的心理障碍，症状严重者需要终身的心理关怀，但这种心理障碍并不是不可攻克的。科学技术在进步，并且有越来越多像东振明先生这样坚守强迫症治疗第一线的专业研究者和实践者，相信人类最终能战胜这一“魔症”，走向幸福的未来。

是为序，并荐之。

强迫与体悟

张天布

人们常常觉得凡事认真、谨慎的人好像容易跟人较真儿、抬杠，有时候忍不住抱怨："这人是不是有点强迫症啊?"

可见，"强迫"这个现象被越来越多的人所关注。但是强迫症不能简单地理解为"太认真了"，因为正常情况下的"认真"是一种自由意志支配的行为状态，而强迫状态虽然也体现为讲究秩序、规则、整齐、干净等，但却是一种不自由的意志状态，他们遵循规则是因为内心受到某种"要求"。这种要求有时候是自己莫名其妙地要求自己，即"主动地强迫自己"（obsessive）；有时是因为感到自己必须要符合某种外在的要求，迫不得已地去做、去想，这种情况属于感受到外在的、被动的强迫（compulsive）。所以强迫症就被称为 Obsessive-compulsive Disorder。不论是主动强迫还是被动强迫，主体都能感受到那些不断重复的想法或做法是没有必要的，却又难以自持地顺从这样的"要求"，甚至因为想要对抗这种"要求"而陷入更深的困境。

与强迫症患者打交道常常让人抓狂，考验着一个人的自我稳定感和耐心。在临床治疗中，患者常常用翻来覆去的车轱辘话"碾压"医生。

患者：大夫，我这病能不能好?

医生：大多数都会见好。

患者：那万一好不了呢?

（医生很认真地解释……）

患者（没听进去大夫说了些什么）：我这病怎么治比较好?

医生：吃点药就可以好。

患者：你确定我吃药一定能好吗?

医生：这个不敢向你打包票。

患者：那你怎么说吃药就可以呢？

医生：你可以试试看嘛。

患者：吃药有副作用吗？

医生：吃药都会有些副作用。

患者：那我还敢吃药？

医生：你要是实在担心，就先不吃药了。

患者：那我这病怎么办？

医生：……那你自己决定怎么办吧。

患者：你是医生呀，我得问你怎么办呀？

医生：……

对话陷入这种模式，就像是小胡同赶猪，而且还两头儿堵，最后让医生四面碰壁。医生说的每句话都会遭到患者的迎面堵截、质疑，这种对质非常具体、琐碎，而且还很“较真儿”，甚至都搞不清楚对质的目的是什么，似乎只是为了沉浸在这个澄清、对立、质疑、“直杠”、“硬怼”的状态里。

这种情景往往是强迫症患者把内心冲突、对立的两方面内容向外投射出来，表达在他和医生之间。这时候，患者与医生分别扮演了患者内心冲突对抗的其中一方力量，内心那种难以表达的模式就通过这样的形式外化出来了。

这种情景下，如果医生直接针对内容给予答复，就会卷入到强迫、对立的模式里去。所以不能直杠、硬怼，不能就琐碎、具体的内容一一给予解释，因为这些都无法针对患者内心的冲突模式，只是徒劳地陷入以冲突模式为蓝本的新剧情里而已。但也不能回避、拒绝回答患者的话题。你需要迎接话题，但是你的回答并不是直接针对那些琐碎、具体的内容，而是在交流的过程中不断地借力发力，引导患者透过具体内容去看内心的冲突模式，引导他向内心观察，逐渐理解自己的内心冲突模式。

治疗的原则就是提升患者的觉察性自我功能，能够对自己进行观察、体会、自省、领悟，进而发生改变。医生的作用，就是想方设法地帮助患者提升自我觉察的能力。

自我觉察能力的提升，并不是理解了原理就可以做到的，还需要感受、情绪、行为等多个维度的提高，这种训练对于普通人来讲就是“修心养性”。我们祖先中的大智慧者把其思考、践行的宝贵经验不断沉淀，以文化为载体流传后世，我们不仅需要理性学习，还要身体力行地感悟和探索。

东振明先生多年修习心身调理的各种锻炼之法，并结合心理学原理运用在对强迫症的咨询中，颇有心得。他的《自由的你：体悟疗法与强迫症干预》就是这么一部探索运用心理体悟训练来系统干预强迫障碍的专著。本书还把强迫障碍这个难对付的临床症状的概念起源、历史沿革、各种疗法流派的文献记录进行了梳理，为专业人员提供了有价值的综述参考。

期待这部著作能为对强迫现象感兴趣的读者带来启发，为受强迫障碍困扰的患者提供一个自我疗愈的选择，为专业的心理咨询师和精神科医师们提供有价值的参考。

当初读到金庸

朱建军

当初读到金庸，大惊——近几十年华语世界的成名文学作品我都读过，没有这么精彩的！比较之下，觉得《天龙八部》《倚天屠龙记》在《三国演义》《西游记》之上，虽较《水浒传》《红楼梦》还颇有不及，但如果赌哪些当代作品将来会成为文学经典，我押金庸的小说。

为朋友写序，按规矩总是要说几句好话。但是如果说得太好，效果却未必好，因为难以取信于读者。读者心中会有一个预期，预期这本书大概是什么水平。如果说得太好超出了大家的预期，反而会让人心生疑虑，怀疑你是在为自己的朋友夸大其词，所以按道理说我这个序应当收敛点。但是，管他呢！人生贵适意尔，不说真话我心里不爽。我要说，这本书开创性很高，已初步达到心理学名作水准。

金庸小说出版之初并不被主流文学界认可，原因在于文体。大家都觉得武侠小说是通俗文学，不登大雅之堂，就算写得好，也不可能成为经典。这种见解真是冬烘先生的成见而已。在明代，主流认为八股文才是正路，小说是不成器的人写的，但是现在八股文都在哪里？世上文章只有两类，一类是好文，另一类是劣文，无关文体。

振明此书，也是好文。

好在哪里？——好在有独到见解。

心理咨询界，总体来说，大多都是追随西方。下品者画虎不成反类犬，中品学而有成可堪运用，如果能举一反三、能把学到的东西本土化、能灵活运用并在枝节上有所发展，已经可以算上品。振明此书能把中国传统和西方精神融会贯通，真正对强迫症的本质有所领会，其方法能独成一家。

大概八九年前，一次会上听振明发言，当时就有耳目一新的感觉。那次发言振明还提到了一点量子力学，我们都知道，量子力学本是骗子最爱用的话术，当今时代说“量子”“纳米”，就仿佛百年前说“场”，可以起到让听众“不明觉厉”之效果。所以听到他讲量子时，我不禁微有腹诽，但仔细一听，腹诽立止。这个人讲的量子力学清清楚楚、明明白白，而且不是随便说量子，而是对量子力学和当下话题的联系也清楚明白。这可见振明之才。

后来在学术场合时而接触，谈论起心理学的种种，发现此子于东西方之学也都有所研习。西学也就罢了（西学是显学），但在当今时代，对中国传统文化能用心钻研的人不多。有一些在主流中地位很难上去的人、学历不高但心比天高的人、哗众取宠的“教授”，会试图借讲中国传统文化以求一逞，博个知名度。这些人虽然是在传播传统文化，实际上无非是“裨贩传统”，并非真心热爱传统文化。真心热爱传统文化的人固然也有，但着实不多，振明是其中之一。振明对传统文化的理解，还不能算很高——当然我自己也不高——但也相当不错了。由此可见振明有识。

真正认可振明，是在一次谈及为什么学习心理学。大家真正推心置腹地讨论时，我才发现，振明并非“受伤的疗愈者”那种因自己有心理问题而入行，也不是因缘巧合转入心理学，而是真的有意识地为济世而入行学心理学。这样一来，我就明白了，振明能够独树一帜、不为主流思潮所拘束，是因为他并非为稻粱谋，也不是汲汲于名利。因不是为了名利，便可以不那么顾及时评，能就事看事；因私心少，故发现多——由此可见发心纯正，这是我最认可振明之处。

没有人能随随便便成功。正因这些才识、愿力，才有了振明所创立的新疗法。这个疗法最独到之处，是把中国传统文化的思想融会其中——拉扯一点中国传统文化，作为衣服上的补子不难，但有机地融合并有所发明，没有真正的领悟不可能达到。

仅说一点，心理咨询与治疗不仅是用“西学”中的症状消除思路，还用中国传统的能力养成之思路，这看起来似乎不是什么大转变，但只有身在心理咨询专业与行业之中，才知道这个转变的意义有多大，必将成为中国心理咨询和西方心理咨询的核心区别之一，其要点在于“修心”“修炼”“修行”这儒、释、道共同的“修”。我的疗法也是在走这条路，可见我们所见略同之处。

人的性情不同，我为人优点在于能见大体，不足在于疏阔粗略，所以我能有不少创新，但都是“草创”，大体有其轮廓而已，于精细处颇有欠缺。我所希望的，是门下弟子、学生能发扬光大之。幸而我的弟子中颇有人物，亦一时之选。这个是闲话不提，振明为人谨严精细，多年来专攻强迫症治疗，既专且精。所写出的方法，细致入微，这也是此书难得之处。

当然这也构成了此书的风险：会不会有人读了此书，就去抄袭其中的方法？我想对于振明来说，这也不是大事。小小袭用，也是济世之事，不必计较，而此技术的精髓，一般人也不是那么容易学到的，能读了此书就学到精髓的，当今之世，也不过我等十数人而已。

随便说说，是为序。

我的生命一路向西

东振明

我有一儿一女，儿子取名东博西，女儿取名东止西。“博”取自《中庸》：“博学之，审问之，慎思之，明辨之，笃行之。”“止”取自艮卦。《象》曰：“艮，止也。时止则止，时行则行；动静不失其时，其道光明。”《大学》里说：“……在止于至善。”子曰：“于止，知其所止，可以人而不如鸟乎？”“西”寓意“人生的方向和位置”，我希望他们一生是充满意义的——能够对身为宇宙的一分子有所觉解，至少要能做到独善其身，最好能兼善天下。希望他们能找到属于自己的人生方向，找准自己的位置，并能如朱熹所说“必至于是而不迁”。

1998 年第一次接触心理学时我就立下志向：“为提高中华民族的心理健康水平而奋斗终生！”我认为这就是我生命的“西方”。20 多年过去了，越来越多地认识到个体的卑微和渺小，我现在再也不敢说自己是为了提高中华民族的心理健康水平而从事心理咨询工作了。但我的“西方”一直都在，现在的想法是：如果能为减轻强迫症患者的痛苦做出一点点贡献，此生足矣。正是在这个“西方”的引领下，我一直坚持从事强迫问题的心理咨询工作，不断学习、思考和总结。您手中这本书，就是我“向西”路上的阶段性总结。

我一直认为，我国的心理学人应该为人类心理学的发展提供一些原创性的贡献。目前学界对人类心理的理解就像是盲人摸象：摸到尾巴的说大象像绳子；摸到牙齿的说大象像萝卜；摸到耳朵的说大象像簸箕；摸到头部的说大象像石头；摸到鼻子的说大象像一根圆木棒……舶来的信息不断地报告他们“摸”到了什么，于是我们也去摸摸大象的尾巴说：“嗯，中国的大象也像绳子，但是比他们摸到的要长一些或者粗一些……”当然，外版著述引进和翻译工作是必要的，但却不是充分的。我希望的是，我们中国的心理学人也能摸到一些其他人从未摸到的部位，为最终拼凑人类心理这整头大象的样子做出一些原创性的贡献。这套“体悟疗法”就是这样一种探索，虽然还不能说摸到了什么前人没有摸到的部位，但我相信我正走在这条路上，这也是我的西方。

本书分三部分，第一部分是对强迫症的理解和描绘，第二部分是体悟疗法的理论和设计，第三部分是实际操作。建议您按顺序阅读，以便全面地理解和掌握体悟疗法。关于其中的正念练习，如果您打算在实际工作中运用，首先应自己进行练习，因为我们不能让来访者去做我们自己都没有体验过的事情。同时建议您参加一些正规的正念和禅修练习，比如有合格导师带领的封闭式、禁语的密集训练，以获得亲身的体悟。本书中强迫症的分类依据是症状的现象学表现，其中有重叠的部分，因为很少有人只表现为单一类型，大部分都是同时具有几种表现；本书提供的干预计划也只是模板，需要根据来访者的具体情况进行调整。

书中根据行文语境的需要，有时用“治疗”一词，有时用“咨询”一词，有时用“干预”一词，这仅仅是文字表述的不同，不是对现实行为的界定。书中“强迫症”一词在具体的语境中所指代的具体现象不同：在引用理论、文献时，“强迫症”指代的是理论或文献中的原意；在描述体悟疗法的应用及咨询经验时，指代的是“强迫倾向”或“有强迫症状表现的强迫问题”。

保密原则是必须坚守的职业伦理，书中涉及的众多强迫症的症状表现并未突破这一伦理。这些症状表现是经过改编、拆散、杂糅的再创作，未涉及现实的人口学信息。第三部分出现的咨询对话不是节选自真实的咨询片段，而是为了展示咨询思路和技术而创作的。某些强迫症患友可能会发现书中的某些症状表现和自己的症状表现一样，这是因为强迫症本来的共性，而不是“您”出现在了本书中。

体悟疗法尚处发展阶段，还有很多不完善的地方，尤其对精神病性人格结构的来访者未必适用。希望得到同道们的指正，也欢迎感兴趣的读者与我们直接联系和探讨（dongzm@ reahope. com）。

上 篇

强迫症

第 1 章　强迫症小传

本书介绍的体悟疗法，是笔者在近20年的心理咨询与治疗工作中，逐渐整合、发展、完善起来的一套针对强迫症的心理干预方法。在介绍体悟疗法之前，我们需要对强迫症有所了解。①

系统地学习一门学科，需要从学科的发展史入手。虽然历史只是史学家的叙事，但我们需要这种叙事来帮助我们理解和把握现在；当我们要对某种心理问题进行干预时，也需了解这种心理问题的来龙去脉。随着精神医学、心理学、脑神经科学、遗传学、医药学等学科的不断进步，人类对自身心理问题的认识和了解也在不断深入，诊断标准、疾病归类和亚型等都在不断调整，对心理问题进行干预的方法、技术和手段也在不断进步。如果把某个心理问题比喻成大象的话，不同学科对这头大象的研究就类似摸象的盲人。人类现在还不能完整、精确地拼凑出整头大象的全貌，但这些阶段性、片段性的认识有助于我们对整头大象进行更好的假设和干预。本书介绍的体悟疗法也属于“摸象工程”的一部分，希望能对认清强迫症这头大象有所贡献。

本书把强迫症研究的历史分为五个阶段：前科学阶段、科学阶段酝酿期、科学阶段发展期、科学阶段黄金期、新进展。第一阶段、第二阶段是根据是否进入科学领域来划分的，后几个阶段的划分以相关心理干预疗法的进步与革新为依据。

一、前科学阶段

通过神话、传说、文学作品和史料记载，我们可以知道强迫症古已有之。

① 本书未涉及强迫症的诊断标准，相关内容参见《精神障碍诊断与统计手册（第五版）》（DSM-5）、《国际疾病分类（第十一次修订本（ICD-11）中文版）》，及异常心理的相关专业论著。

但在1838年之前，这种心理障碍一直没有得到专门的研究。我们把这一阶段称为强迫症研究的前科学阶段。

“许由洗耳处，巢父不饮牛”可能是有文字记录的最早的强迫倾向。故事是这样的：传说上古时代的尧想把帝位让给许由。许由是个以不问政治为“清高”的人，不但拒绝了尧的请求，而且连夜逃进箕山，隐居不出。尧认为许由谦虚，便又派人去请，说：“如果不接受帝位，希望能出来当个‘九州长’。”不料许由听了更加厌恶，立刻跑到山下的颖水边去，掬水洗耳。许由的朋友巢父也隐居在这里，这时正巧牵着小牛来给它饮水，便问许由在做什么。许由就把原由告诉他，并且说：“我听了这样的不干净话，怎能不赶快洗洗我清白的耳朵呢！”巢父听了冷笑道：“谁叫你在外面招摇，有了名声，现在惹出麻烦来了，完全是自找的，还洗什么耳朵！别弄脏这清溪，沾污了我小牛的嘴！”说着他就牵起小牛向上游走去了。

当然儒家的孔子并不认同这种行为，称其为“素隐行怪”。强迫症的很多行为都类似于“素隐行怪”，但并不是有意为之，而是内心被强迫驱使着不得不这么做。如果大家熟悉清洗类强迫症的话，就不难发现许由和巢父的思维和行为都与清洗类强迫症相似。

《列子》里记录了一个杞国人担心天塌地陷的故事。

> 杞国有人忧天地崩坠，身亡所寄，废寝食者。又有忧彼之所忧者，因往晓之，曰：“天，积气耳，亡处亡气。若屈伸呼吸，终日在天中行止，奈何忧崩坠乎？”其人曰：“天果积气，日月星宿，不当坠耶？”晓之者曰：“日月星宿，亦积气中之有光耀者，只使坠，亦不能有所中伤。”其人曰：“奈地坏何？”晓之者曰：“地，积块耳，充塞四虚，亡处亡块。若躇步跐蹈，终日在地上行止，奈何忧其坏？”其人舍然大喜，晓之者亦舍然大喜。

以现在的诊断标准来看，杞国这个人可以诊断为强迫症了。他们的对话是很好的认知治疗，来访者的隐私保护做得很到位，“咨询师”的私人信息也保密得很好。

宋朝的米芾是著名的书法家、画家，与苏轼、黄庭坚、蔡襄合称“宋四家”。他似乎有相当严重的清洗类强迫症，摸完任何东西都要洗手，而且必须用流水洗。米芾去世后，蔡肇为他撰写墓志铭，铭文中有“浣衣濯带肌瘳皲”一句，是说他经常洗濯，连皮肤都起皴了。另外，汉朝霍去病的弟弟霍光，元朝的倪瓒、畅师文，基本上都符合强迫症的诊断标准了。

在西方，经常用传说中的人物西西弗斯指代强迫症。他曾经绑架死神，使得人世间很长时间都没有死亡，后因触怒众神而被罚把一块巨石推上山顶，每次快要成功时巨石又会滚落谷底，因此他不得不日复一日地往山上推巨石。

莎士比亚的悲剧《麦克白》描述了麦克白夫人因为谋杀的罪恶感而无法停止洗手，她感到手上沾满了罪恶的鲜血，怎么洗也洗不干净，其实是想通过洗手来“洗掉”内心的罪恶感。这是清洗类强迫症中很常见的一种，这类强迫症并不是觉得外在的环境不干净，而是觉得自己的精神受到了污染。

在动物身上也可以观察到“强迫行为”，最有名的例子来自奥地利动物学家、诺贝尔奖得主康拉德·劳伦兹的记录。他养了一群灰色雁鹅，有一只母雁鹅回家时，总是习惯沿着一条特别的路：穿过楼梯的下面，沿着走廊走到窗户，转身来到楼梯前，然后走上楼梯，回到自己楼上的窝里。慢慢地，它把自己走的弯路缩短了一些，但仍然要穿过楼梯下面，向窗户的方向走一会儿，然后才能转身上楼梯。一天，劳伦兹忘了在通常回家的时间让那群雁鹅回家了。天开始变黑，鹅群非常迫切地想要回家，那只母雁鹅跑进门，直接向楼梯跑去，开始爬楼梯。这时，令人惊讶的事发生了：爬到第五级台阶时，母雁鹅突然停下来伸长了脖子（这个动作通常表示害怕），扑扇翅膀发出了警告的叫声，几乎要飞起来了。它犹豫了一会儿，迅速转身下楼梯，回到刚进门的地方，毅然决然地沿着它以前的路径重来了一遍——穿过楼梯下面，向窗户的方向走一会儿，然后转身，好像在完成一项特别重要的使命。像往常一样，这一次它沿着楼梯的左边爬，爬到第五级台阶时，它又停住了，向周围看看，身体晃动一下（这个动作是“欢迎”的意思），焦虑和紧张的情绪自此得到缓解。

二、科学阶段酝酿期

1838 年，法国精神病学家埃斯基洛首次报告强迫性怀疑的个案，并把它归入“单狂”（monomania）一类，强迫症正式进入科学视野，但那时还不叫强迫症。从那时起，直到弗洛伊德创立精神分析理论，这段时期人们尚未找到有针对性的强迫症干预方法，所以我们称之为强迫症研究的科学阶段酝酿期。

实际上，埃斯基洛在 1834 年就接待了这个“零号强迫症病人”。这位年轻的法国女子是一名会计，她身材高挑，有一头红褐色的头发，蓝眼睛，为人正直，工作勤奋。在求助于埃斯基洛之前，她已经被强迫症困扰了 16 年。据她自己回忆，有一次她去阿姨家，在回家的路上突然毫无原因、毫无征兆地冒出个想法："我要是偷了阿姨家的东西怎么办？要是赃物被无意间藏到了自己的裙子的褶层里怎么办？"从此她不敢再穿那条裙子，所有裙子的下摆都要剪得干干净净。为了避免偷东西藏进鞋里，她穿最小的鞋以保证脚和鞋之间没有缝隙可以藏赃物，她的双脚因此被挤得肿胀。在工作上她不愿意经手财物，生怕点过的钱会被手指头扣留下来或者把钱币的价值吸走。她清楚自己的不安从本质上来说是荒诞的，也知道自己的预防措施毫无意义。[①] 这个"零号强迫症病人"最后是否康复我们无从知晓，埃斯基洛并没有交代她后来的治疗效果。

1861 年，莫雷尔也描述了相似的案例，称为情绪性妄想，并在 1866 年正式提出了"强迫症"一词（许又新，2008）。1895 年之前，人们常常把强迫症和恐惧症混为一谈。而正是在这一年，弗洛伊德提出强迫症和恐惧症是两种不同的神经症。

三、科学阶段发展期

弗洛伊德的精神分析理论有相当一部分是建构在针对强迫症的工作经验之上的，此后干预强迫症基本上都是用精神分析。所以我们将精神分析疗法的创立视为强迫症研究进入科学阶段发展期的标志。

按照弗洛伊德的精神分析理论，强迫症其实就是一个"梦"。弗洛伊德认为梦是愿望的达成，在白天醒着的时候由于种种原因不能满足这个愿望，就会在梦里来寻求满足。当然，很多愿望在睡梦中也会受到压抑，不能原封不动、赤裸裸地通过梦来满足，所以梦也要经过各种复杂的伪装，常用的伪装技术有凝缩、移置、象征和润饰。我们很多时候都无法理解自己的梦，因为它经过了精心的伪装。

强迫症也是如此，某种潜意识的欲望因为被压抑而无法得到满足，但这种欲望不会因为压抑而消失，它仍然在想方设法寻求满足，强迫症就是对这种欲望的乔装的、迂回的满足。弗洛伊德在《精神分析导论》里记录了两个强迫症

① 大卫·亚当．停不下来的人：强迫症自救指南［M］．朱晓宇，路本福，译．北京：外语教学与研究出版社，2016：40-41．

经典案例，其中一例是一名中年妇女，她每天会定时进入一个房间，坐在餐桌旁，让仆人进来并确保仆人可以看到桌子上铺有红色图案的台布，然后再让仆人出去。另一例是一名少女，每天睡前都有一套极其复杂的仪式：枕头必须按某种特殊的规则摆放，怎么样抖自己的被子，卧室的门开到一个特定的角度，等等。

弗洛伊德最著名的强迫症案例当属“鼠人”。1907 年，弗洛伊德接待了这位举世闻名的“鼠人”，虽然此案例轰动一时，但来访者的真实身份在差不多80年后才为世人所知。这位“鼠人”是恩斯特·兰泽博士，当时 29 岁，住在维也纳，职业是律师，同时是帝国军队的预备役军人。他被头脑里各种荒诞的、虐待狂的想法折磨得生不如死，想象自己所爱的人屁股后被拴上老鼠，这些老鼠无处可逃，一边咬噬一边钻入他们的肛门。在精神分析治疗过程中，弗洛伊德认为“鼠人”对父亲充满愤怒，因此在潜意识中想象与他发生肛交，而对这个念头的压抑导致了强迫。弗洛伊德声称，“鼠人”意识到了这一点，最终赶走了这个强迫观念。1908 年，“鼠人”在律师事务所找到了稳定的工作，1910 年结婚，1914 年在第一次世界大战中被俄军俘虏后死亡。①

“鼠人”之后，强迫症有了针对性的干预方法——精神分析。令人遗憾的是，临床实践表明，基于经典的精神分析学说而实施的动力心理治疗与精神分析治疗对绝大部分强迫症个体效果不佳。② 强迫症是在精神分析理论中被引用最多的用来阐述精神分析理论基础的一类病症，但也是从精神分析治疗中获益最少的一类病症，这一点颇为讽刺。③

弗洛伊德在维也纳发展精神分析疗法时，在日本有一位比他小 18 岁的医生也正在发展一种全新且有效的治疗强迫症的方法。这位森田正马医生从小体弱多病，被各种各样的心理症状和躯体症状所困扰。据说，他 10 岁左右在寺院里看到了一幅色彩浓重的描绘阴间的图画，感到毛骨悚然，此后便经常想到死后的情景。他怕死、失眠，夜里睡不踏实，常在梦魇中惊醒，这就是他后来所提出的“死的恐怖”的源头。12 岁时还尿床，这让他非常苦恼，为了不尿湿被褥，他总是铺着草席睡觉。16 岁患上头痛，常常心动过速，容易疲劳，确诊心

---

① 大卫·亚当．停不下来的人：强迫症自救指南［M］．朱晓宇，路本福，译．北京：外语教学与研究出版社，2016：37-39.

② 张亚林．神经症理论与实践［M］．北京：人民卫生出版社，2000：207.

③ 朱迪茜·瑞坡坡特．不能停止洗手的男孩：强迫症的经验和治疗［M］．袁伟，译．上海：华东师范大学出版社，2012：72.

脏病。两年后又患上了伤寒和焦虑性神经痛等疾病……

森田本人尝试过各种治疗方法，但都没有效果。大学一年级时，父母因农忙，连续两个月忘记寄生活费给他，森田误以为父母不支持他上学，感到很气愤，甚至想过在父母面前自杀……最终他暗下决心，要干出个样子来让家人看看。在这期间他什么药也不吃，放弃一切治疗，不顾一切地拼命学习，取得了意想不到的好成绩。而且不知什么时候，脚气病和神经衰弱等症状也不知不觉地消失了。他后来创立的森田疗法和自身的经历密不可分，他放弃一切治疗就是让各种神经衰弱的症状“爱来就来，爱走就走，爱严重就严重，爱怎么样就怎么样，我也不想着你好得了还是好不了，反正我就是不管你了”，这就是后来的森田疗法中第一句话“顺其自然”的来源。现在很多人使用了森田疗法却效果欠佳，重要原因就是总是想着用森田的方法能让自己的症状消失，也就是把顺其自然当成消除症状的手段，而这恰恰和森田本人的情况相反，这不是真正的顺其自然。森田放弃一切治疗之后并没有躺在床上等死，而是不顾一切地拼命学习，这就是森田疗法的第二个要点：“为所当为”。

森田后来成为医生，在临床工作中逐步完善森田疗法。森田疗法认为：神经症 = 素质 × 机遇 × 病因。素质即疑病性素质，机遇即诱因，病因就是精神交互作用。也就是，有疑病素质的人，由于某些诱因，注意力集中于自己的身体或精神变化，由于注意力的集中而越来越敏感，由此注意也越来越集中和固定……感觉和注意的交互作用就形成了精神交互作用，使症状发展并固定，形成神经质的症状。[①] 简单地说，就是把正常人偶尔也会产生的正常念头、情绪、躯体感受等认为是不正常的，然后想方设法去消除它，结果越消除越严重，越严重越消除，于是强迫症就形成了。

森田疗法包括两种形式：住院治疗和门诊治疗。住院治疗至少需要四个星期，对很多强迫症个体来说难以安排，再加上由于病耻感而无法以治疗强迫症的名义请假；对于门诊治疗，森田疗法的局限在于缺少具体可操作的技术。另外，森田疗法被认为主要对强迫观念有效而不太适用于强迫行为，而且很多人（包括部分专业人员）对“顺其自然，为所当为”的理解不够透彻，甚至把“为所当为”误解成“为所欲为”，想实施强迫行为的时候就去实施强迫行为。

所谓的“顺其自然”是指认清想法和情绪的发生、发展及变化规律，不加

---

① 大原浩一，大原健士郎．森田疗法与新森田疗法［M］．崔玉华，方明昭，译．北京：人民卫生出版社 1995：21-23．

以排斥、抵抗、控制和调整，让强迫观念和焦虑情绪按其自身的规律发展变化，不人为介入，或者说是“知道它，允许它，不管它，随它去”。“为所当为”的关键是“当”，可以简单理解为“应当”“应该”，就是做你该做的事情，而强迫行为并不是你该做的事情，所以不要去做。去做生命本身引领你去做的事情，去做那些可以使你过上好生活的事情，而不是去实施强迫行为。

这一阶段还产生了强迫症经典定义，施耐德在 1925 年提出：“一种意识的内容，出现时伴有主观上被强迫的体验，病人无法把它排除掉，平静时病人认识到它是毫无意义的。”刘易斯指出，认识到无意义，这并不是必要的特征，主观上感到必须加以抵抗才是主要的。正因如此，各种习俗和仪式都不是强迫现象，精神分裂症的刻板语言和思维、脑器质病的不随意运动和强制现象都不是强迫现象。这一特征至今仍被美国《精神障碍诊断与统计手册（第五版）》（DSM-5）和《国际疾病分类（第十一次修订本）（ICD-11）中文版》所继承。DSM-5 中强迫症的诊断标准要求：“个体试图忽略或压抑此类想法、冲动或意向，或用其他一些想法或行为来中和它们”。ICD-11 里强迫症的诊断标准要求：“必须至少有一种思想或动作仍在被患者徒劳地加以抵制，即使患者已不再对其他症状加以抵制”。自认为思想行动很荒谬并非强迫症的特征，并且有些强迫观念和行为本身并不奇怪（许又新，2008）。

四、科学阶段黄金期

进入科学阶段黄金期的标志有两个，一是暴露与反应阻止法（ERP）的出现；二是有效的治疗药物的出现。这两种方案改写了强迫症几乎无法治疗的局面，大幅提升了疗效，至今仍是强迫症治疗的一线方法。

ERP 由英国心理学家维克多·迈尔在 1966 年首次提出，他通过对引发强迫观念的线索进行长时间暴露和严格阻止仪式行为的方法，治疗了两例强迫症并取得显著疗效。[①] 迈尔和他的同事们使强迫症个体密集地接触他们所恐惧的事物，比如浴室的门把手、手龙头，并严格限制他们洗浴和清洁的时间，甚至把

① 戴维·巴洛. 心理障碍临床手册［M］. 刘兴华，黄峥，徐凯文，等译. 3 版. 北京：中国轻工业出版社，2004：237.

医院里除了马桶用水之外的水源全部关闭。经过几天的强化治疗，15 位强迫症个体中有 14 位的症状得到明显缓解，其中 10 人进步很快，甚至症状消失，4 人有了较大进步。迈尔的开拓性工作之后，世界各地的无数研究都证实了这种方法对减轻强迫症状卓有成效。[①]

人类心理似乎有个普遍法则，即人们会习惯于某种情绪观念，最终我们发现一些事物渐渐地几乎无法使自己产生任何情绪了。[②] ERP 里的“暴露”就依据了这个习惯化原理，强迫症个体所害怕的并不是真实的危险，而是自己头脑里主观臆造的危险，通过长时间、反复地面对和经历这些头脑里的强迫观念，最终将会习惯化，这些强迫观念也就失去了引起焦虑情绪的功能。很多时候，引发这些强迫观念需要外界的刺激，如清洗类强迫症个体需要面对公共厕所、垃圾桶、医院、狗的排泄物等才会出现强迫观念，所以暴露的时候需要面对这些场景，但实际暴露的对象是自己头脑里的强迫观念。“反应阻止”指的是阻止强迫症个体去实施强迫行为，因为强迫行为的功能是缓解由强迫观念所引发的焦虑。根据行为主义的理论，行为会受到行为之后紧接着发生的直接后果的控制，如果行为的后果对当事人有好处，这个行为就会增加，这个过程就是强化。比如，小学生在课堂上积极回答问题，老师就在黑板上给他贴一朵小红花，如果这之后该学生课堂回答问题的行为增加了，我们就称为正强化。如果该学生之前由于一些不好的表现在黑板上被贴了好多小白花，这次他课堂上积极回答问题，老师把他的小白花摘掉一朵，如果这之后该学生课堂回答问题的行为增加了，我们就称之负强化。

正强化和负强化的结果都是使行为增加，区别在于正强化是多出一个好的东西/体验，负强化是减少了一个不好的东西/体验。强迫行为的直接后果是缓解了焦虑，对强迫症个体来说，这是减少了一种不好的体验，因此受到了负强化，于是强迫行为会一直保持下去。有学者认为强迫行为的功能是防止强迫观念所指的危险的发生，表面看起来这种说法是对的，但仔细推敲会发现：强迫症个体并不能确定他的强迫行为做到什么程度才可以防止危险发生，他们判断的标准还是自己的情绪：当他们的情绪得到缓解，他们就认为危险不会发生了。

---

① 海曼，佩德里克．自由的心：强迫症自助治疗［M］．陈晓莉，容怡，译．重庆：重庆大学出版社，2009：19-20．

② 丹尼尔·韦格纳．白熊实验：如何战胜强迫性思维［M］．武丽侠，王润晨曦，陈颖，译．北京：人民邮电出版社．2018：212．

暴露和反应阻止针对的是强迫症的两个方面，暴露针对强迫观念，反应阻止针对强迫行为。对于既有强迫观念又有强迫行为的强迫症个体，二者必须联合使用。

ERP 的理论基础是莫瑞尔提出的二阶段模型。第一阶段，一个中性事物和能够引发焦虑或痛苦的刺激同时出现后，就形成了条件反射，这个原本中性的事物就具备了让我们焦虑或痛苦的功能，这种条件反射就是巴甫洛夫所说的经典条件反射。这是强迫观念形成的阶段。第二阶段，个体为了减少痛苦而主动采取行动（强迫行为），而这种行动恰好缓解了一时的痛苦和焦虑，于是这个行为就得到了负强化，被保持下来，这就是斯金纳所说的操作性条件反射。这个理论的第一个阶段，关于恐惧习得过程的理论目前尚无实证性证据，[①] 但有研究证明了该理论的第二部分，即仪式行为的保持。

ERP 的局限在于：由于暴露治疗会引发来访者较大的焦虑，整个暴露过程是比较痛苦的，所以一些来访者拒绝接受这种疗法，即使参与了，也有 20% 的脱落率。那些完成 ERP 治疗的来访者中，很多人也只得到了部分改善，治疗结束后仍然存在残余症状。

差不多在同一时期，药物治疗也取得了实质性进展。20 世纪 60 年代，氯丙咪嗪实现人工合成；两位西班牙精神科医生，科尔多瓦和洛佩茨-伊沃尔・阿利尼奥发现了氯丙咪嗪在强迫症治疗中的显著效果。不同于其他三环类药物，氯元素的存在使氯丙咪嗪治疗强迫症功效卓越。[②] 它的使用被认为是药物治疗强迫症的首次突破。自此，药物治疗强迫症进展迅速，我们所熟悉的选择性 5-羟色胺再摄取抑制剂（SSRIs）类药物陆续问世：20 世纪八九十年代问世的氟西汀、帕罗西汀和舍曲林，以及氟伏沙明和西酞普兰……这些药物对 5-羟色胺的作用是有选择的。5-羟色胺是负责大脑神经细胞之间相互交流的神经递质的一种，相当于一种化学信使。一个神经细胞要和另外一个神经细胞传递信息，就必须将神经递质释放到突触间隙。信息交流或传递过程完成之后，这些神经递质又被神经细胞重新吸收，这个吸收的过程被称为再摄取。

研究显示，强迫症个体的脑内神经细胞突触间的 5-羟色胺含量异常。这些

---

① 戴维・巴洛．心理障碍临床手册［M］．刘兴华，黄峥，徐凯文，等译．3 版．北京：中国轻工业出版社，2004：234.

② 安妮-埃莱娜・克莱尔，樊尚・特里布．理解与治疗强迫症［M］．朱广赢，张巍，译．上海：上海社会科学院出版社．2019：86-87.

药物的作用就是减缓5-羟色胺的再摄取，以此提高神经细胞突触之间的5-羟色胺的含量，延长它对大脑的作用时间。对5-羟色胺的再摄取由几种不同的受体完成，所谓“选择性”就是指不同的药物对不同的受体是有选择地产生作用的。服药产生疗效时患者的典型体验是，强迫现象仍然存在，但觉得不碍事、不难受，容易控制了。①

药物治疗的一个挑战就是反应率低而复发率高。研究表明，有40%～60%的患者对药物有反应，这就意味着同样有40%～60%的患者没有任何好转迹象。那些有反应的病人平均来看，症状的减少也相当有限。而且，强迫症状的改善需要药物维持。帕罗西汀停药24周复发率为60%，氟西汀停药52周复发率为32%，舍曲林停药28周复发率为24%。由于复发判定标准不同，所以我们也不能据此认为某种药物比另外一种药物更好。

在强迫症的治疗方案中，心理咨询和药物治疗之间现在呈现出合作趋势。本书认为，如果一名心理咨询师否认药物的作用，那他很可能是个不合格的心理咨询师；如果一名精神科医生否定心理咨询的作用，那他很可能不是个合格的精神科医生。

前面介绍的ERP属于行为疗法，在20世纪80年代，保罗·萨库斯基和保罗·弗蒙坎普发现：错误的信条和观念是产生强迫症状的重要原因。他们将艾丽斯等人建立的认知疗法应用于对强迫症的理解和干预，包括明确并质疑导致患者不正常行为的不合理的、荒谬的想法、观念以及错误的思维模式。之后，认知疗法开始和行为疗法并肩作战，共同用于强迫症的治疗②，称为认知行为疗法（CBT）。

英国巴斯大学心理学教授萨尔科夫斯基在1985年提出强迫症个体持有5种功能失调性信念，这些信念可以将强迫症人群同正常人群区分开来。来访者被鼓励明确辨别这些功能失调性信念，并用更合适的、现实的想法取而代之。这一过程通过咨询师和来访者的沟通交流完成，称为认知重构。尽管这种思维模式的转变对强迫症的康复至关重要，但到目前为止还没有科学证据可以证明在没有ERP技术参与的情况下，认知行为疗法能够独立地对强迫症产生很好的疗效。另外，“认知改变技巧”如果不加监控，本身也会变成一种强迫行为。自言

---

① 许又新. 神经症［M］. 2版. 北京：北京大学医学出版社，2008：110.

② 海曼，佩德里克. 自由的心：强迫症自助治疗［M］. 陈晓莉，容怡，译. 重庆：重庆大学出版社，2009：20，48.

自语的治疗办法应该特别注意避免患者陷入强迫行为的陷阱。[①] 总之，纯粹的认知治疗对强迫症的疗效证据有限。

CBT 实现的临床改善往往发生在假定的认知要素被充分改变之前（Ilardi，Craighead，1994），尽管这一结果面临诸多质疑，但 CBT 确实无法给出合理的解释（Ilardi，Craighead & Wilson，1999）。认知中介的改变也无法解释 CBT 的效果（Morgenstern & Longabaugh，2000；Burns & Spangler，2001），特别是无法找到两者之间的因果关系并给予合理的解释（Beck & Perkins，2001；Bieling & Kuyken，2003）。CBT 的成分分析结论也有些匪夷所思："在认知治疗中，认知干预不能提升治疗效果"。[②]

五、新进展

1979 年，乔·卡巴金在麻省大学医学中心附属的减压门诊开设了"正念减压"课程（Mindfulness-based Stress Reduction，MBSR），此后，正念技术不断地被整合到认知治疗当中，这种整合被称为认知行为疗法的第三浪潮。[③] MBSR 是八周的团体训练课程，每周进行一次约两个半小时的课程。课程之外需要参与者每天自己进行正念练习。哥伦比亚大学、纽约州精神病研究所用 MBSR 治疗了一例拒绝接受 ERP 治疗的强迫症患者，取得了明显的效果。[④] 荷兰蒂尔堡大学的一项研究表明，对于那些没有达到强迫症临床诊断标准但有强迫症状的大学生，使用正念技术可以有效减少他们的强迫症状。[⑤] 20 世纪 90 年代，心理学家辛德尔·西格尔、马克·威廉姆斯和约翰·蒂斯代尔将正念和认知行为疗法

---

① 海曼，佩德里克. 自由的心：强迫症自助治疗［M］. 陈晓莉，容怡，译. 重庆：重庆大学出版社，2009：48.

② 史蒂文·C. 海斯，维多利亚·M. 福利特，玛莎·M. 莱恩汉. 正念与接受：认知行为疗法第三浪潮［M］. 叶红萍，等译. 上海：东方出版中心，2010：3.

③ FAIRFAX H. The use of mindfulness in obsessive compulsive disorder: suggestions for its application and integration in existing treatment［J］. Clinical psychology & psychotherapy, 2008, 15 (1): 53-59.

④ PATEL S R, CARMODY J, SIMPSON H B. Adapting mindfulness-based stress reduction for the treatment of obsessive-compulsive disorder: a case report［J］. Cognitive & behavioral practice, 2007, 14 (4): 375-380.

⑤ HANSTEDE M, GIDRON Y, Nyklíc˘Ek I. The effects of a mindfulness intervention on obsessive-compulsive symptoms in a non-clinical student population［J］. Journal of nervous & mental disease, 2008, 196 (10): 776-779.

结合，共同发展出了正念认知疗法（Mindfulness-based Cognitive Therapy，MBCT），这是一个八周的团体干预程序，将正念训练与认知行为疗法基本元素相结合，旨在降低处于严重抑郁发作缓解期患者的复发率。实验结果显示，其对经历 3 个或 3 个以上抑郁阶段的病人有效。[①] 定性分析发现，强迫症个体可以接受 MBCT 并从中获益。[②]

刘兴华用基于正念的认知行为疗法治疗 6 例强迫症个体，取得了显著疗效。[③] 邱平等人的研究也显示，正念对冗思和负性情绪的调节效应显著。[④] 美国加州大学洛杉矶分校的施瓦茨教授等人将正念技术与认知行为疗法结合，设计出强迫症的四步疗法（Four Step Method，FSM），治疗强迫症效果显著。[⑤] 美国加州大学洛杉矶分校的韦斯特伍德焦虑研究中心（Westwood Institute for Anxiety）把正念和药物及行为疗法相结合，发展出正念行为疗法（Mindfulness-based Behavioral Therapy，MBBT）用以治疗强迫症。结果显示，MBBT 对那些对传统疗法缺乏响应的严重强迫症个体有较好的疗效。西班牙巴塞罗那大学法布里奇奥·迪唐纳教授应用正念认知疗法对强迫症进行团体干预取得了良好效果。

由此可以看出，正念技术和认知行为疗法的整合是治疗强迫症的新方向，并且已经取得了一定的实证研究支持。然而，国外治疗强迫症的正念技术都存在某些方面的局限，因此笔者以暴露反应阻止法、正念认知疗法、接纳承诺疗法为基础，结合森田疗法和气功等，发展出一套专门针对强迫症的体悟疗法。体悟疗法是经由身心经验体悟到身心现象和自我的实质，从而改变主体和自身想法、情绪及躯体感受关系的一套理论和操作技能。本书的研究发现，体悟疗法干预强迫症有效，能显著缓解来访者的强迫症状，降低其主观痛苦程度，恢复其社会生活功能。

---

① 辛德尔·西格尔，马克·威廉姆斯，约翰·蒂斯代尔．抑郁症的内观认知疗法［M］．刘兴华，等译．北京：世界图书出版公司，2008：277-285.

② HERTENSTEIN E，ROSE N，VODERHOLZER U，et al. Mindfulness-based cognitive therapy in obsessive-compulsive disorder：A qualitative study on patients' experiences［J］. BMC psychiatry，2012（12）：185.

③ 刘兴华，韩开雷，徐慰．以正念为基础的认知行为疗法对强迫症患者的效果［J］．中国心理卫生杂志，2011，25（12）：915-920.

④ 邱平，罗黄金，李小玲，等．大学生正念对冗思和负性情绪的调节作用［J］．中国健康心理学杂志，2013，21（7）：1088-1090.

⑤ 刘兴华，梁耀坚，段桂芹，等．心智觉知认知疗法：从禅修到心理治疗的发展［J］．中国临床心理学杂志，2008，16（3）：334-336.

六、其他可选择的治疗方案

外科手术治疗。对强迫症病患实施手术的想法是怎么来的呢？最早是源于美国的一位强迫症个体，受强迫症状的折磨而痛苦不堪，在极度绝望的情况下决定自杀，把手枪伸进嘴里对着脑袋开了一枪。幸运的是，他被抢救回来了，并且惊奇地发现强迫症状消失了，这引起了治疗医师们的极大兴趣，深入了对强迫症个体大脑的研究。强迫症的手术治疗包括扣带回切开术、前扣带回切开术、尾状核下束切断术、边缘脑白质切开术等，伽马刀技术也开始使用。尽管神经外科手术可以减轻严重的强迫症个体的症状，但无法根治强迫症。粗略估计有39%～45%的患者有较大改善，甚至完全摆脱了症状，但不是所有的强迫症都适合手术治疗。

在国外，实施这些手术的医学中心要求患者只有在所有治疗办法都无效的情况下才考虑手术，包括接受足够疗程的认知行为疗法和尝试至少三种药物治疗（须包括氯丙咪嗪），每种办法至少使用十个星期，并达到药物的最大剂量。大多数的医疗中心还要求病人至少接受3～5年的其他治疗，然后经过3名主任医师会诊才可以决定是否进行手术治疗。[①] 手术治疗潜在的副作用很多，从人格改变、癫痫、脑积水，到短暂躁狂症和泌尿功能障碍等。

催眠疗法。催眠起源于约翰·约瑟夫·盖斯纳和弗朗茨·安东·麦斯默最早发现的“动物磁力”，在化学麻醉药物出现之前，催眠在外科手术中作为麻醉手段被广泛应用。催眠疗法的关键是诱导和暗示，使人进入一种“意识狭窄”状态，抵达意识清醒状态下无法触及的精神领域，从而接受催眠者的指令。从文献来看，林琼（2001）用催眠疗法治疗11例强迫症，其中9例有效；戴伟华等人（2005）用催眠疗法治疗34例强迫症，有效率88.24%。[②] 但从笔者个人的经验来看，催眠疗法对强迫症的疗效尚不理想。

电抽搐/电休克治疗（ECT）。该方案对内源性抑郁有效，对强迫症无效。[③]

---

① 李广智. 名医会诊强迫症［M］. 上海：上海文化出版社，2008：99.

② 戴伟华，沈均，严成华，等. 催眠疗法治疗强迫症临床分析［J］. 神经疾病与精神卫生，2005，5（5）：362-363.

③ 许又新. 神经症［M］. 2版. 北京：北京大学医学出版社，2008：117.

电抽搐治疗对伴有严重抑郁症状、精神病性症状，共病抽动秽语综合征等其他精神障碍的强迫症个体治疗有效，研究者认为这与电休克能缓解合并症状，从而改善患者的主观体验有关，但并非直接针对强迫症状本身。

重复经颅磁刺激（rTMS）治疗。1997 年，格林伯格等人首次将 rTMS 用于强迫症的治疗，疗效不一。目前大部分临床证据显示，低频 rTMS 刺激辅助运动区及眶额皮质能显著改善强迫症状，而对背外侧前额叶皮质进行 rTMS 治疗的效果并无一致结论。①

深部脑刺激。该疗法是将电极放置于深部脑组织的目标区域，为特定部位提供连续脉冲刺激，刺激的强度、波幅、频率等参数可由脑外控制和调整。多项研究证实，深部脑刺激对难治性强迫症存在确切疗效，能够显著减低患者的耶鲁-布朗强迫症量表（Y-BOCS）评分。然而，深部脑刺激治疗强迫症的方案仍在研究之中，该疗法对强迫症的长期疗效仍存在争议，需谨慎评估②。

家庭治疗。家庭治疗理论认为症状性行为是人际的、多重因素决定的、从家庭背景中引发的。症状是家庭控制反馈系统的结果，是个体适应当前家庭情境的一种方式，也是个体用来获得关系控制权的一种策略，症状有助于形成新的家庭稳定模式……然而，家庭治疗对强迫症状并没有系统而明确的病理学假设，更多的是基于家庭沟通模式和家庭结构进行干预。但是强迫症状明显影响到家庭成员的生活质量，包括交流方式、经济状况、休闲娱乐，带来家庭成员的社会耻感或人际疏远。家庭成员对患者强迫症状的反应方式也倾向于屈从或对抗，有研究发现，将患者配偶或其他家属纳入心理治疗中可以降低患者的强迫症仪式行为，提高治疗信心。③

中医治疗。中医治疗强迫症取得了一定进展，其优势在于治疗方法多样，不仅有中药处方，还包括针灸、食疗、验方、心理干预等方式，同时还可以综合运用以上方法，为临床医生治疗提供广泛的选择。而且，中医治疗方法毒副作用小，不易造成药源性的损害。但是，中医对强迫症的认识还存在不足，理论体系不够完善，缺少系统的病因、病机理论研究；病例少，治疗方案的可重复性差；对治疗本病的实验研究较少。④

---

① 司天梅，杨彦春．中国强迫症防治指南［M］．北京：中华医学电子音像出版社，2016：96.

② 司天梅，杨彦春．中国强迫症防治指南［M］．北京：中华医学电子音像出版社．2016：98-99.

③ 司天梅，杨彦春．中国强迫症防治指南［M］．北京：中华医学电子音像出版社．2016：78.

④ 王蕾，张华．中医对强迫症的认识［J］．辽宁中医药大学学报，2007，9（2）：50-51.

第 2 章　情　绪

一、情绪的进化学意义

想象一下：现在走出家门看见前面停着一辆汽车，你会感到害怕吗？如果走出家门看见前面蹲着一只老虎，你会害怕吗？看见汽车你不会害怕，但看见老虎一定会害怕。然而，现实是每年死在车轮下的人数是死在老虎嘴下人数的几十万倍，对我们现代人来说，汽车比老虎更加危险，我们却不怕汽车。因为人类的情绪是在上百万年的进化中遗传下来的，汽车才产生一百多年，人类的进化尚无法对其做出情绪反应。进化的过程非常缓慢，往往要经过上千代的繁衍。某些细菌和病毒在很短的时间就进化出对某种药物的抗药性，那是因为他们繁殖一代所需要的时间非常短，甚至一小时内就可以繁殖很多代，十几天就可以繁殖上千代了。按 18 年繁殖一代来计算，人类繁衍一千代需要 18 000 年。现代的人类不再经常面对野生动物的威胁，但情绪系统的进化并没有跟上环境的变化，所以我们看见汽车不会害怕，但看见老虎会害怕。

心理学家做了这样的实验：饲养一批猴子，它们从出生到长大从来没见过蛇，也没有见过玫瑰花，所以它们对蛇和玫瑰花没有过任何痛苦的记忆。工作人员制作了两段视频：一段视频是一只猴子被蛇咬了，表现出痛苦和惊恐；第二段视频把蛇换成了玫瑰花，其他都和第一段视频完全一样，然后让这些猴子观看这两段视频。结果发现，观看猴子被蛇咬的视频之后，所有的猴子再次看到蛇时都产生了恐惧反应。但观看了猴子被玫瑰花“咬”的视频后，再让猴子看真的玫瑰花，它们并没有产生恐惧反应。让这些猴子反复观看猴子被玫瑰花“咬”的视频 40 遍之后，仍然没有一只猴子会怕玫瑰花。这个实验有力证明了情绪的遗传性。

情绪的功能之一是让躯体进入某种迅速行动的状态，也就是为行动做好身体上的准备。在进化的过程中，为了保证个体生存和种族繁衍，人类进化出了复杂的情绪反应，比如恐惧这种基本情绪。远古人类面临的是老虎、狮子、猎豹等大型食肉动物的竞争和威胁。面对老虎时，那些无法产生恐惧情绪的人，往往无法迅速采取行动，更可能被老虎吃掉，长期自然选择的结果就是这部分人的基因最终从人类基因库中被淘汰掉。

我们来看看恐惧这种情绪是如何为生存服务的。恐惧被称为战斗－逃跑反应，它的作用是让有机体做好准备，要么进行战斗以解除危险，要么尽快逃跑以逃避危险。无论战斗还是逃跑，其目的都是保护有机体的存在，服务于自我发展最大化的需要。无论战斗还是逃跑，都要求我们的行动有足够的速度和力量，都需要我们的身体做好相应的准备。生理组织短时间内需要更多的氧气，也需要及时清理代谢产生的废物，这就要求血液循环必须加快，所以恐惧时我们的心跳会变快、变强。无论战斗还是逃跑，发挥关键作用的是我们的大肌肉，所以皮肤表面、手脚等处的血流量会减少，而大肌肉的血流量会增加。和野兽进行战斗的过程中，皮肤表面是最可能受伤的，皮肤表面血流量的减少可以让受伤后流血更少，从而降低死亡的可能性。人在恐惧时也会体验到头部的不舒服感，比如头晕眼花、视线模糊、混乱、非真实感等，这是流向头部的血流稍微减少导致的。

恐惧的时候会皮肤苍白，手脚冰冷，这都是局部血流量变化导致的。同样，我们的呼吸也会发生变化，会变得更急促，以提供更多的氧气。恐惧的时候会出汗也具有意义：蒸发有散热作用，以防止我们在剧烈运动时体温过高。另外出汗可以使体表变得滑腻，不容易被对手抓住，想想你用手抓泥鳅的情景。恐惧时，瞳孔也会扩张以使得更多的光线进入，有利于我们更敏锐地观察到危险。恐惧时还会感觉口干舌燥，此时整个消化系统的活动都会变慢，消化食物所需要的能量转移到战斗或逃跑的行动上，所以唾液的分泌也减少了。

再比如悲伤这种情绪。痛苦是有机体生理状况不适的原型反应，悲伤则是痛苦的发展和延伸，比如失去亲人或失去重要资源时的情绪状态。这无疑是一种非常不舒服的情绪，那人类为什么还会有悲伤的情绪呢？这是有意义的，因为人类进化很重要的一点是成功地进化出了群体合作的能力。我们的远古祖先离开群体是无法独立生存的，群体合作需要情感黏结剂。无论失去群体成员还是生存物资（食物/财产），都会让人的生存受到不同程度的威胁，悲伤这种情绪就是为这种群体合作服务的，根本上还是为自己的生存服务。从人群的联结中分离或孤立是个体痛苦的来源，为对痛苦做出预判并避免痛苦，人们便倾向于保持相互之间的联结。总之，所有正常的情绪都是为人类自我发展最大化需要服务的。

二、情绪的规律：山形曲线

情绪的发生发展有其自然规律，这个规律符合山形曲线，从产生开始，逐渐发展，达到顶峰，然后慢慢下降，过一段可能又会出现一个小的波峰，然后波峰－波谷－波峰－波谷……慢慢趋于平静（图2－1）。

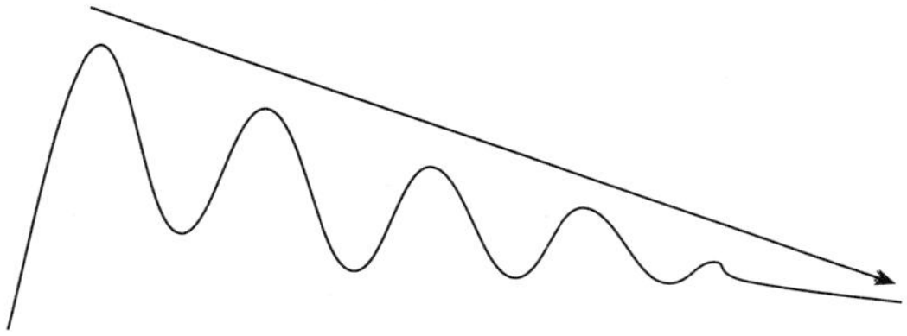

图2－1 情绪发展规律

比如悲伤，如果现在接到电话说某个至亲突然过世，我们悲伤的情绪会很强烈，甚至歇斯底里地号啕大哭。如果这时对我们讲“生死离别是人之常情，你无论怎么悲伤，他也没有办法活过来了，所以请你不要这么悲伤”，恐怕毫无安慰的效果。其实这个时候无论说什么都不会有效果，当事者哭一段时间之后，悲伤的情绪会慢慢平复下来。今天哭过了，明天睁开眼睛，想到至亲过世不在了，还是会哭，但哭的剧烈程度会降低，过两天哭的剧烈程度会更低。几个月后可能只是默默流泪，几年之后只是会感到一些悲伤，这就是山形曲线的变化。如果有人在亲人过世几年之后还是每天都无法抑制地号啕大哭，那一定不符合情绪的自然规律，就需要心理干预了。

强迫症个体的情绪发展就不符合山形曲线，不是越来越低，而是越来越高。强迫症开始的时候可能仅仅是需要多洗一下手就不焦虑了，然后慢慢地需要洗3分钟才能不焦虑，而后需要洗2个小时才能不焦虑。这说明焦虑的程度越来越高，所以需要洗手的时间越来越长。检查类强迫症也是如此，刚开始只要多看一眼，后来发展到要盯着看好几分钟，再发展到盯着看几个小时甚至一夜，说明焦虑情绪在不断增加（图2－2）。

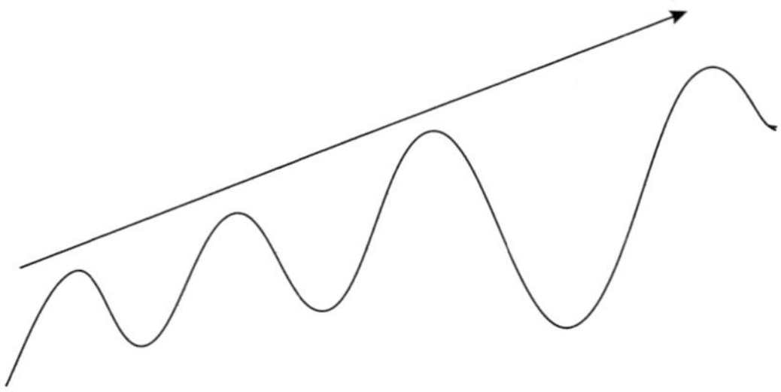

图2－2　强迫症个体的情绪发展规律

图2－3截取前述两种曲线的波峰，上面的曲线代表情绪的自然规律，下面的曲线代表强迫症个体的情绪。下面的情绪曲线的顶峰画了一个叉，代表情绪达到这个值时，强迫症个体主动采取了一个措施，使情绪的强烈程度没有继续升高而是在这里开始下降了，这个措施就是强迫行为或回避行为。如果不做任何强迫行为和回避行为，他的情绪会越来越强烈，越来越强烈，达到顶点之后下降，从而像上面的曲线那样按照情绪的自然规律发展变化，经历一个山形曲线后最终消退。强迫症个体不了解情绪的发展变化规律，当他们感到恐惧、焦虑的时候，不允许自身情绪按照自然的规律发展变化，而是人为地干预破坏了情绪的规律，导致强迫症状持续存在。

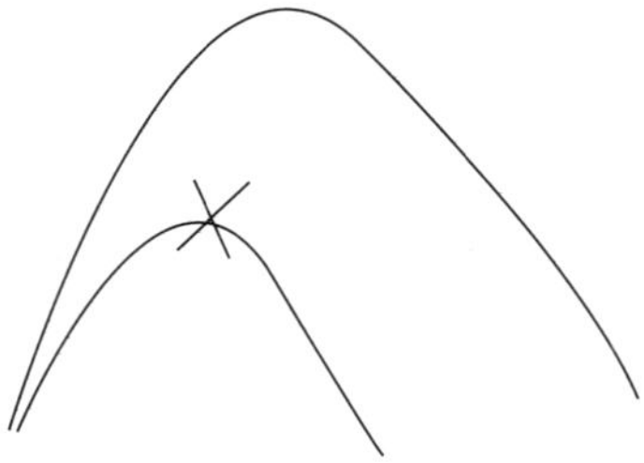

图2－3　情绪的山形曲线

所以，对强迫症的干预，首先要让强迫症个体从认知层面理解情绪的发展规律，理解为什么做暴露练习时不允许他们做任何强迫行为和回避行为——让他们的情绪回到自然的发展变化规律上来。

从一段波峰来看，强迫症个体的情绪发展和自然的情绪发展在波形上并无区别，区别只在于情绪的强度和持续的时间。如果不实施强迫行为和回避行为，情绪产生后不断发展，到达顶峰之后就会下降了，只是比做了强迫行为体验到的情绪更强烈一点、持续的时间更长一点而已。但从长远来看，情绪的总体趋势是下降的，强迫症会慢慢好转。

三、原生情绪与次生情绪

原生情绪是面对刺激时的第一级情绪反应，是最初的反应；次生情绪是在面对原生情绪时产生的情绪反应。比如，由于某些原因我对父母产生了讨厌的情绪，这时“讨厌”是原生情绪。而我对原生情绪的反应是“这不应该，父母把我带大也不容易，我不应该有这样的情绪”，这样就会引起自责、内疚的情绪，这时“自责、内疚”就是次生情绪。

次生情绪会影响原生情绪的发展方向。恐惧症、惊恐障碍和强迫症有个共同点，就是对焦虑的焦虑、对恐惧的恐惧。惊恐障碍最为典型，个体对惊恐发作时候的恐慌情绪非常害怕，干预的目的就是消除对恐慌情绪的害怕，即改变次生情绪。恐惧症和强迫症也是如此，干预的重要目标就是改变次生情绪，由害怕恐惧、害怕焦虑转变为觉知、经历和允许恐惧和焦虑。

四、情绪是为身体唤醒寻找的解释

所有的情绪都有身体反应，通过交感神经系统（自主神经系统的一个分支）的兴奋实现。当某种情绪产生时，身体会出现一种或多种反应：反胃、恶心、心跳加快、胸闷、呼吸困难、肌肉紧绷、出汗、颤抖、手脚冰凉、胃部下沉、口干舌燥、四肢无力、紧张性头疼、排便需要，等等，这些普遍性的身体变化被称为“唤醒”。身体的唤醒是所有情绪体验的核心组成成分，没有唤醒我们就感觉不到任何的情绪存在。单纯的身体唤醒并不能称为情绪，还取决于我们为这种身体唤醒寻找的解释。

比如，在体育课上跑了个百米冲刺，我的身体反应是心跳加快、呼吸急促、全身出汗，我给这种身体唤醒找到的解释是“这是跑步造成的”，此时我并不会说自己有恐惧的情绪。而如果我是被一条疯狗追着跑了一百米，这时我的身体反应是心跳加快、呼吸急促、全身出汗，我给这种身体唤醒找到的解释是“我差一点被疯狗咬到”。此时我会说：“吓死我了!”体验到的情绪是害怕。这两种情境下的身体反应是相同的，但前一种情况下我并没有体验到情绪，后一种情况下体验到了害怕的情绪。再如，突然遇到自己的偶像明星和突然遇到劫匪，身体唤醒也是极其相似的。对前者，个体的解释是“我终于见到了我的偶像”，所以体验到的情绪是兴奋；对后者，个体的解释是“我遇到了危险”，所以体验到的情绪是恐惧。

人被注射肾上腺素后会导致身体的唤醒。在一项心理学实验中，A、B 两组被试都被注射肾上腺素，都被安排接触爱开玩笑的人、表情愤怒的人，区别在于：B 组事先了解了肾上腺素的身体唤醒作用，而 A 组对肾上腺素的作用一无所知。实验中，A 组被试报告：他们和爱开玩笑的人接触时体验到了开心的情绪，和面带怒容的人接触时体验到了愤怒的情绪。而 B 组被试在接触前述的两种人时，几乎没有体验到像变色龙似的开心和愤怒的情绪变化。

想象你分别在下面两个场景中邂逅同一个女孩。第一个场景是你在一个离水面很近，非常宽敞、牢固的桥上遇见了女孩；第二个场景是你在一个离水面一百米高，不停摇晃，看上去十分危险的铁索桥上遇见了女孩。你认为这两种情境中的哪一种会让你觉得这个女孩更让人心动？从逻辑上讲，同一个女孩，无论你在什么地点、在什么情景下碰到，你都会认为她具有差不多的吸引力。然而实际的情况是：你会感到在又高又危险的铁索桥上碰见的这个女孩更吸引人，更让人心动！其中的道理很简单：站在离水面一百米高、摇晃的铁索桥上时，你会紧张、出汗、心跳加速，肾上腺素会大量分泌。你并不认为此时出汗、心跳加速、肾上腺素分泌完全是因为害怕，而是把这些生理反应部分或全部地归结于这个女孩。可见，许多不同的情绪在身体上的反应是非常相似的，差异往往并不显著。了解这一现象有助于我们调整对恐惧、焦虑所产生的次生情绪，打消对这些负面情绪的顾虑。

五、杏仁核

很多强迫症个体会说“道理我都懂，我知道自己的想法是错误的或者是没必要的，但我还是焦虑，还是要做强迫行为”，这是为什么呢？

这和杏仁核系统的工作特点有关。杏仁核是一个相对较早进化的大脑部位，在情绪反应中起着非常重要的作用。由图2－4可见，一个刺激传入丘脑后兵分两路，一路直接传输到杏仁核，杏仁核不具备精准的鉴别力，它接受各种即时的、想象的和记忆的刺激，激活简单的物体特征和物体记忆的表象。情绪刺激从感觉器官经丘脑皮层携带信息首先到达杏仁核，立即触发先天的、粗略的情绪反应，倾向于对危险性刺激做出即刻反应。如果一个情绪记忆存在于杏仁核，以后即使出现与创伤事件相似度很小的刺激，也会产生即刻的恐惧反应。杏仁核对刺激进行粗略的反应，因为这样可以保证反应速度，更有利于生存。想想你过马路时听到汽车尖锐的刹车声，你不会先想一想“这辆车有没有成功地制动，是不是我不用躲也撞不到我了”“这辆车到底离我有多远，我是否需要快速躲开”……你不会有这些思考，而是立即就快速跳开了。这个生理机制可以解释为什么很多强迫症个体“道理都明白可还是会焦虑”，以及很多强迫症个体说“我好像并没有想到什么就感到焦虑了”。就是因为“道理”和“想法”需要海马和新皮质的参与，而刺激信息先到达杏仁核，到达杏仁核比到达皮层更快，所以情绪可以先于认知而存在。杏仁核先天的粗略情绪反应可以直接激活行为、自主神经系统反应和内分泌反应。

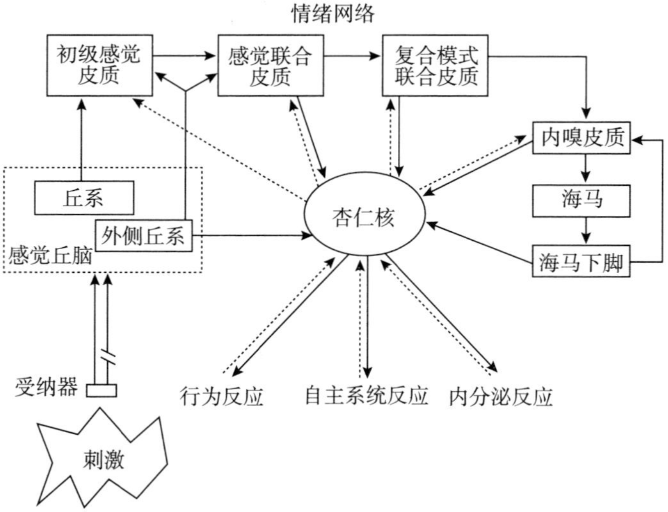

图2－4 杏仁核在情绪过程中的输入输出联系模式

资料来源：孟昭兰．情绪心理学［M］．北京：北京大学出版社，2005：44．

那么，是不是说认知调整对强迫症状起不了作用呢？虽然已有证据表明在缺乏暴露的前提下，单纯的认知调整对强迫症的治疗效果并不理想，但认知调整还是会起到积极的作用。尤其是对那些认为自己的强迫观念“有道理、有必要”的强迫个体，认知调整是需要的。在图 2－5 中可以看到，信息传入皮层进行认知加工后，会再一次传输到杏仁核，对情绪产生影响。这就是情绪的双环路。可见在情绪的快速路（情绪刺激－感觉丘脑－杏仁核－情绪反应）上认知无法起到作用，但在绕行路（情绪刺激－感觉丘脑－感觉皮层－杏仁核－情绪反应）上，认知可以对情绪起到调节作用。体悟疗法的重点是改变对情绪的态度，即上面提到的次生情绪。由害怕焦虑、排斥焦虑、想消除焦虑，到觉知焦虑并愿意经历焦虑。

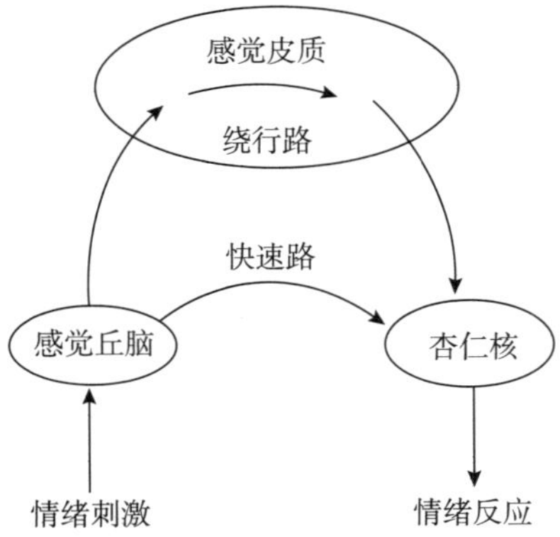

图 2－5　情绪的双环路

资料来源：孟昭兰. 情绪心理学［M］. 北京：北京大学出版社，2005：45.

六、恐惧/焦虑不等于危险

情绪的快速通路无法辨别危险的来源和真假，杏仁核的这种工作方式也是为了更快、更好地保护我们自己，所以在不知危险是真是假的情况下就通过快速通道产生了恐惧和焦虑。大脑进化到今天，不仅可以识别现实的危险，也会在头脑里想象危险。正常情况下，大脑想象的危险是以现实为基础的，并且和现实匹配，这样我们就比其他动物拥有更好的自我保存功能。但是对于一部分人来说，由于成长环境、经历过的社会生活事件等原因，大脑里想象的危险和现实差距越来越大，在现实安全的情况下大脑仍然会想到危险，这就是能知自我功能发生了异常。

然而杏仁核无法了解这一切，它仍然按照遇到真实危险来做反应，这时我们的恐惧和焦虑情绪并非是对现实危险的反应。很多强迫症个体认为如果不实施强迫行为、回避行为就会使自己处于真正的危险中，实际上，他担心的那种危险在现实中并不存在，只存在于大脑的想象中。自己无数次的强迫行为都证明强迫观念所认定的危险是假的，周围的人没有实施强迫行为也生活得很好，种种迹象都表明我们的强迫行为是没有必要的。所以说，强迫症是判断安全的能力出了问题，而不是判断危险的能力出了问题。真的面临危险时，强迫症个体和其他正常人一样都是可以正确判断的。

第3章 想 法

一、想法的来源

想法是以概念为基础按照语法规则组织起来的语句。有限的概念和语法规则可以组织成无限多的想法，而记忆是想法产生的前提。有种理论认为：概念以结点的形式存储在网络结构中，我们可以根据语法规则在原来没有联系的两个结点之间建立联系，形成新的想法。如果用建筑来比喻，存储在记忆中的概念类似于原材料——砖头、瓦块、钢筋、玻璃等。语法规则类似于水泥等黏合剂，把不同的原材料组合在一起，使用相同的原材料可以建造出不同的建筑物。概念最初以独立的结点形式存储在我们的大脑中，比如，妈妈、爸爸、苹果、玩具、死亡、游戏、红色、衣服、开水、热、疾病、疼、红灯，等等。人类对语法规则有一种先天的习得能力，掌握了语法规则之后，就可以将不同的概念组合成各种各样的想法。比如，妈妈吃苹果；爸爸玩游戏；开水很热；宝宝穿衣服，等等。

我们无法用头脑里不存在的概念产生想法，无论吴承恩有多么超常的想象力，他也只能想到孙悟空拿着一根可长可短可粗可细的金箍棒，无论如何他都无法想象孙悟空拿着一把冲锋枪；他只能想到人身上长着猪头的猪八戒和人身上长着牛头的牛魔王，无论如何也想象不出变形金刚。在 1981 年艾滋病被公开报道之前，这个世界上恐怕没人能产生“我可能会得艾滋病”这样的想法，因为我们的大脑中并不存在“艾滋病”这个概念。然而就在两年后的 1983 年，世界上第一例恐惧艾滋病的强迫症出现了。强迫症个体经常惊讶于自己荒谬的想法，事实上那些强迫观念都是在大脑里已经存储的概念之间建立的联接，是符合“语法规则”的，也是完全可以理解的。头脑里存储有“妈妈”的概念，也存储有“车祸”的概念，在这两个概念之间建立起联接也就不足为奇了——“我妈妈会遇到车祸”。

头脑里的一个概念被激活之后我们紧接着会想到什么，取决于哪个概念和这个被激活的概念联接得最紧密。看到狗，有人会想到忠诚，有人会想到金毛，有人会想到警犬，有人会想到导盲犬，有人会想到狂犬病，有人会想到死于狂犬病的叔叔，有人会想到一段甜美的爱情，等等。当“狗”这个头脑里存储的概念被激活之后，每个人接下来的具体想法是不同的，因为在他们头脑里和“狗”这个概念关系最紧密的概念是不同的。有的人头脑里“狗”和“忠诚”这两个概念的联结最紧密，也有的人头脑里“狗”和“狂犬病”这两个概念的联结最紧密。我们可以把存储在不同结点的两个概念看作两座城市，一开始它们之间没有道路相连，后来由于某种原因在这两座城市之间修了一条路，开始的时候路很窄，凹凸不平，不易通行。随着通行频率的增加，这条路会被压得越来越平滑，越来越顺畅，最后可能修通一条通畅的高速公路。

比如，现在你看到“汶川”两个字会想到什么？很多人第一个想到的是“地震”。在2008年5月12日之前，“汶川”和“地震”这两个概念之间没有“道路”相连，2008年5月12日14点28分，现实世界中汶川发生地震这个事实使得我们大脑中的“汶川”和“地震”这两个概念之间形成了一条通路。由于地震严重程度高、救援难度大、国家重视程度高和国人关心度高等原因，关于汶川地震的信息高密度、长时间地经由各种渠道输进我们的大脑。每一次的信息输入都是在“修路”，把“汶川”和“地震”这两个概念之间的路修得越来越宽，越来越平，越来越顺畅，以至于“汶川”和“地震”之间这条路的畅通度远远高于“汶川”和其他概念之间的路，比如和“四川”“阿坝州”“卧龙保护区”之间。于是，我们看到“汶川”时第一个想到的是“地震”，而不是“汶川位于四川阿坝州”，也不是“汶川有个卧龙自然保护区”。2017年8月8日，九寨沟发生了地震并造成人员伤亡，但大多数人看到“九寨沟”首先会想到“美景”“旅游胜地”，不太会想到“地震”，这是因为在“九寨沟”和“地震”之间的这条“路”没有“九寨沟”和“美景”“旅游胜地”这些概念之间的“路”畅通。

在大脑中，哪些概念之间建起了“高速公路”，哪些概念之间的路不顺畅，哪些概念之间没有路，这取决于很多因素。对于强迫症个体来说，最主要的两个因素是核心自我和经历过的社会生活事件。社会生活事件可以是亲身经历过的，也可以是通过各种渠道了解到的。比如某检查类强迫症个体的核心自我是财物，可能是因为自己曾经丢过东西，也可能自己没丢东西但是听到邻居家被盗的消息，这使得他在“锁门”和“丢东西”之间建起了“高速公路”。

二、想法的实质

想法不等于事实，想法并不一定是对客观事实的恰当反映。心理健康的人，其主观世界与客观世界之间是和谐平衡的，主观世界恰如其分地反映了客观世界的现实和秩序。心理障碍个体的主观世界和客观世界是错位的，他们用一连串的想法编织了一个属于自己的主观世界，并且活在这个主观世界里。他们的想法并不是事实，仅仅是自己在不同概念之间建立的联结而已。

比如某强迫症个体只要在电视上看到蒋×丽就需要洗澡，他的想法是“看到蒋×丽我就会得艾滋病”。这个想法并不是对客观事实的恰当反映，只是因为蒋×丽曾担任艾滋病宣传大使，因此这个人的头脑里“蒋×丽”和“艾滋病”之间建起了一条“高速公路”，这条“高速公路”的畅通性远远优于蒋×丽和她主演的《中国式离婚》《大宅门》《金婚》等电视剧之间的公路。所以他看到蒋×丽就会冒出“看到蒋×丽我就会得艾滋病”这个想法，并且能知自我功能异常使得他认同了这个想法，然后感到焦虑，需要去洗澡。在“________到________我就会得________”这个句子结构的空白处填入符合语法规则的词或短语，可以形成不同的意思（想法），比如在第一个横线上填入动词，如看、听、摸、碰、踩、想等；在第二个横线上填入名词，如红色、垃圾桶、血液、采血车、狗、公共厕所等；在第三个横线上填入名词，如艾滋病、狂犬病、乙肝、梅毒、肝癌等，就得到了不同的“规则”：“看到红色我就会得艾滋病”“听到狗叫声我就会得狂犬病”“踩到痰我就会得肺结核”“想到‘小姐’我就会得梅毒”“听到‘肿瘤医院’我就会得肝癌”“看到‘爱’我就会得癌症”，等等。这些都是常见的强迫观念，显然都不是事实，只是不同概念之间按照语法规则组织起来的语句而已。想法只是符合语法规则而不一定符合事实，语法正确不等于现实存在。体悟疗法要体悟到的第一个真相就是：想法不等于事实。

三、想法的功能

我们的大脑每天可以产生成千上万个想法，可以说清醒的时候我们无时无刻不受到想法的影响，不同的想法有着不同的功能，对人的影响也不同。体悟疗法认为想法有如下功能。

（1）激活功能

想法有激活行为的功能，使我们开始行动。我们的行为是在诸多因素的共同作用下产生的，如需求、动机、目标、价值观、意志、兴趣、情绪、判断等。后面要讲的二阶段理论假设里的情绪驱动重点说的是情绪在行为中的作用，同时想法在行为中也起着重要的作用。“成为一名优秀的强迫症咨询师”这个想法能激活我一系列的行为，学习、看专业书、寻求督导、和来访者工作、反思，等等。“去买一件冬天穿的厚衣服”这个想法激活的行为是去商场购物或网购。

对强迫症个体来说，“我得把这个问题想明白”这个想法激活的行为是不断地思考、分析、询问或上网搜索答案等；“我的手不干净会传染疾病”这个想法激活的行为是洗手；“门没锁好”这个想法激活的行为是检查。

（2）引发情绪的功能

想法有引发情绪的功能，这是认知疗法所强调的部分。认知疗法认为事件本身并不能引发我们的情绪，而是我们对事件的认知评价引发了自身的情绪。“他这样做真是太过分了”这个想法可以引发愤怒；“我这个病是好不了了”这个想法可以引发绝望；“我再也见不到他了”可以引发悲伤；“我的孩子真是太优秀了”可以引发自豪；“我会因此得狂犬病”可以引发恐惧、焦虑；“我影响了别人”可以引发自责；“煤气没关好会发生火灾”可以引发焦虑……

（3）维持功能

想法有维持我们的行为和情绪的功能。“我要考上大学”这个想法可以在相当长的时间里维持努力学习的行为；“我要坚持减肥”这个想法可以维持节食和运动的行为；“还没洗干净”这个想法会维持焦虑情绪和洗手行为，甚至使清洁类强迫症个体的洗手行为持续几个小时；“我还没有检查到位”这个想法，可以使检查类强迫症个体在离开一个地方时持续检查（是否遗失物品）几个小时。

（4）增强功能

想法能够增强我们的动机、信心和行为。这个功能经常体现在广告当中，广告语是增强功能的典型代表，它可以增强消费者的购买动机，进而实施购买行为。“别看广告看疗效”增强了我们在身体不适时了解这个药品的动机，增强了对药物疗效的信心，促成了购买行为。当然，对一个人有增强功能的想法未必对另外一个人也有增强功能，这和每个人的状态有关，也涉及其他很多复杂的因素。“这件事情我一定可以解决”这一想法会增强解决问题的信心，增加尝试解决问题的行为；“我的心理问题一定可以治好”这一想法能增强寻求帮助的动机，也能增强克服心理问题的信心，以及增加自助或寻求专业帮助的行为。

（5）削弱功能

想法能削弱动机，降低信心，减少或者停止行为，这是增强功能的反面。“我已经吃过很多药，看过很多咨询师了，我的病好不了了”这一想法能够削弱寻找解决办法的动机，降低好转的信心，甚至停止自助和求助的行为；“我不敢做暴露练习”“我做不到”“我无法经历焦虑”这类想法都具有非常明显的削弱功能，会阻碍咨询的顺利进行，是影响依从性甚至是导致来访者脱落的重要因素。暴露练习在广泛性焦虑障碍、惊恐障碍、特定恐惧症、广场恐惧症、社交焦虑障碍、强迫症的认知行为干预中都是核心的技术。暴露技术起效的原理是习惯化，需要来访者直接面对和经历病理性的恐惧和焦虑情绪，而上述想法会阻碍暴露练习的进行，这就是想法的削弱功能的表现。

（6）扩增功能

想法能增加思维的灵活性，增加选择的范围和行为的多向性。扩增功能不同于增强功能，扩增功能表现在广度上，增强功能表现在强度上。“我一定可以找到解决问题的办法”这一想法可以使思维朝向不同的方向和角度去探索，尝试各种各样的解决方案；“强迫症是可以治好的”这一想法可以促使强迫症个体寻找更多的解决方案，尝试各种方法，哪怕是找巫医、跳大神、做法事、信教或者去寺庙、道观等都有可能，不管他的行为是否科学有效，至少想法让他有了更多的选择，这就是扩增功能。

（7）窄化功能

想法能限制思维的灵活性，限制选择的范围和行为的多向性，和扩增功能相反。与削弱功能不同，窄化功能表现在广度上，削弱功能表现在强度上。“考上大学是我唯一的出路”这一想法导致思维无法发散，看不到生活的其他可能性。在这种情况下，如果能顺利地考上大学还可以，但如果考试失败，就可能出现心理问题甚至有极端行为，这就是想法的窄化功能。“等考上大学我就怎么怎么样”“等考上研究生我就怎么怎么样”“等还完房贷我就怎么怎么样”“等评上教授我就怎么怎么样”“等退休我就怎么怎么样”“等强迫症好了我就怎么怎么样”这些想法都具有窄化功能，限制了我们当下对其他生活方式的选择。

（8）（使人）离开当下的功能

与前面几个功能不在同一范畴，（使人）离开当下的功能是指想法可以把我们的心智活动带离当下、回到过去或者奔往未来。猪不会想到几个月后可能被屠宰，斑马也不会想起昨天差一点被狮子吃掉，人却总会为之前的事耿耿于怀，或者为以后的事忧心忡忡。我们的心神经常游走于过去和未来，不肯待在当下这一刻。强迫症个体就是被无法改变的过去和“可怕的”未来所支配着。

一个想法可以同时具备几个功能，“如果小时候父母不那样对我，我现在就不会是这个样子”这个想法首先有使人离开当下的功能；有引发情绪的功能，可以引发怨恨和愤怒；有激活行为的功能，抱怨父母、疏远父母或者和父母吵架。“只有考上大学我的命运才能改变”这个想法有窄化功能，但同时也可以对学习行为有增强功能和维持功能。在评估想法的功能时要关注是哪个功能造成了临床问题。

四、想法功能的实现

想法虽然有这么多功能，但这些功能如何才能实现，或者说如何才能对人产生影响呢？体悟疗法认为，想法的功能必须经由“想法认同”才能实现。比如一幅优美的美术作品有让人愉悦的功能，但必须由我们的眼睛看见才能实现，你不去看它，它就无法愉悦你。美妙的乐曲有让人放松或让人悲伤的功能，但必须由你的耳朵听到，它的这些功能才能实现。美味佳肴也必须由你的舌头品尝，它解馋、饱腹的功能才能实现。同样，想法的功能必须经由你的认同才能得以实现，对你产生影响。

比如一个人有“我的强迫症好不了了”这个想法，我给他举很多强迫症好转的例子，并告诉他“你的强迫症是有可能治好的”，这个想法有激活求助行为的功能，有增强信心的功能，有扩增选择范围的功能，但如果他不相信这个想法，无法和这个想法发生认同的话，那这些功能都无法实现。

影响我们的并不是想法而是想法的功能，而想法的功能必须经由认同才能实现，所以体悟疗法的工作不是通过认知重构改变想法的内容，从而改变想法的功能，而是改变我们和想法的关系，从认同到不认同，阻断想法功能实现的途径。

不同的人会对不同的想法发生认同。如果你对一个怕脏的强迫症个体说哪个地方脏，不能碰，他可能马上就对这个想法发生认同。但他关门时你告诉他门没锁好，如果他没有这方面的问题，就不会对这个想法发生认同。一个人更容易对威胁到他核心自我的想法发生认同，因为这样的认同具有进化学意义，有自我保护功能，可以服务于自我发展最大化的目标。想象一下狩猎时代，我们在森林里听到草丛里有声响，这可能是兔子跑动的声响，也可能是一只趴在那儿的老虎尾巴移动发出的声响。我们产生了两个想法，一个是“那儿可能有只兔子”，一个是“那儿可能有只老虎”。想想看，和哪一个想法发生认同，我们才更有可能生存下来呢？一定是相信有只老虎的想法让我们更容易生存下来，如果我们相信那是兔子，万一真的是老虎，就很危险了。这说明什么呢？那些和“是兔子”的想法发生认同的个体，他们的基因最终被消灭了（被老虎吃掉），无法继续存在于人类的基因库中。所以我们更容易和“是老虎”的想法发生认同，以帮助我们存活下来。俗话说的“宁可信其有不可信其无”“不怕一万就怕万一”，都是这个道理。

很明显，强迫症个体都是认同“是老虎”想法的人。然而既然这样的认同具有进化学的意义，对我们有保护作用，为什么现在却成为问题了呢？这是因为能知自我功能异常，我们没有办法通过理性进行调节，无法从他人身上有效学习，无法通过现实经验对想法进行检验。比如我今天突然接到一个自称银行工作人员的电话，说我的信用卡在国外有六万元的刷卡消费，怀疑被盗用，要求我配合调查。如果是第一次接到这样的电话，而且之前也没有从任何渠道听说过电信诈骗这回事，那么这时我选择相信比选择不相信更有利于保护我的财产。但如果我之前听说过电信诈骗，或者亲身经历过甚至被骗过，这次仍然选择相信，那就有问题了。强迫症个体就是后者，无数次的检查经验已经告诉他门是锁好了的，无数的直接和间接经验证明某些情况下不洗手是没问题的，他还是和自己的强迫观念发生认同。干预强迫症时，我们需要识别出哪些想法的哪些功能对他的症状起着维持作用，然后想办法改变他和这些想法的关系。

我们应该怎么看待我们的想法呢？应该把想法当成一种独立于个人的存在，把想法当成一种独立于客观事实的存在。想法只是一些语句，想法不代表你是谁，不代表你是什么样的人，也不代表客观事实。

第 4 章　关联的建立及心理功能的转移

一、关联的建立

1995 年，多拉德和米勒首次使用莫瑞尔提出的二阶段理论来解释强迫症的发展过程。第一阶段：当一个中性事物和一个能引发焦虑或躯体不适的刺激同时出现，这个中性事物就和焦虑联系在了一起。通过条件反射（想法、图像等），中性事物就具备了使人不舒服的能力。第二阶段：为了缓解焦虑，强迫行为就被“创造”出来了，强迫行为可以暂时缓解焦虑，所以受到负强化而一直保持了下来。人们对第二阶段的原理已有共识，但是有很多强迫症状难以套用第一阶段的理论，为了更好地解释这类问题，我们需要了解人的大脑是如何建立关联的。

137 亿年前，宇宙开始于一个奇点的爆炸；46 亿年前，地球形成；35 亿年前，地球上出现了最初的生命形式；大约在 800 万年至 500 万年前，人类的远祖从树上下来，开始在草原上生活，他们面对的是已经进化得非常完美的动物——老虎、狮子、豹等，它们的速度、咬合力、四肢形态等早已适应草原上生存，在这些方面我们的祖先完全没有竞争力，他们胜出的策略是大脑的进化。大脑的进化最终产生了最复杂、最令人迷惑的现象——意识。人类不仅会制造工具，还会制造“制造工具”的工具，创造了灿烂的文明。人类大脑的很多功能是其他动物所不具备的，建立关联的功能就是其中的一种。人类大脑会在不同的事物间建立关联，从无到有。

想象一下在几十万年前的原始草原上，我们的祖先正在集体捕猎。其中一个人的身后趴着一只老虎，他自己没有发现。不远处的同伴发现了这只老虎，他决定向这个正处在老虎威胁之下的人预警，发出了某种特定的声音，这个声音表示："你身后有老虎!"那个处在危险中的人必须在大脑里把这个"特定的声音"和"真实的老虎"建立关联，否则他就无法明白同伴的意思，也就无法处理危机，很可能被老虎吃掉。当然，这种关联不是一下子就能建立起来的，要经过无数代的进化和遗传才能获得。后来这个声音在族群中有了固定的意思——"老虎"。又经过了漫长的时间，人类创造了文字，在"老虎"这个词的发音、字形，以及真实的老虎这三者之间建立起关联。

在非洲大草原，正在吃草的斑马旁边匍匐着一只准备捕猎的老虎，你拿着喇叭对斑马大喊："你身后有老虎!"斑马是无论如何都不能在你的叫喊声和老虎之间建立联系的。或者你高举警示牌，上面写着："你身后有老虎!"斑马也不可能在这个特定的文字符号和老虎之间建立联系。

大脑足够发达之后，建立关联的能力越来越强大，不仅可以在声波、符号和实物之间建立关联，还可以在时间、空间、颜色、气味、质地等之间建立起无数的复杂关联。

二、心理功能的转移

在事物之间建立了关联还不够，发生心理功能的转移才是进化的需要和方向。依然用老虎举例，真实的老虎对人类来说是"无条件刺激"，能够直接引起恐惧。我们的祖先可以在"老虎"一词的发音和真实的老虎之间建立关联，但如果真实老虎所能够引起的恐惧情绪不能同时转移到这个词（的发音）上，就不会引起恐惧情绪，也就不能有效应对老虎的危险。同样的，当人类把"老虎"这个文字符号与真实老虎相关联后，真实老虎具备的让人类恐惧的心理功能必须转移到"老虎"这个文字符号上，才具有进化意义。

你在一个陌生的城市的火车站打了辆出租车，途中与出租车司机聊天时发现，他与你出生在同一城市的同一个区，并且他在那里生活到20多岁。体会一下，你对出租车司机的情感会不会在得知你们是同乡之后发生一些变化?你把眼前的这个人和你的家乡建立了关联，而家乡有你温暖亲切的情感记忆，现在这种温暖亲切的情感就转移到了这位出租车司机身上。再比如，你看到我有一支漂亮精致的钢笔，你很喜欢，问我是在哪里买的，我说是好朋友送的。你恰好也认识我的这位朋友，并且和他有着很深的矛盾，我的这位朋友对你来说具有引起讨厌情绪的心理功能，现在你把这支你很喜欢的钢笔和我的这位朋友建立了关联，他对你的心理功能就有可能转移到这支钢笔上来，你不会再喜欢这支钢笔了，甚至不想再看到这支钢笔。这种心理功能的转移在我们的生活中随处可见，接下来我们会谈到强迫症的泛化，心理功能的转移是其中的关键因素。

三、根据什么建立关联

人类会在不同的事物之间建立关联，但并不是随意地建立，被关联起来的两个或多个事物之间一定具备某种相关性，比如下面列出的这几种。

（1）空间关联

空间的一致性和相似性是建立关联的一个线索。比如一条河岸边是泥泞的沼泽和茂盛的树木，你在这里遇到了鳄鱼，差点儿送命。你就会把这个空间和鳄鱼相关联，以后一来到这里你就会感到紧张害怕。甚至，以后你到了环境和你之前遇到鳄鱼的地方非常相似的河边，你也会把这个空间和鳄鱼相关联，即使这里没有鳄鱼你也会害怕。如果在与危险环境相似的环境中不懂得谨慎小心，对人类的生存显然是不利的。现在高速公路上某些地方有“事故多发地段，请谨慎驾驶”的警告牌，这就是通过文字符号让我们把某个空间和交通事故风险相关联。

有的强迫症个体，由于某种原因而害怕某个人，进而害怕这个人出生的城市和省份，不敢去到这些地方，还会害怕和这些地方有关的其他东西。甚至这个人走过的路他也害怕，这个人坐过的公共汽车他也不敢乘坐，这些都是通过空间线索建立的关联。

（2）时间关联

时间上的一致或者相邻是建立关联的一个线索。如果每天傍晚都会有老虎出现，我们的祖先就会在傍晚和老虎之间建立起关联，老虎让人恐惧的心理功能也会转移到傍晚这个时间点上，每到傍晚他们就会紧张和谨慎。在生日、结婚纪念日、亲人的祭日等，我们会有某些特殊的情感涌现，这些就是时间关联的体现。如果每次在老虎出现之前我们都会听到一种风声，我们就会把风声和老虎建立关联，因为这两种现象在时间上连续。巴甫洛夫的经典条件反射实验中，每次在食物出现之前都先响铃，由于食物和铃声在时间上是紧接着发生的，所以狗可以在两者之间建立关联。如果在铃声出现几天之后才出现食物，那狗是无论如何也无法在两者之间建立关联的。在操作性条件反射中，强化物和被强化行为之间的时间间隔是非常重要的影响因素。

有些强迫症个体认为，某些刺激的出现或某些事情的发生会导致在自己身上发生不好的事情。比如，看见乞丐会导致自己买的股票大跌，因为某次他看见乞丐之后当天他的股票跌得很惨，这种时间上的相邻性使他把这两者建立了关联。再如，认为穿粉色的衣服考试就会失败，就是因为某次穿了粉色的衣服，结果成绩很差，这种巧合使得个体把穿粉色的衣服和考试失败建立了关联。

（3）所属关联

如果遇到老虎之前都能听到老虎的叫声，而老虎的叫声是属于老虎的，这是所属关联。有了这样的经验后，不需要看到真的老虎，只要听到老虎的叫声就会感到害怕。同样，老虎的脚印、粪便都是属于老虎的东西，和老虎的叫声一样，都能够和老虎相关联。这在强迫症中非常常见，对一个人敏感，就会对所有属于这个人的东西敏感，严重的时候，不仅在直接接触这个人之后需要洗手，接触到所有属于这个人的东西后都需要洗手。

物理属性的相似性关联。逼真的老虎模型会让人感到害怕，麦田里的稻草人让鸟不敢靠近，都利用了这种物理属性的相似性。某些害怕骨灰盒的强迫症个体，甚至看见方形的木盒都会感到害怕，需要实施强迫行为来缓解情绪压力，就是由于物理属性的相似性建立的关联。弗洛伊德的释梦理论里提到了很多这类线索，雨伞、钢笔、烟囱等在形状上和男性生殖器相似，在梦中可能指代男性的生殖器。还有功能的相似性关联，比如梦到水龙头代表男性生殖器，梦到房子代表女性子宫。因为男性生殖器有射精功能，而水龙头中有液体流出；房子和子宫都有容纳的功能。特性的相似性关联，比如梦到飞机或气球可能代表男性生殖器，其共同特性是违背引力规律向上运动。运动方式的相似性，比如梦到骑马是做爱的隐喻。生物属性的相似性关联，梦中的各种花可能代表着生殖器，因为花本身就是植物的生殖器官，具有生物属性的相似性。引发人类情感的相似性关联，比如梦中出现的珍珠、珠宝等，弗洛伊德认为这些代表着自己珍爱的人。引发躯体反应的相似性关联，比如爬山会引起心跳和呼吸变化，做爱也会有相似的变化，所以他认为梦见爬山代表着性活动。权力地位的相似性关联，比如梦到皇帝和皇后，代表着父亲和母亲。发生源头的相似性关联，梦中出现的水或者布料代表着出生或者与母亲有关。

四、强迫症是如何建立关联的

条件反射只是众多关联方式中的一种，本章开头提到用条件反射理论不能解释所有的强迫症，但这种建立关联的理论可以用来解释那些条件反射无法解释的强迫症。比如对于恐艾强迫症群体来说，其中绝大多数人并没有高危行为，也不是因为在某次恐惧状态中恰巧看到了艾滋病的相关信息而形成了条件反射。他们首先是在第二信号系统中把艾滋病和死亡建立关联，死亡恐惧就转移到了艾滋病上。艾滋病和血液相关联，血液和红色相关联，所以他们害怕一切红色的东西。艾滋病可以和吸毒相关联，警察会禁毒，所以艾滋病又和警察建立了关联，因此他们会害怕警察；警察和派出所相关联，所以他们害怕派出所。某公交车线路经过派出所门口，这路公交车就和派出所相关联，进而和艾滋病建立了关联，那么恐艾强迫症个体甚至可能害怕这路公交车。吸毒的人往往骨瘦如柴，骨瘦如柴的人就有可能和吸毒建立关联，从而和艾滋病相关联，所以有些恐艾强迫症个体甚至害怕一切瘦骨嶙峋的人。蒋×丽做过艾滋病宣传大使，蒋×丽就和艾滋病建立了关联，蒋×丽演过的电视剧又和蒋×丽有关联，有些恐艾强迫症个体不仅怕蒋×丽，而且害怕所有蒋×丽参演的电影。某次他在书房里用电脑上网恰好看到了蒋×丽的信息，于是把电脑和蒋×丽相关联，以后再也不敢用这台电脑了。由于他是在书房里上的网，所以书房也和艾滋病相关联，他甚至再也不敢进入这间书房了。当时上网时他穿着某件衣服，所以这件衣服也和艾滋病建立了关联，只能扔掉。艾滋病可以和抽血建立关联，进而和医院、验血相关联，和体检相关联，所以他不敢去体检。艾滋病可以和体液相关联，体液可以和马桶相关联，马桶可以和宾馆相关联，所以他不敢使用宾馆的马桶……这样的关联可以不断地建立。

很多强迫症个体害怕的对象乍一听很荒唐，当我们了解了人类大脑这种建立关联的能力之后，我们会发现无论强迫症个体恐惧的是什么东西都是可以被理解的，都是通过上述途径一层又一层地关联起来，同时伴随着心理功能的转移，才使得强迫症个体会怕这怕那。

五、关联何时会成为问题

前面讲到这种建立关联的能力是进化的产物，是人类必须具备的能力之一，起源于自我保护的本能，是为自我发展最大化需要服务的。那什么时候会造成临床问题呢？比如前面提到的精美钢笔的例子，并不会给生活带来什么影响，所以不是问题，但当这些关联导致我们的生活不断地窄化、僵化时，就成了问题。

比如今晚我请你吃饭，地点是南京路上的和平饭店。同时还请了其他几位朋友，有些是你认识的，有些是你不认识的，事先我没有告诉你具体都有谁会到场。落座后，你发现我请的朋友之中有一位你认识，并且之前你们有矛盾，你很讨厌他。于是，你把他和这顿晚饭建立了关联，他让你讨厌的心理功能也转移到这顿晚饭上了。本来可口的饭菜现在不再好吃，本来愉悦的晚餐对你来说也不再愉悦。如果仅仅是这样，把这个人和晚餐建立了关联，并没有什么大碍，也不是什么必须解决的问题。如果你的关联继续一层一层地建立下去，比如你又把这个人与和平饭店建立了关联，以后你再也不愿意来和平饭店吃饭了；由于和平饭店在南京路上，你又把这个人、和平饭店和南京路建立了关联，再也不愿意去南京路了；所有从南京路买的物品你都讨厌，都不能用，都必须扔掉，甚至听到南京路三个字都需要洗手……这时你建立的这些关联就成了问题。

正常状态与问题状态之间并没有一条明确的界线，并不是建立两层关联就是正常的，建立三层关联就有问题，需要根据对生活造成的实际影响来判断。

第 5 章　强迫症的维持因素

一、负强化

一个症状往往有诱发因素和维持因素，两种因素可以是不同的。比如失眠，有人因为人际矛盾而开始失眠，过一段时间人际矛盾解决了还是无法入睡，因为他会担心："睡不着可怎么办？明天还有很多工作要做，千万别失眠！"这样一想就更睡不着了，甚至演变成慢性失眠。对这个失眠的人来说，最初的人际矛盾是诱发因素，后来对失眠本身的害怕是维持因素。对于强迫症来说，什么是维持因素呢？最主要的维持因素是强迫行为和回避行为。一开始，强迫行为是用来缓解焦虑，防止我们担心的事情发生，是用来解决问题的。但事与愿违，这种解决方法却成了问题持续存在的原因，成了问题的一部分。

强迫行为和回避行为是强迫症的维持因素。因为强迫行为和回避行为的存在，强迫症个体丧失了"看清想法"的机会，丧失了体会情绪的山形曲线变化的机会，也就丧失了体悟到"想法不等于事实，焦虑不等于危险"的机会。

首先来看一看强迫行为如何阻碍我们看清想法。比如清洗类强迫症的想法是"不洗手就会得病"，如果每次都洗手，就无法知道不洗手到底会不会得病，无法知道"不洗手就会得病"这个想法到底是不是真的。强迫症个体会认为"我之所以没有得病，正是因为每次都洗了手"，"不洗手就会得病"这个想法的"真实性"被加强。只要他有洗手的强迫行为，他就没有机会看清楚"不洗手就会得病"只是个想法而不是事实。如果他停止强迫洗手的行为，在接下来的几天里也没有得病，他就有机会看清楚原来"不洗手就会得病"只是个想法，而不是事实。也许有人会说，有的传染病潜伏期很长，要过很久才会发病，所以这几天没得病并不能说明没洗手是安全的。这是强迫症个体在停止强迫行为之前的推理，实际上强迫症个体对想法的相信程度受情绪的影响非常明显，如果他真的停止了强迫行为，当恐惧、焦虑的情绪自然消退之后，他就能够看清楚自己的想法是不符合实际的，并不需要等待那么长的时间来验证，只要情绪消退，就不会再认同自己的那个想法了。也有一些人恰巧在停止强迫洗手之后就拉肚子或者感冒了，这时要让他认识到：之前他一直强迫洗手的那段时间，也有过拉肚子或感冒。或者问他：是否愿意用偶尔拉肚子或感冒的代价来换取强迫症的痊愈。

强迫行为打破了情绪自身发展变化的规律，使得强迫症个体失去了体会情绪山形曲线变化的机会。他们认为：如果不实施强迫行为，焦虑就会不断攀升，甚至会疯掉；或者焦虑会一直持续，得不到缓解，接下来什么事情都做不了。只有当他们不实施强迫行为，并没有什么危险的后果发生，焦虑水平最终下降了，这时他才能有机会体悟到“原来情绪真的不等于危险”。所以只要强迫行为存在，就没有机会看到想法和情绪的真相，强迫症就会持续存在。

强迫行为为什么会一直存在呢？因为强迫行为受到了强化，在以后相似的情境下出现的频率和强度都会增加。所谓强化，是一个行为被紧随其出现的直接结果加强的过程。强化理论最早可以追溯到 20 世纪初桑代克关于猫的实验：把一只饥饿的猫关在笼子里，笼子外面放着食物，猫能够看得见但是够不到。这只饥饿的猫为了获得笼子外的食物会有各种行为，到处乱窜，或抓或咬。笼子里有个踏板，只要猫踩到踏板，笼门就会打开，猫就可以出来吃到食物。猫踩到踏板这个行为，紧跟着出现的结果是“门打开了，获得食物”。在无意中踩到踏板并吃到食物后，再把猫放到笼子里，它不会像第一次那样有那么多多余的行为了，从被关进笼子到踩踏板这个行为的时间间隔也缩短了。原来可能需要 5 分钟才出现踩踏板的行为，现在可能只过了 3 分钟猫就能踩到踏板获得食物了。经过反复训练，从关进笼子到踩踏板行为之间的时间间隔会越来越短，踩踏板这个行为由于被紧随其后得到的食物所强化，所以发生的频率越来越高，而其他那些没有得到强化的行为（比如抓住栏杆、试图从栏杆间隙钻出来）慢慢就减少了，桑代克由此提出了“效果律”。

小学生上课积极举手，老师奖励了一颗五角星，以后这个小学生上课举手的行为增加了，这是举手行为被紧随其后的五角星奖励强化了。发了朋友圈，有很多人点赞，以后就经常发朋友圈，这是发朋友圈的行为被点赞强化了。小孩看到玩具想买，父母不给买他就哭闹，父母无奈给他买了玩具。以后，这个小孩想买玩具被父母拒绝的话，他就通过哭闹来迫使父母给他买玩具，这是哭闹的行为被得到玩具这个结果强化了。打电话时通话质量不佳，换个位置试试，通话质量变好了，以后通话效果不佳时就更有可能移动位置，移动位置的行为增加是由于被通话质量改善强化了。

强化分为正强化和负强化。有些人容易混淆负强化和惩罚，一定要知道负强化也是强化，强化一定是使行为增强的。如果一个行为发生之后出现了正性刺激或正性刺激的强度增加导致这个行为增强了，就是正强化；如果一个行为发生之后发生了一个负性刺激的消除或者负性刺激的强度减弱导致这个行为增强了，就是负强化。小学生举手得到五角星的例子是正强化，因为得到了正性刺激。小孩买玩具的例子，对小孩子来说，哭闹的行为得到了正强化，因为得了正性刺激（玩具）；对父母来说，买玩具的行为得到了负强化，给小孩买玩具这个行为导致一个负性刺激（孩子哭闹）的解除，如果以后小孩子一哭闹父母就给他买玩具，这就是负强化。有时候一个行为被加强可以认为是正强化也可以认为是负强化，比如打电话移动位置的例子，如果说移动位置导致通话变清晰，这是正性刺激的增加，从这个角度来说是正强化；如果说移动位置导致糟糕的通话感受减弱，这是负性刺激的减少，从这个角度来说是负强化。

惩罚是一个行为被紧随其出现的直接结果弱化的过程。首先是一个行为的发生，然后紧跟着这个行为出现了一个结果，这个结果导致这个行为被削弱，以后不太可能发生或者发生的频率降低。惩罚也分为正惩罚和负惩罚，正惩罚是一个行为发生之后，出现了一个负性刺激或者负性刺激的强度增加，导致这个行为被削弱。负惩罚是一个行为发生之后，出现了正性刺激的消失或减少，导致这个行为被削弱。无论正惩罚还是负惩罚，结果都是行为的减少或消失。正惩罚是负面刺激的增加，负惩罚是正面刺激的减少。比如开车时看手机导致发生追尾事故，再开车的时候就不看手机了，这就是惩罚。因为开车看手机的行为导致负性刺激（追尾），这是一个正惩罚。如果开车看手机被交警扣了6分，之后再开车不看手机了，这也是惩罚。因为开车看手机的行为导致正性刺激的减少（被扣分），所以这是一个负惩罚。小学生回家不做作业，父母说不做作业就不准看喜欢的动画片，以后放学不做作业这个行为减少了，这是负惩罚。感冒发烧吃某种退烧药，结果药物过敏晕过去了，以后再也不敢吃这种药了，这是正惩罚。

判断是强化还是惩罚的标准是“行为增多了还是减少了”，而和那个紧随行为之后出现的结果是正性还是负性的、是增加了还是减少了无关。比如一个学生上课聊天被老师批评，那么老师的批评对学生上课聊天这个行为是强化还是惩罚呢？现在我们还无法判断，因为不知道上课聊天这个行为以后是增加了还是减少了。如果以后这个行为减少了就是惩罚，这个行为变多了就是强化。如果这个学生因被批评而感觉到自己被关注了，或者他认为在同学面前敢于对抗老师是“光荣”的，老师的批评使得他上课聊天的行为增多了，那么他这个行为实际上得到的是正强化。一个学生作文写得非常好，老师让他在班上当众朗读并表扬：“文采太好了！”这是强化还是惩罚呢？不确定。我们要看把作文写好这个行为以后是变多了还是变少了，如果变多了就是强化，如果减少了就是惩罚。如果这个学生是一个敏感、羞涩、胆小，甚至有点社交障碍的孩子，他害怕别人注意他，只想默默无闻地待在那里。在班级当众朗读作文使他很不自在，可能他以后就不敢把作文写得那么好了，这时对他的表扬实际上是一个正惩罚。很多时候我们自认为是在惩罚，实际上却是在强化，自以为是在强化，实际上却是惩罚。

强迫行为为什么持续存在，为什么那么难停止，就是因为这个行为一直受到负强化。我现在感到焦虑，焦虑对我来说是一个负性刺激。我去做强迫行为，如洗手、检查、询问等，焦虑水平就降低了，于是我再次感到焦虑的时候还是会去做强迫行为。洗手这个行为，紧跟着出现了焦虑水平降低的结果，导致这个行为在以后相似的情景中再次出现的频率增加，这是负强化。下次焦虑了，我还要去做强迫行为，强迫行为不断受到负强化，得以持续。强迫行为一直在，强迫症就无法好转，所以强迫行为是强迫症状持续存在的最关键的维持因素。回避行为也是相同的作用机制，也是一直受到负强化。

如果不去做强迫行为会怎么样呢？强迫行为使强迫症个体丧失了看清想法的机会，丧失了体验到“焦虑不等于危险”的机会，丧失了体会情绪变化自然规律的机会。没有实施强迫行为，最终什么都没有发生，才有机会体验到情绪按照山型曲线变化；才有机会体会到原来我没有做强迫行为，家里也并没有着火啊，没有进小偷啊，也没有生什么病啊——原来焦虑不等于危险。所有的这一切都让他体悟到了什么是想法，什么是焦虑，以及焦虑有什么样的发展规律，这样就可以踏上良性循环的轨道了。

二、抗拒和排斥

对于忌讳类、性相关、惩罚类、注意力固着类、意向类的强迫症来说，还有一个关键的维持因素就是对某些想法、表象、冲动和注意过程的抗拒和排斥。

> 有人做了个实验，要求人们不去想一头白熊。人们被隔离在一个实验室里，坐在带有麦克风和呼叫铃的桌子前。实验要求人们在五分钟的时间里对着麦克风讲出所有在他们脑海中出现的事物。有一两个人抱怨什么都没有想到，但是大多数人在整段时间里都在倾诉，他们描述墙壁，谈论午餐，然后经常变成长篇的独白，谈论他们的家庭、工作、未来的计划……接近尾声时，实验员进入，要求每个人继续描述脑子里的念头，但这一次不要去想一头白熊。如果出现了白熊的想法，就要按一次铃，然后继续。
>
> 在接下来的五分钟里，每个人平均按了超过六次铃，并且都大声地提到了几次白熊。完成这个实验后，一部分人立即进入另一个五分钟的实验，任务是想一头白熊。这次大家的脑海几乎都被白熊占据，有的人按铃 16 次，提到白熊 14 次。

这种变化是很明显的，那些在一开始就被要求想白熊的人报告的次数相对少（平均按铃 12 次，提到白熊 11 次）。在压抑（不要想白熊）之后，人们想白熊的次数显示出一种随着时间的流逝而激增的倾向。所以，具有讽刺意味的不仅是人们在一开始很难压制一个想法，还包括压制想法的企图使得他们更加容易被这个想法所吸引。这就是著名的“白熊实验”。

白熊实验揭示了几个非常重要的规律，对强迫症研究的意义重大。实验的第一阶段不要求大家主动想什么或不想什么，这时很少有人想到白熊。第二阶段要求大家尽量不要想白熊，结果所有人无一例外地想到白熊。现在请注意，请你尽最大努力不要想到“北京天安门”。你想到了什么？也许从拿到这本书的那一刻到一分钟之前，你都没有想到过北京天安门，但当你看到“不要想北京天安门”时你一定会想到北京天安门。元想法在哪里，对象层级的想法就在哪里，白熊实验告诉我们：你命令自己不去想什么，就一定会想到什么。实验的第三阶段告诉我们：最初对想法的压抑是无效的，反而会增加这个想法在后续阶段出现的机会。

强迫症个体认为自己不应该想到某些想法，比如对神灵不敬的、家人发生意外的、与性相关的，他认为这些想法是不虔诚的、不道德的、不应该的，有这些想法就说明自己是不好的人，因此拼命压抑，想让自己远离这些想法。但这并不符合人类大脑运作的规律——你越不想想什么，你就会更多地想到什么。

白熊实验也证明：人们想压抑某个想法的企图，会使得这个想法更容易被关注到。现在请认真回忆一下：从早上醒来到现在你有过哪些想法？把你能记起来的都记录在纸上，如果现在离你醒来已经有几个小时了，我敢保证你能想起来的想法不会超过 300 个，而实际上你头脑里已经闪过了几千个想法，绝大多数想法你都记不起来了，因为它们没有引起你的注意，就未见波澜地流逝了。但如果你试图压抑某个想法，那么当这个想法出现时，它就会凸显出来，被你捕获到。很多强迫症患者一天出现的强迫观念也不过几十次，在他全部想法里所占的比例并不高，但是因为我们不希望它们出现，所以对它们的出现格外敏感，格外注意。在本书第 8 章关于“预警性注意”的讨论中，我们会提到雷达的隐喻。决定压抑某一想法，就等于给这个想法在雷达里预设了特定的频段，之后只要这个想法出现，就会被我们的意识捕获到，因此我们觉得它频繁出现，但实际上每天我们头脑里闪过的其他想法更多，只是没有引起我们的注意罢了。

所以，不是强迫症缠着我们不放，而是我们不肯放强迫症走。体悟疗法对待强迫观念的态度是“知道它，允许它，不管它，随它去”，这样强迫观念就会回归到和其他想法平等的地位，淹没在思维的河流中不再凸显。

注意力固着类的强迫症个体抗拒和排斥的不是想法或表象，而是无法接受自己对某些事物的关注。前面我们讲过，你不想注意什么和你想注意什么的最终效果是一样的，都会使注意指向那里。对注意来说，否定副词“不”“别”起到增强的作用而不是抑制的作用。不希望自己注意到呼吸、余光、口水的人一定会更多地注意到这些，这是注意的规律。所以，排斥和压抑是某些强迫症得以持续存在的重要因素。

中　篇

体悟疗法

第 6 章　体悟疗法小传

一、体悟疗法的由来

17 年前，第一次在咨询室中接待强迫症来访者的时候，我对这些症状基本上是束手无策的，第一次体悟到书本上的知识和现实中活生生的来访者之间差距是那么大。没有一个来访者是按照诊断标准中描述的那样去生病的，也没有一个来访者可以按照书中的标准咨询流程痊愈。

于是，我不断地向精神卫生中心的专家和高校教授们请教，在这些前辈们的指导下帮助强迫症来访者。也是那个时期，我接触到了暴露与反应阻止法和森田疗法，在接下来的四年多，我都是使用这两种方法来帮助强迫症来访者。对强迫思维和强迫行为并存的强迫症，主要使用暴露与反应阻止法；对单纯的强迫思维主要使用森田疗法。

总体看，效果还是比较理想的。总有来访者提到他们读了《心经》《金刚经》后感觉自己的症状有好转，起初我对他们这种说法嗤之以鼻，甚至觉得是无知、瞎胡闹。读佛经怎么可能对强迫症有帮助呢？后来，其他的一些来访者也这么说，我觉得不能在不了解的情况下就轻易地否定他们，于是决定看看《心经》《金刚经》。就这样，我从 2006 年开始接触佛学，现在体悟疗法里“四个自我”的主要思想来源就是佛学，尤其是佛学中的“五蕴”“无我”“我执”和“法执”。

接触佛学后我迷上了打坐，2008 年在华东师范大学校园内的书店里看到刘兴华老师翻译的《抑郁症的内观认知疗法》，我被封面上打坐的照片所吸引，翻看内容之后有种相见恨晚的感觉。书中的方法可以用来干预抑郁症的复发，应该也可以用来干预强迫症。通过这本书我接触到了内观，这个词现在更多地被翻译为正念。也因为这本书的缘故，我了解到了葛印卡的十日内观，并在 2009 年参加了一次完整的十日内观课程。回来之后我就打算把内观和正念认知疗法整合到暴露与反应阻止法当中去。相关外文文献记录了用正念干预强迫症，并且取得了很好的疗效。这坚定了我的信心，虽然他们的方法和我想做的并不完全一致，但至少在大的方向上相互印证。

于是我开始尝试进行整合，并且应用于实际咨询。一段时间的实践下来，无论咨询效果还是来访者的接受程度都很令人满意。2010 年，我参加了徐钧老师的聚焦疗法培训，而后把聚焦疗法整合进来用以处理强迫症来访者的情绪问题，那时我给这个整合后的方法起了个名字叫“内观暴露疗法”。

2011 年，接触到“接纳承诺疗法”（ACT）的六维病理模型中的“认知融合”和“经验性回避”，根据我长期以来的经验，我意识到这部分内容对解释强迫症很有帮助，现在的这套体悟疗法就是用这两个概念来解释强迫症的发病机制的。不久，祝卓宏老师发给我几十页英文资料，详细介绍了使用 ACT 干预强迫症的全过程以及背后的原理，在之后的咨询实践中，我把 ACT 也整合进来。这时“内观暴露疗法”这个名字已经不适用于这套方法了，于是改名为“正念行为疗法”，后因“正念行为疗法”这个名字国外已经有人在使用，遂改名为“正念体悟疗法”。

咨询个案多了，总会遇到一些强迫症来访者无法从咨询中获益的情况，同时也发现一些人虽然没有在咨询中获益，却因在生活中的其他方面有所体悟而好转。比如有人听了某首歌后症状减轻，有人因为看了某部电影而有所缓解，还有人因为一次交通事故而好转……我越来越感觉到，有无数种经验能让人们产生体悟并发生转化，而“正念体悟疗法”的“正念”一词限定了体悟的范围，把其他可以使来访者产生体悟的资源都排除在外了。最终，我把这套疗法定名为“体悟疗法”。

2018 年，我接触到刘天君老师的“移空技术”以及治疗理念。“移空技术”对处理强迫症的情绪很有帮助，于是我又在经历情绪的部分加入了“移空技术”的理念和方法。

这套体悟疗法建立在十多年的理论整合和实践完善的基础上，并非各种疗法的简单堆砌。举个例子：如果先炒一盘鸡蛋，再炒一盘西红柿，然后把它们混合在一起，这个菜并不是“西红柿炒蛋”。在同一个来访者身上轮番使用不同的技术，就并没有在做“西红柿炒蛋”。体悟疗法并非不同技术的简单组合，而是在理论上统一，发展出完整的理论假设和系统框架，对上述几种疗法进行有机整合并有所创造，是一盘真正的“西红柿炒蛋”。

二、体悟疗法的定义

体悟疗法是指，经由身心经验体悟到身心现象和自我的实质，从而改变主体与自身想法、情绪及躯体感受关系的一套理论和操作技能。

“体”字的繁体写法是“體”，以“骨”作为偏旁，《说文解字》的解释是“體，总十二属也，从骨豊声”。意思是总括人身的 12 个组成部分，至于具体是指哪 12 个部分，许慎并没有说明；清代的段玉裁对这 12 个部分进行了具体说明，但也有学者持不同意见。总体来说，大家比较一致地同意“体”这个字指的是人体的物质组成。“悟”在《说文解字》里的解释是“悟，覺也，从心吾聲”，《说文解字》中对“觉”的解释是“覺，从見，學省聲。一曰發也”。《古汉语字典》对“悟”的前两项解释是“理解、明白；觉醒、醒悟”。百度百科中“吾”义为“正中的”，引申为“一箭正中靶心的”。“心”与“吾”联合起来表示“一箭正中靶心”的心理状态，本义是“正确理解，正好明白”。这种一箭正中靶心的心理状态很符合“体悟疗法”中“悟”的意思。“一箭正中靶心”的“悟”有速度、力量和冲击的意象，是一种洞彻的理解和明白，这种“悟”是由“体”而获得的，也非常符合中华文化中身心一体的整体观。

所以，“体悟”指的是经由我们完整的身心去经历和体验并从中获得感悟和觉醒。不同于认知层面的理解和明白，这是一种更加深刻、幽远的洞察和领悟。

上初中的时候我就知道我国国土面积是 960 万平方公里，地大物博、幅员辽阔。那时我从未走出小镇，对祖国的幅员辽阔只是认知层面上的了解。考上大学，乘绿皮火车从东北去安徽。我白天上车，火车轰隆隆地前行，太阳落山了还在前行，第二天太阳升起了我还在前行，太阳又落山了我还在前行，太阳又升起了我还在前行……在车上看着窗外不断变化的田野和民居，体会着日升月沉，经由这样的身心经验，我终于体悟到了什么是“960 万平方公里”，什么是“地大”，什么是“辽阔”！这种感觉完全不同于课本上学到的知识和概念，这就是体悟。这也是毛主席说的：想知道梨子的滋味，你就要亲口尝一尝。我可以告诉你梨子的滋味是“味美多汁，甜中带酸”，你非常坚定地相信我说的话，并且你也可以给别人讲梨子的滋味是“味美多汁，甜中带酸”，但如果你从没吃过梨子，那这些对你来说只是认知层面上的“知道”，而这种“知道”和“不知道”没有什么区别，对你来说这个知识没有什么益处。强迫症来访者经常会说“我什么都知道就是做不到”也是同样的道理，所以这套疗法强调的是亲身经历并从中获得体悟。

需要体悟到的是什么呢？是身心现象和自我的实质。这个实质就是变化，这一点在后面的章节会详细论述。现在概括来说，强迫症的治疗要体悟到下列三点：“想法不等于事实，恐惧不等于危险，自我是一个过程。”

体悟到这三点之后我们要做的是什么呢？是要改变“我”和想法的关系、和情绪的关系、和身体感受的关系。和传统的认知行为疗法不同，体悟疗法的重点不是去改变想法，改变或缓解恐惧、焦虑等情绪，而是去改变关系。因为强迫症个体总是受困于自己的想法和情绪，成为想法和情绪的奴隶。体悟疗法是要改变这种关系，由原来的控制和被控制的关系转变为“觉知”“容纳”和“愿意经历”的关系。

强迫症的发病机制至今还不完全清楚，我们可以从多种角度理解强迫症，比如基因因素、生化因素、社会环境因素等。不同的理论假设会指向不同的治疗方案，每种对强迫症有效的治疗方法都建立在对发病机制的理论假设之上。药物治疗以生化和内分泌研究为基础；暴露与反应阻止法以二阶段理论假设为基础；外科手术治疗以神经解剖学的研究为基础。理论假设的有效性直接关系到干预的有效性。体悟疗法作为一种有效的干预方法，必然需要对强迫症的发病机制做出理论假设。但是，任何心理学流派（以及脑神经科学）对心理问题成因的看法都只是一种理解方式而非事实或真理！很多相信某种特定理论的人都认为他们所支持的理论反映了客观事实，然而实际上并非如此！一些研究者在生物学、遗传学和神经学的所谓“硬核”的研究中寻求证实，用来支持他们的解释就是客观的事实和真理。对弗洛伊德来说，潜意识、童年事件与成年神经症之间的关系都是客观事实；对斯金纳这样的行为主义者而言，通过刺激-反应的强化进行学习就是一个客观事实；对罗杰斯而言，自我观念及实现趋向都是原则上可以观察并测量的客观事实……然而实际上这些都是我们对人的一种理解。因此体悟疗法提出的理论假设也只是为我们理解强迫症提供一个新的参考框架，这个框架有利于我们更好地理解和干预强迫症。

体悟疗法的定义最后强调的是操作技能，意思是说这不同于一般知识的学习、理解和记忆，也不是思辨，而是一种必须经由实际练习才能掌握的技能。就像学习游泳一样，你学习了关于游泳的理论知识和吸气时低头、吐气时摆臂、手向前划、蹬腿时身体蹿出水面、吸气再低头等动作要领，并且倒背如流，但如果你不亲自跳入水中进行练习，是一辈子也不可能学会游泳的。学习体悟疗法也是一样，不仅需要理解其理论假设，更关键的是要亲自练习，用全部身心去体悟这套疗法。

大多数人未必有强迫症等心理问题，但生而为人，注定都有烦恼和痛苦，也可以应用体悟疗法来处理自身在生活中遇到的各种问题。人类的经验有共通性，就算自身没有强迫症，我们仍然有机会了解强迫症个体的情绪体验。平时，你经常无意识地咽下自己的唾液，不会感到任何不适。现在，请你拿一个空杯子，每当有口水的时候就吐到杯子里，直到把杯子装满，然后请你端起杯子喝下去……你现在的感觉，就近似那些仅仅是怕脏而不怕传染病的强迫症个体的感觉。对于强迫症个体而言，这套方法不仅仅需要进行认知层面的调整，还需要亲自练习。

三、强迫症个案的概念化

个案概念化是所有咨询师都要学习的一项重要技能，个案概念化是理解来访者问题的地形图和进行干预的指南针。通过个案概念化，咨询师才能依照体悟疗法的理论模型来理解来访者的具体问题，它是阐明了来访者是什么样子的以及为什么是这个样子的理论假设。这种理解将贯穿咨询的全过程，起到指导性的作用。

这里先简要地介绍一下体悟疗法提出的关键概念（见图6－1），后面的章节中会分别详细论述。

（1）核心自我

“核心自我”指的是（我们自己认为）自我赖以存在的核心内容。如果这部分内容消失了，自我将不复存在。核心自我是个体最重视的自我内容，个体为了保持和发展核心自我愿意付出最大的努力。人们一旦意识到核心自我受到威胁，愿意付出最大的代价去捍卫。信奉“留得青山在，不愁没柴烧”的人，其核心自我是“身体”，活着对自我来说是最重要的事；对无颜面对江东父老的楚

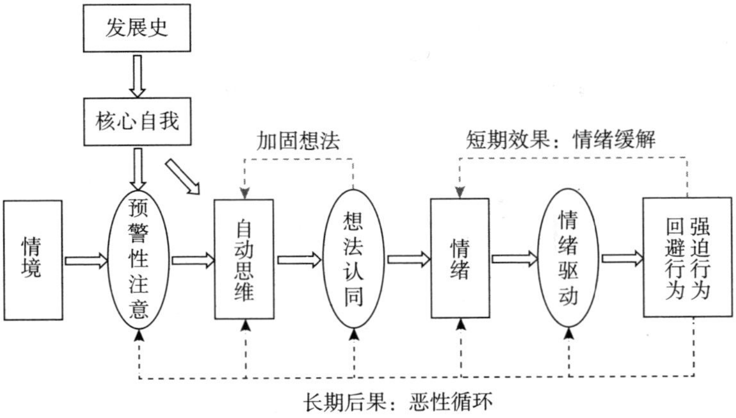

图 6－1　强迫症个案概念化模板

霸王来说，“我”的尊严和面子才是最重要的，如果没有了尊严和面子，就算身体还活着也等同于死了，尊严和面子就是项羽的核心自我；“人为财死，鸟为食亡”表达的是某些人把“财物”认为是自我存在的核心内容，财物没有了，自己活着也就没有意义了。由于遗传、文化和发展史的不同，人们可以形成不同的核心自我。强迫症状有各种不同的主题，每个主题都涉及患者本人的核心自我，强迫症个体误认为核心自我受到了威胁，试图通过强迫行为来保护核心自我免于危险。

（2）预警性注意

人们的注意会自动地指向与自我关系最密切的事物，更多地注意与核心自我有关的事物。“预警性注意”指的是心理活动自动聚焦于可能威胁到核心自我的刺激，自动地在环境中搜寻那些可能威胁到核心自我的事物。强迫症个体会比其他人更多地注意到自己所害怕的刺激并且很难把注意力转移开，就是这个原因。怕脏的强迫症个体总是更多地在环境中注意到“脏东西”；对数字“4”恐惧的强迫症个体总能比别人看到更多的“4”；“恐艾”的人也会比其他人更多地注意到红色的东西。

预警性注意的形成，标志着问题从一过性转变为长期性；预警性注意的解除，标志着症状层面的问题得以解决。如果那个怕“4”的强迫症个体报告说他最近一段时间都没有怎么看到过数字“4”了，那说明他症状层面的问题已经解决了。[1]

① 关于预警性注意的更多内容见本书第 8 章。

（3）想法认同

人的大脑里每天会产生成千上万个想法，有些是对客观事实的恰当反映，有些不是对客观事实的恰当反映。“想法认同”指的是相信了自己头脑里的想法，哪怕这些想法是不适当的。很多时候我们都需要通过认同自己头脑里的想法来指导行动。当我们对想法的认同明显地损害了正常的社会功能，使我们的生活越来越窄化、僵化时，想法认同就成了问题。在杞人忧天的例子中，杞人认同了自己脑子里“天塌地陷”的想法，认为事实就会这样，因此感到非常焦虑，这就是想法认同。强迫症个体的首要问题就是认同了自己头脑里的强迫观念，把强迫观念等同于事实。

（4）情绪驱动

情绪的主要功能之一就是为行动提供能量并做好准备。恐惧和焦虑情绪会驱使我们快速有效地行动——战斗或逃跑。很多强迫症个体都明白自己的想法是“没必要的”，但却无法停止强迫行为，原因就在于恐惧、焦虑情绪的不断驱使。如果他们可以不受情绪的驱动，转而去容纳和经历情绪，就能够拒绝强迫行为。

图 6－2 以一例怕垃圾桶会传染疾病的强迫症个体为例，简要示意上述概念化。

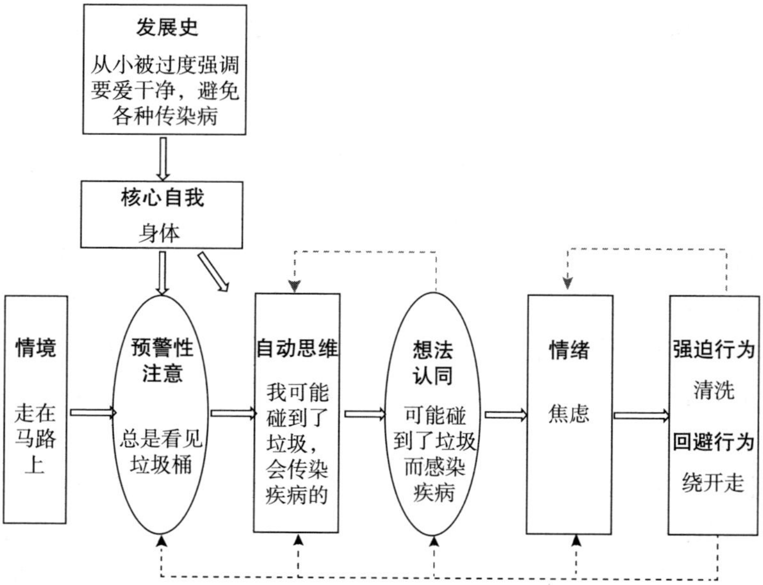

图 6－2　强迫症个案概念化样例

第 7 章　二阶段理论假设

无论干预什么类型的心理障碍，所使用的技术和方法一定是基于对这种心理障碍发生机制的理论假设，也就是对个体为什么会罹患这种心理障碍的一种解释。当然这仅仅是基于某一视角的解释，并不是完全客观、真实的原因，关于心理障碍的真正原因我们目前仍然知之甚少。体悟疗法就强迫症的发病机制提出了自己的理论假设，这一假设包含了两个层次：表层的二阶段理论和深层的自我构建。根据这样的假设我们可以对案例进行概念化，以清晰地了解这个来访者：他现在的问题是什么？这个问题是怎么来的以及如何持续的？概念化是我们的作战地图，帮助我们理解来访者，指引咨询工作的开展。

一、想法认同

人的大脑每天会产生成千上万个想法，有些是对客观事实的恰当反映，有些不是对客观事实的恰当反映。“想法认同”指的是相信了自己头脑里的想法，哪怕这些想法是不符合客观事实的。很多时候我们都需要通过认同自己头脑里的想法来指导行动。当我们对想法的认同明显地损害了正常的社会功能，使我们的生活越来越窄化、僵化时，想法认同就成了问题。

想法认同简单地说就是“我和我的想法的内容融合在一起了，把想法的内容等同于自我或事实”。现在，你可以闭上眼睛在头脑里主动地想：“五分钟后天就会塌下来，地就会陷下去，自己、家人和全世界的人会在五分钟后死去。”现在，觉知你的情绪：你会感到恐惧或者悲伤吗？如果我们没有这类强迫症状的话，现在是不会感到恐惧或者悲伤的。因为我们对这个“天塌地陷”的想法有一个基本判断——这不可能。我们并不相信这个想法，没有发生想法认同。

在杞人忧天的例子里，杞国这个人的脑子里也出现了天塌地陷的想法（跟你刚才所想的一样），但他却吓得不得了，因为他相信了自己头脑里的这个想法，杞人和这个想法发生了想法认同。影响我们的并不是想法本身，而是我们是否相信这个想法。

认知行为疗法经常会举例子：一个熟人迎面走来，我大声和他打招呼，他却没有理我，径直走了过去。我会有什么样的情绪反应？认知行为疗法的回答是，如果你对这件事产生的想法是“他没看见我”，那你的情绪就是平静的；如果你的想法是“他看不起我”，那你恐怕就要生气了；如果你的想法是“可能是我做了什么事情惹他生气了”，那你的情绪就可能是自责，等等。认知行为疗法认为，我们对事件的情绪反应不是由事件本身所引起的，而是由我们对事件进行的认知评价导致的。和熟人打招呼的例子，似乎可以很好地证明这一观点的正确性，但事实并非如此：对于某个事件，人们往往会快速产生不止一个认知评价，并在这一系列的认知评价中寻找一个自认为最可能是事实的评价去相信，即对这个认知评价产生想法认同，只有这个被认同了的想法才能引发相应的情绪，其他没有被认同的想法并不引发情绪。

还是前面打招呼的例子，我可能首先想到“他没看见我”，但这不一定能让我感到平静，除非我相信这一想法。如果我不相信这个想法，我不认为他没看见我，因为当时我们的距离相当近，我的声音也足够大，并且用力地向他挥手，他是不可能看不见我的。于是我否定了这个想法，没有和这个想法发生认同，所以我不会平静，我会继续对这件事产生其他的认知评价。我想到“他看不起我”，我也不能认同这个想法，因为我们相识十几年了，我对他的为人相当了解，他不是这样的人，所以这个想法也不能让我产生生气的情绪。接下来我又想到“可能是我做了什么事情惹他生气了”，然后我马上想到昨天上午他有急事找我帮忙，但我外出没带手机，到了晚上看到信息回电话给他时，他的事情已经解决了。这时我认为：“对，他就是因为这件事生气而不理我的。”就这样我对“可能是我做了什么事情惹他生气了”这个想法产生了认同，因此最终影响我情绪的是这个被我认同了的想法，其他几个想法都不会引发我的情绪，因为我并不认同它们。

同样，为什么很多时候我们劝别人的话起不到作用？就是因为我们告诉对方的想法对方并不认同。比如我今天刚刚买的新手机被偷了，你劝我说就当把几千块钱捐给希望工程了，这对我的情绪不太可能有积极作用，因为我并不认同这个想法，明明是被偷了，怎么能当作捐给希望工程了呢？

并非所有的想法认同都会造成问题，事实上绝大部分的想法认同是我们生活所需要的。比如我开车去一个不熟悉的地方跟着导航走，让我左转我就左转，让我右转我就右转，这时就是想法认同，也是现实的需要。如果我不熟悉路线，又不听导航的，导航让我左转我偏偏右转，那就不太可能到达目的地。但是，如果我要经过的一段路今天早上开始封闭起来修路，现在无法通行，但导航尚未收到这个信息并让我继续前行，我发现此路不通而选择走其他路线时，导航会一直让我掉头重新回到这条被封的路线上来，这时如果我继续和导航的指令发生想法认同，继续按导航行驶，那结果可想而知。这时的想法认同已经忽略了当下现实的情况，使我的行为僵化，不能适应现实的需要，这时的想法认同就成了问题。

你要进入一个院子时看到门上挂着牌子："内有猛犬，擅入危险"。这时你会提高警惕不敢轻易进入，这也是想法认同；"水深危险""游客止步""禁止翻越""前方急转弯"等标识，都需要我们发生想法认同。日常生活中，只要我们活着，就需要想法认同。只有当想法认同使我们的心理变得僵化，失去了对当下的灵活反应——仅仅对大脑里的想法或者外部的指令发生反应，而不能对现实有所反应——那它就阻碍了我们正常的社会功能。

想法认同涉及元想法（元认知）。元想法出现在把自己头脑里的想法作为思考对象的时候，这个被作为思考对象的想法称为"对象层级的想法"。"他没看见我"，是对象层级的想法；"这（'他没看见我'这个想法）是不可能的"，是元想法。"五分钟后天会塌下来"，是对象层级的想法；"这（'五分钟后天会塌下来'这个想法）是不可能的"，是元想法。"我要想办法把强迫症治好"，是对象层级的想法；"这么想（'我要想办法把强迫症治好'这个想法）是对的"，是元想法。我们也可以把元想法作为思考的对象，对元想法进行元－元思考，再进一步对这个元－元思考进行元－元－元思考，以此无限递推下去。但这样的无限递推是没有意义的，因为所有的元想法在对象层级上的作用都只是肯定或者否认（Wegner，1994/2018），这意味着我们只需要两个层级就够了。

二、情绪驱动

功能主义理论认为：情绪是为有机体的生存服务的。奥特勒认为"情绪的核心是对计划采取某种迅速行动的准备状态”。冯特的意志论认为：“单纯的目的是苍白无力的，它不足以形成强有力的行动动机。意志行动是由人的高级心理活动所整合的社会行为，为实现目标而付出的行动，是人的认知、决策、情感和动机的整合。认知和情绪的相互作用，才使决策生动有力并付诸行动。”（孟昭兰，2005）

情绪最主要的功能是为我们的行动提供能量并做好准备，尤其是在遇到危险的情况下，如果只有认知而没有情绪，很难做出有效反应。比如现在地震了，我们在认知上可以确认现在正在发生地震，但如果此时我们并不感到恐慌，就很可能不逃避或者逃避的速度不够快。强大的恐慌情绪促使我们做出最快、最有效的行为。再比如，如果我的孩子做了一件我认为是错误的事情，如果我没有愤怒的情绪，我对他进行的教育可能是温和而理性的；如果我有愤怒的情绪，那我的态度和语气都会受到愤怒情绪的影响而变得粗暴。我什么时候可以停止这种粗暴的指责呢？当我的愤怒情绪得到了宣泄，我不那么生气了，态度和语调也就自然缓和下来了。情绪不在了，能量也就不在了，行为也就能够停止了。

体悟疗法里把这种受情绪影响而实施行为的过程称为情绪驱动，行为的目的是缓解或者避免这种情绪。DSM-5 关于强迫行为的定义第二条第一句：“重复行为（或精神活动）的目的是防止或减少焦虑、痛苦，或防止某些可怕的事件或情况。”这句话的前半部分说之所以会有强迫行为，就是为了防止或减少焦虑、痛苦，即我们所说的情绪驱动。这句话的后半部分是不能单独成立的，因为强迫症个体判断“自己的强迫行为是否防止了某些可怕事件的发生”依据的还是他的情绪。强迫行为的停止并不是因为强迫症个体可以客观地确认其行为起到了防止可怕事件发生的作用，而是因为他们感到自己不那么焦虑或痛苦了。

有些人认为，强迫行为之所以停止是因为达到了其预设的程序或次数，实际上并非如此，达到预设的程序或次数的同时还必须使得主体的焦虑、痛苦得到缓解。只是达到了预设的程序或次数但情绪没有得到缓解的话，强迫行为不会停止。最常见的情况是，实施强迫行为时被某些因素干扰了，虽然达到了预设的程序或次数，但焦虑仍在，这时就需要重新来过。强迫行为的开始是因为有情绪，强迫行为的结束是因为情绪得到了缓解，所以说强迫行为是受情绪驱动的。

强迫症存在一种特殊的情绪驱动，强迫行为的目的是避免体验焦虑或痛苦。这里涉及两个情绪，一个是焦虑（称为情绪 A），一个是对这种焦虑的焦虑，即预期性焦虑（称为情绪 B）。所有的回避行为都属于这一类，比如一个害怕使用公共厕所的强迫症个体，他的回避行为是不使用公共厕所，他的焦虑是在使用公共厕所的当时和之后产生的，他不使用公共厕所就不会产生这种焦虑，所以他选择不使用公共厕所这个回避行为并不是受到了使用公共厕所当时或之后产生的焦虑（情绪 A）所直接驱动的，因为此时这个焦虑还没有产生。那他为什么会有这个回避行为呢？是因为他想到如果使用公共厕所就会产生焦虑，他对这个焦虑很害怕，这时产生了情绪 B，受情绪 B 的驱使而做出回避行为，这还是属于情绪驱动。如果他想到使用公共厕所会让自己焦虑，但他不怕这个焦虑，即没有产生情绪 B，他就可以不实施回避行为。

同样的情况也存在于单纯的仪式行为类强迫症个体中，这类仪式行为可能起源于某些偶然因素，并有其功能，这些行为固定下来后极有可能泛化到其他行为上。这些仪式行为最初可能出现了一个规则，也有可能最初并没有规则而是慢慢固化后形成了规则。规则本身不会引发焦虑情绪，不按规则执行会引发焦虑情绪。比如“每次进门必须先迈右脚”这个规则本身并不引发焦虑，如果违背了这个规则（进门时先迈了左脚）则会引发焦虑。进门时想到如果不先迈右脚将感到很焦虑（情绪 A），个体对这个焦虑有些害怕（情绪 B），所以每次进门必须先迈右脚是受情绪 B 驱使的。如果他想到不先迈右脚将会很焦虑时，他并不害怕这种焦虑的话，即没有产生情绪 B，那他就不会必须先迈右脚了。可见这种仪式行为也是被情绪驱动的。

绝大部分强迫症状都可以用这个二阶段理论假设来进行解释。想法认同是强迫观念产生的阶段，情绪驱动是强迫行为和回避行为产生的阶段。对强迫症的干预首先就是针对这两个阶段进行干预，即打破想法认同和情绪驱动，使强迫症个体能够清楚地认识到“想法就是想法，想法不等于事实”，进而不再相信想法的内容。能够知道“焦虑不等于危险”，去觉知和经历自己的情绪而不是通过强迫行为和回避行为来缓解自己的焦虑情绪。做到这两点，强迫症的表面症状就基本可以消除。

三、二阶段理论假设下常见的强迫症类型

1. 清洗类

清洗类强迫症有两种类型：一种是仅表现为情绪上的厌恶，但知道自己没有

危险、不会得病，也不会发生什么严重后果；另一种情况是害怕被传染某些疾病。

（1）所恐惧的后果：情绪上的厌恶

情境：上厕所

想法：碰到大便了，大便太脏了

元想法：真可能碰到了，太脏了（想法认同）

情绪：恶心

行为：检查、清洗、回避（情绪驱动）

在上厕所时出现一个想法："碰到大便了，大便太脏了。"个体和这个想法的关系是什么呢？他相信了脑子里的想法，把想法等同于事实，这就是想法认同，于是有恶心的感觉。如果他的元想法是"不可能的，我根本没有碰到"，那他就不会有恶心的情绪和之后的强迫行为。在恶心情绪的驱动下，他才需要检查到底有没有碰到，然后去洗手或者做其他的清洗，这个过程就是情绪驱动。如果个体能够不受情绪的驱动，而是去觉知和经历恶心的情绪，那他就能够拒绝强迫行为。在这样的案例里面，"大便是脏的"这个想法本身没有什么问题，问题出在"绝对不能碰上"，这个僵化的规则导致其过度的紧张和小心，在没有碰到大便的情况下总是怀疑已经碰到了。另外一个问题是，如果一般人不小心碰到了大便，清洗干净就可以了，强迫症个体往往会进行过度清洗。

（2）所恐惧的后果：得病

情境：上厕所

想法：会感染艾滋病

元想法：嗯，是有这种可能（想法认同）

情绪：恐惧

行为：回避、清洗（情绪驱动）

上厕所时出现一个想法："我可能感染艾滋病。"个体相信了这个想法，把脑子里的想法等同于事实，这是想法认同，认同了这个想法他才会有恐惧的情绪。如果他的元想法是"不可能的，使用公共厕所不会感染艾滋病"，即不和这个想法产生认同，就不会有恐惧情绪和之后的强迫行为。

2. 检查类

检查类强迫症恐惧的对象比较多：怕丢东西、怕火灾、怕失去自由、怕说错话、怕做错事、怕泄露隐私……其共同特点是害怕因犯错而导致自己无法承受的后果。因此，他们需要进行确认和检查，怕丢钱的人离开一个地方就要回头检查一下有没有落东西；怕火灾的人会反复检查煤气和电源；怕失去自由或者怕蹲监狱的人会在开车时检查是否撞到了人；怕出错的学生写作业和考试时反反复复检查是否做错题目、写错考号和姓名；怕泄露隐私的人会反复检查自己写的文字或者手机发的信息或者地面上的纸片等，不一而足。下面以怕丢东西为例，应用二阶段理论假设来解释。

情境：离开一个地方
想法：落下东西了
元想法：的确有可能落下东西了（想法认同）
情绪：焦虑
行为：检查（情绪驱动）

离开某个地方时，脑子里冒出个想法："我可能落下东西了。"个体认同了这个想法之后，感到焦虑，受焦虑驱动去检查到底有没有丢东西。

3. 穷思竭虑类

穷思竭虑类强迫症也有两种情况：一种是如果不想明白某个问题，会感到情绪上不适；另一种是如果不想明白某个问题，就意味着将要面对一个自己无法承受的后果。有学者认为，穷思竭虑类强迫症是单纯的强迫观念而没有强迫行为。事实上并非如此，从最初的问题出现，到他想达到的目标（问题被解决），强迫症个体会在中间环节进行各种操作，可能是单纯认知操作（去想、去思考），也可能是查找资料、询问别人等行为，这些就是强迫行为。

（1）所恐惧的后果：情绪上的不适

情境：脑子里出现个问题：1+1为什么等于2
想法：我必须把它想明白
元想法：就是要想明白（想法认同）
情绪：焦虑
行为：反复想（情绪驱动）

一个人产生"1+1为什么等于2"这个疑问，接下来的想法是"我必须把它想明白”。如果他不认同这个想法，认为“我没必要非得想明白它啊，想明白它也没什么意思啊”，即没有发生想法认同，那他就不会焦虑，也不会一直思考这个问题。正是由于他认同了“我必须把它想明白”这个想法，才导致后续的问题。认同这个想法本身并不会导致焦虑，焦虑的原因是没办法实现“把它想明白”这个目标。我必须想明白，但事实上我还没想明白，这个“很想明白却又不明白”的状态让人难以忍受，在这种情绪的驱动下就要反复地想。

（2）所恐惧的后果：自己无法承受的后果

情境：脑子里出现个问题：1 +1 为什么等于2

想法：这么简单的问题都想不明白，那我就什么也做不好，是个一事无成的人

元想法：就是这样的（想法认同）

情绪：焦虑

行为：反复想（情绪驱动）

这类强迫症所恐惧的后果不一而足，比如，问题想不明白就代表我是个什么什么样的人。上面这个例子中“我是个一事无成的人”，还可能是“我是个差劲的人”“我是个愚蠢的人”“我是个没用的人”，等等。另外一些人所恐惧的后果是“如果问题想不明白就会发生自己无法承受的事”。比如，“如果我想不明白人是怎么记忆的，那考试的时候我就可能想不起来之前记住的那些知识”“如果我想不明白人为什么活着，那我的人生将毫无意义”“如果这个问题我想不明白，那以后遇到类似的事情我就没法处理”“如果我想不明白人是怎么说话的，那我以后可能就不会说话了”，等等。上面的例子中，他认为自己连“1 +1 为什么等于2”都想不明白，简直就是个白痴，那以后什么事情都没有能力做好。他认同了这个想法，这个后果又是他无法承受的，所以才会焦虑。如果他不认同这个想法，而是想“不知道‘1 +1 为什么等于2’并不能说明我是白痴，也不会影响我以后做其他事情”，即没有和前面的想法发生认同，那就不会焦虑。在焦虑情绪的驱使下一直去想“1 +1 为什么等于2”，这是情绪驱动。

4. 忌讳类

忌讳类强迫症是认为某些东西不好，不吉利，会带来厄运，导致不好的事

情发生。这些“不好的东西”可能是某些数字、词语、颜色、场所、物品、符号、特殊的人等。比如对数字“4”的忌讳。

情境：看到数字“4”
想法：做的事情会粘上晦气
元想法：就是会粘上晦气（想法认同）
情绪：焦虑
行为：回避、重复动作（情绪驱动）

当看到数字“4”时，脑子里冒出个想法：“我做的事情会沾上晦气。”个体认同了这个想法，认为真的会粘上晦气，导致不好的事情发生，这是想法认同。因为认同了想法所以产生焦虑的情绪，为了缓解这个情绪而实施强迫行为，是情绪驱动。

5. 意向类

意向（冲动）类强迫症是指在某些情境下，有一种想要做什么的内驱力。这种想做的行为通常不合时宜或者会造成严重的后果。比如站在高处时有跳下去的冲动。用二阶段理论假设解释这类强迫症时要留意，这里的“情境”主要是指内在的驱动力（冲动），而不是外在的刺激源。强迫症个体对自己的意向（冲动）进行了歪曲的认知加工，并认同了这个认知加工，所以感到恐慌，进而采取回避行为。普通人站在比较高的楼上可能有时也会有一种跳下去的冲动，之所以没有成为强迫症，是因为对自己内在的这个冲动没有进行错误的认知加工，我们相信“虽然有这个冲动但不会去做”。

情境：站在高处时有跳下去的冲动
想法：我可能会跳下去
元想法：真的可能（想法认同）
情绪：恐惧
行为：回避（情绪驱动）

6. 与性相关类

顾名思义，这类症状涉及的内容都和性这个主题相关。他们恐惧的可能是：

我是个不好的人，我是个不道德的人，我是个变态，我是个无耻的人，我是个下流的人，等等。

情境：看到某人时头脑里出现了与性相关的想法

想法：我不应该有这样的想法，有这样的想法就说明我想这样做，就说明我是肮脏的人

元想法：是的，有这样的想法就说明我是这样的人（想法认同）

情绪：羞耻、焦虑、内疚、自责

行为：回避、控制、替代（情绪驱动）

看到某个人产生了性的画面或者想法，他对这个内部事件的想法是“我不应该有这样的想法，有这样的想法就说明‘我想这样做’或者‘我就是肮脏的人’”。他认同了这个想法，认为自己有这个想法就是这样的人了。然后就产生了羞耻、焦虑、内疚、自责等情绪。在这些情绪的驱动下实施回避、控制或替代的行为，这是情绪驱动。

7. 仪式行为类

仪式行为类强迫症主要表现在，做什么事情都严格按照僵化的规则和标准进行。想法认同是认同这个僵化的规则，认同这个规则本身并不会引起焦虑情绪，而是如果不按照这个规则执行就会感到焦虑。恐惧的后果也有两种，一种仅仅是情绪上的不适，另一种是认为如果不按照规则执行就会发生不好的事情。

（1）所恐惧的后果：情绪上的不适

情境：穿衣服

想法：必须按照我设定的程序和步骤穿

元想法：就应该这样穿（想法认同）

情绪：焦虑

行为：按固定的程序和步骤穿（情绪驱动）

一般人做事情也可能有自己的程序和步骤，但这些并不构成困扰，也不浪费时间。此类强迫症的程序和步骤有时非常烦琐和复杂，需要耗费很长的时间，不仅自己感觉痛苦，也明显地影响社会生活功能，并且如果这个过程被打扰就必须要重新做。

（2）所恐惧的后果：发生不好的事情

情境：穿衣服

想法：必须按照设定的程序和步骤穿，如果不这样穿那就等于没穿衣服，光着身子出门了

元想法：就是这样的（想法认同）

情绪：焦虑

行为：按固定的程序和步骤穿（情绪驱动）

这种类型强迫症的表现千差万别，有的穿衣服有程序，有的洗脸刷牙有程序，有的上厕所有程序，有的洗澡有程序，有的进门有程序，有的吃饭有程序，等等。所恐惧的后果也千差万别，上面的例子是担心不按照程序穿衣服等于自己就没穿衣服，赤身裸体出门了，担心丢人；有的害怕接下来做事情不顺利；有的害怕家人发生意外；有的害怕自己会做错事，等等。

8. 对称整齐类

这类强迫症所恐惧的后果也分两种：一种是害怕发生不好的事情，另一种仅仅是情绪上的焦虑。

（1）所恐惧的后果：发生不好的事情

情境：摆放鞋子

想法：鞋子不摆整齐家人就会发生不幸

元想法：嗯，就会这样（想法认同）

情绪：焦虑

行为：反复摆放（情绪驱动）

脱鞋的时候脑子里冒出个想法："如果鞋子不摆放整齐，我的家人就会发生不幸。"个体相信这个想法是真的，鞋不摆放整齐家人真的会发生不幸，这是想法认同。认同了这个想法就会产生焦虑，在焦虑的驱使下反复摆放鞋子直到自己没那么焦虑，这是情绪驱动。

（2）所恐惧的后果：情绪上的焦虑

情境：摆放鞋子

想法：必须摆放整齐

元想法：嗯，就是要这样（想法认同）

情绪：焦虑

行为：反复摆放（情绪驱动）

这种情况下，不是害怕发生什么不好的事，仅仅是情绪上焦虑。同样是前面的情景，脱鞋时冒出个想法："必须摆放整齐。"个体认同了这个想法，但和前面不一样的地方是，仅仅认同了这个想法并不会导致焦虑的情绪。个体不愿意经历鞋子没有摆放整齐带来的焦虑情绪，他害怕这种焦虑情绪，在这个害怕情绪（本章前面说的情绪 B）的驱使下进行了反复摆放的行为。这时他认同的想法本身是一个僵化的规则，违背了这个规则会导致他焦虑。

9. 惩罚类

这一类强迫症个体觉得自己对宗教信仰不够虔诚，害怕受到神灵的惩罚，或者认为自己的想法和行为是不道德的，会受到谴责。

情境：看到神像出现亵渎的想法

想法：我不应该这样想，这样想神灵会惩罚我的

元想法：神灵就是会惩罚我（想法认同）

情绪：害怕、焦虑

行为：回避、仪式（情绪驱动）

看到神像后心里出现一些不尊重的想法或画面，个体对此的认知评价是："我不应该有这样的想法或画面，有了这些想法或画面神灵就会惩罚我。"他相信这个认知评价是真的，产生了想法认同，感到害怕和焦虑，在这样的情绪驱使下实施了回避行为或者过度祈祷的强迫行为，这是情绪驱动。

10. 注意力固着类

注意力固着类强迫症是指，注意力持续地固着于某种身体感觉或生理过程，难以主动地把注意力转移到应该注意的对象上，因此十分苦恼。这类强迫症所恐惧的后果有几个方面：怕影响当下做的事情，怕影响别人甚至（把某种负面感受）"传染"给别人，怕别人对自己有不好的评价，等等。这类强迫症的想法

和元想法都非常难以调整，所以干预的重点不是认知，是接受现状以及主张个人权利。这类症状最常见的是余光强迫、口水强迫和呼吸强迫。

余光强迫症主要分两种情况：一种是和别人交流时余光会无法控制地注意到对方的缺陷部位或敏感部位，并认为对方会注意到自己的余光并产生负面评价；另一种是自己想专心做事情的时候余光总是注意到周围的其他东西，无法专心。

（1）所恐惧的后果：影响别人，让别人讨厌自己

情境：和别人说话时余光注意到对方的隐私部位

想法：我这样不正常，他一定发现了我的余光，并且认为我有毛病

元想法：就是这样的（想法认同）

情绪：焦虑

行为：控制眼神，回避（情绪驱动）

强迫症个体认为别人会发现自己的余光，认为自己不正常、有毛病，或者认为自己下流、人品不好等，他认同了这个想法。实际上别人是很难发现他的余光的，但他无法和“别人发现不了我的余光”这个想法认同。在焦虑情绪的驱使下，个体控制自己的眼神，严重时可能会用手、物品遮挡眼神，或者干脆回避和某些人交往。

（2）所恐惧的后果：影响自己正在做的事

情境：看书时注意到周围的东西

想法：我不应该看到周围的东西，这会影响我看书

元想法：就是不应该看到，真的影响我看书（想法认同）

情绪：焦虑

行为：控制眼神，回避（情绪驱动）

这种余光强迫不涉及别人的评价，而是担心余光影响自己做事情的效率和质量，导致自己的理想不能实现。这部分人都对状态有不合实际的期许，要求自己做事时必须百分之百集中注意力，不能有任何的走神儿，在做自己认为重要的事情时尤其如此。

口水强迫是注意力固着在自己的口水分泌和吞咽上，认为别人听见这个声音会讨厌自己。有些人觉得自己的口水多到会从嘴里流出来，从而在别人面前丢脸。其中的很多人都会认为自己的这个毛病会传染，使得别人的口水分泌也

增多。

情境：和人说话时注意到自己的口水

想法：我这样不正常，他一定发现了我的口水多，并且认为我有毛病

元想法：就是这样的（想法认同）

情绪：焦虑

行为：掩饰、回避（情绪驱动）

这部分人尤其在意自己吞咽口水的动作和声音，并进行掩饰，比如吞咽口水的时候转过头去，用手遮挡口部，或者一直穿高领的衣服掩住喉咙，严重的会尽量回避和别人交往。

呼吸强迫一般不担心别人的注意和评价，更多的是对自己会无法控制地注意到呼吸这件事不能接受，有的认为自己的呼吸不正常需要调整，也有的认为呼吸不正常最终会把自己憋死。

情境：注意到自己的呼吸

想法：我不应该注意到自己的呼吸

元想法：是的，就是不应该注意到（想法认同）

情绪：焦虑

行为：想办法转移注意力（情绪驱动）

其他类型的注意力固着类强迫症可能会注意到自己的其他身体感觉：口袋里装东西时和皮肤接触的感觉、皮带和皮肤接触的感觉、腹部的感觉、喉咙的感觉、舌头的感觉、眼睛的感觉，等等。

11. 强迫情绪类

强迫情绪主要表现为强迫性的恐惧情绪，害怕自己会失控、会发疯等。强迫情绪和强迫意向的区别是：强迫意向是有一股内驱力（想要去做），而强迫情绪没有这种想去做的内驱力，只是害怕会发生不好的事。常见的如：害怕自己发疯，会在公共场合大喊大叫或者脱光衣服。

情境：看到关于精神病患者的新闻

想法：我也可能会做出那样的行为

元想法：真的有可能会那样（想法认同）

情绪：焦虑

行为：回避新闻消息（情绪驱动）

在电视里看到某个精神病患者做了失常的行为，个体产生了一个想法："我也可能会做出那样的行为。"他相信了这个想法，这是想法认同。他再次看到类似的新闻，也出现了同样的想法，但是如果他认为自己不太可能无缘无故就做出那样的行为，即没有发生想法认同，就不会感到焦虑。这类的强迫症状多以回避行为为主。他们回避这一类的新闻，因为无法确定什么时候会播这类新闻，于是他们回避所有的新闻，甚至回避"精神病"这三个字，回避精神病患者和接触过精神病患者的人。如果听说某人是精神病患者，他们不仅会回避这个人，甚至会回避这家的所有人，严重的会回避这家人所接触过的任何东西。

以上是用想法认同和情绪驱动这个二阶段理论假设对常见强迫症类型的简单解读，这是案例概念化的一部分，后面的干预工作很大一部分都围绕这个二阶段理论假设展开。为了更好地理解和应用这个二阶段理论假设，可以在日常生活中试着用这个模型来解释自己的情绪和行为。当我们觉察到自己有情绪，感到有压力、烦躁、生气、焦虑时，试着去觉知：我现在的想法是什么？我是否认同了这个想法？我要做什么？我做这个行为是不是为了缓解情绪？当你能够熟练地应用这个模型来解释自己的行为时，这些内容就不再是书本上的知识了，你已经可以用它来帮助你和你的来访者了。

第 8 章 四个自我的构建

一、四个自我

前面我们讲了想法认同和情绪驱动，在实际咨询工作中，想法认同具有高度的选择性，强迫症个体并不是对自己所有的想法都产生认同，而是只对某些想法产生认同。对清洗类强迫症个体，你告诉他“看见数字‘4’就会发生不好的事情”，他可能会笑你胡扯。而对忌讳类强迫症个体，你说“看见红颜色的东西可能会被传染艾滋病”，他恐怕会担心你是疯子。对于检查类强迫症个体，你告诉他“鞋子不摆放整齐就会带来灾难”，他会觉得你太荒唐。为什么不同的人会对不同的想法产生想法认同呢？为了解释这个现象，体悟疗法提出了“四个自我”理论，这也是体悟疗法和其他疗法的核心区别。

体悟疗法把自我分成四个部分：真实自我、能知自我、所知自我和核心自我。它们是一生二、二生三的关系。只有一个真实自我，真实自我派生出能知自我和所知自我，所知自我又派生出核心自我。这是一个人为的划分构建过程，真实自我是自我的总和，包含了和自我相关的所有成分；能知自我是自我觉知功能；所知自我是能知自我认为的真实自我的样子；核心自我是所知自我里最核心最重要的那部分内容。

1. 真实自我

真实自我是物质、社会关系和精神的一系列相似、相续的变化进程。真实自我是一个进程，这个观点非常重要，如果我们能认识到自我是一个进程（是变化的，不是恒常不变的，每个部分都在不断变化着），就可以放下对自我的执着，包括强迫症在内的一些烦恼也就失去了存在的基础。

真实自我包含物质、社会关系和精神三个部分。

物质是自我的一部分，詹姆斯把这部分自我称为物质自我。物质自我又分为两部分，一部分是躯体自我，另一部分是躯体外自我。躯体自我是身体的物质部分，如脑袋、眼睛、鼻子、耳朵、胳膊、腿、头发、心、肝、脾、肺、肾、大肠、小肠、骨骼、肌肉、血液、淋巴、骨髓，等等。躯体自我是自我的基础部分。大家应该听过这样一个说法：你的身体健康是 1，你的财富是 0，地位是 0，名誉是 0，这个 1 要放在最前面，其他的 0 才有意义，如果这个 1 没有了，再多的 0 也还是 0。那些害怕被传染疾病的强迫症，不管是害怕艾滋病、狂犬病还是其他任何疾病，还有疑病症，都属于对躯体自我保护的过度僵化。

物质自我除了躯体自我外还包括一部分，叫躯体外自我，是指除了身体之外可以称作“我的”的有形的实物，这些实物和我们的情感相关。比如我的房子、我的车子、我的手机、我的衣服、我的包、我的项链、我的父母、我的爱人、我的孩子，等等。也就是说，它可以用“我的”来形容和描述，同时又必须是物质的，这一部分内容就是躯体外自我。非物质的“我的”不能叫躯体外自我，比如我的名声、我的权利、我的威望，这些不属于躯体外自我，而属于精神自我。

如果今天丢了手机，你是什么心情？如果丢的是两块钱一支的水笔，你又是什么心情？如果是亲人过世了，你是什么样的心情……我们如何界定什么是躯体外自我呢？有那么多可冠以“我的”的东西，我的笔、我的书、我的本子、我的手机，有那么多“我的”的东西都是实物，哪些可以认定为自我的一部分，哪些不是呢？

判断的标准是那些实物和我们的情感有何关联。一方面，如果我们对某种身体之外的物质有正面情感，我们喜欢它，渴望拥有它，愿意付出时间和精力去获得它、维持它，那这个东西就是自我的一部分。另一方面，如果一个实物在向存在的对立面——不存在——发展，我们因此体验到丧失、悲伤、愤怒等负面情绪，那这个实物也是自我的一部分。怕丢东西的检查类强迫症就是对躯体外自我进行了过度僵化的保护。

大部分时候我们不太会注意到躯体自我，一切正常的时候，身体就好像是天经地义地存在着，往往在躯体发生健康问题、发生意外的时候，我们才会关注到它。

从进化论的角度来说，物质自我（躯体自我、躯体外自我）保证我们的生存和繁衍。躯体自我是生存和繁衍的基础；为了吸引异性从而延续基因，我们不仅需要有吸引异性的品质，还需要有保证后代生存的物质基础，也就是躯体外自我。

关于自我的实验研究发现，中国人的自我与西方人不同，尤其是在躯体外自我方面。脑成像研究结果显示，中国人的“母亲”是自我的一部分，在自我结构中母亲的圆圈与自我圆圈有重叠；在西方，母亲的圆圈和自我的圆圈是分离的（朱滢，2007）。借鉴进化心理学的理论，体悟疗法认为：面对一个客体，他和我们自己拥有相同基因的多少，决定着这个客体在自我结构中的位置。也就是说，基因的重合度，在很大程度上决定着一个客体是否能够成为我们的躯体外自我。好朋友也是自我的一部分，这和我们的传统文化密切相关，中国传统社会是伦理社会，我们和他人的关系是有等级差序的，以自我为圆心一圈一圈由近及远扩展开去，离圆心越近的人在自我结构中越重要。

西方的研究发现，甚至连字母都有可能成为躯体外自我。赋予与自我有关的物质和实体以价值和情感的倾向也可以延伸到字母表，被问及对不同字母的喜爱程度时，人们表现出对构成自己名字字母（尤其是词首大写字母）的偏爱（Greenwald & Banaji，1995；Nuttin，1985/1987）。中国人的名字也是很重要的躯体外自我。

社会自我是指我们被如何看待和承认，是社会地位、社会角色以及社会关系的总和。比如我是心理咨询师，是孩子的爸爸，是机构的负责人，是我爱人的丈夫，是团体的带领者……这些都属于社会自我。正如马克思所说“从本质上讲人是一切社会关系的总和”。

为什么会有社会自我？这与人类的进化有关。从古猿进化到人的漫长过程中，需要群体的分工合作，如果一直是单打独斗，恐怕就没有现在的人类了。在人类进化的早期阶段，我们的祖先为了生存必须与锋牙利爪的大型肉食动物激烈竞争，获胜的唯一希望就是合作，这是远古生存的必须。有了合作就必然存在着分工，每个个体在群体之中就自然有不同的作用和位置，这就是现代社会关系的雏形。从远古时期开始，社会自我就是我们成为“人”的要素。正如荀子所说：“（人）力不若牛，走不若马，而牛马为用，何也？曰：人能群，彼不能群也。”

每一种社会自我都伴随着一系列的想法、情绪、期望和行为。当我处于父亲角色时，和处于心理咨询师角色时的行为是不同的；一个在老板面前顺从、合作的员工，在妻子面前可能是暴躁、专横的；我们不会以对待客户的态度对待自己的孩子，也不会把私人聚会中的状态展示在正规的谈判中……每个人都有许多不同的社会自我，个体总是以不同的社会角色归宿于不同的社会群体。迪克斯等人区分出五类社会特性：私人关系（如丈夫、妻子）、种族/宗教群体（如非裔美国人、穆斯林）、政治倾向（如民主党人、和平主义者）、烙印群体（如酒瘾者、罪犯）、职业/爱好（如教授、艺术家）。某些特性是归属特性（生来就有的，如儿子、女儿），某些特性是后来获得的（如教授、学生）（Deaux，Reid，Mizrahi et al，1995）。

社会自我始于反射性评价，最初发展来自父母给予子女的大量个人反馈，子女把这些反馈纳入他们对自己的看法当中。个体对自己的看法开始成型之后，又会反过来影响个体如何评价别人对他们的看法。总之，别人对我们的评价会影响到我们的社会自我，因此我们如何看待别人对我们的评价就显得非常重要。

注意力固着类强迫症中的余光强迫者和口水强迫者，他们担心的是别人会如何评价自己、如何看待自己，他们不在乎自己会不会生病，也不在乎自己会不会丢东西，在意的是社会评价。社交焦虑障碍也是很典型的例子，这部分人非常介意别人对自己的负面评价，所涉及的都是社会自我部分。

精神自我是我们的精神现象的总和，是除了前面的物质自我和社会自我之外的被我们称为“我的”的心理内容。我的能力、我的智商、我的性格、我的兴趣、我的态度、我的情绪、我的动机、我的意见、我的气质、我的理想、我的价值观、我的思想、我的愿望等，都是精神自我的组成部分，当然也包括潜意识。

罗森伯格指出，社会特性往往以名词形式出现（我是中国人、我是心理咨询师），而精神自我往往以形容词形式出现（我是有责任的，我不大高兴）（Rosenberg，1979）。

在狩猎时代，如果一个个体的能力、性格、态度、动机等不利于群体的合作，就会被排除在群体之外，也就意味着难以生存下去，个体需要进化出符合群体要求的心理以获得生存机会。但大脑不会仅仅产生那些符合群体合作要求的思想，同样也会产生不符合群体合作要求的思想，尤其是当生产力水平越来越高，开始出现剩余食物的时候，这种情况也变得更为普遍。群体合作的规则在漫长的人类进化史中逐渐发展为社会规范和道德要求，遗憾的是，虽然社会规范和道德要求规范了人们的思想和行为，却无法阻止大脑产生某些“不好”的想法。

这些社会规范和道德要求以“应该/不应该”的形式充斥在我们周围，每个人从小就接受这样的教育和灌输：“不要哭，你应该像个男子汉”“你应该心平气和地说，不应该生气”“你应该勇敢，不要懦弱”“你应该放松，不要焦虑”“你应该友善，不要自私”……很明显，这些都是对精神自我提出的要求。适度的要求是一个人的社会化过程所需要的，但过度要求或者对特定个体不合适的要求，就会带来问题。“应该”这个词本来就是矛盾的，它意味着事情现在的样子是不合适的，事情应该不是现在的样子而是另外一个样子。但事实只有一个，事实上一切都是它此时此刻所显现的样子而不是另外一个样子。所以，这些“应该”“不应该”被个体逐渐内化之后，必然会造成其精神自我的冲突。我们有一个此刻真实的精神自我，同时还有一个“应该”的理想精神自我，当此刻真实的精神自我和“应该”的理想精神自我差距过大时，或者真实的精神自我中出现了理想的精神自我所不容忍的内容时，问题就产生了。

综上，人有各种各样的自我，一般而言，躯体自我在最底层（这也很好地解释了为什么大多数强迫症在患病的某个阶段都会出现清洗的症状，而且清洗类强迫症是强迫症中最常见的类型），躯体外自我和社会自我在中间层，精神自我在最顶端。真实自我并非由上面所提到的我们的躯体、我们的所有物、我们的社会角色、我们的心理内容简单地堆砌而成，而是一个相互联系、相互影响的有机整体。

既然真实自我是由物质自我、社会自我和精神自我几个方面所组成的，那就出现了一个非常重要的问题：是否存在一个恒常不变的东西能够代表“我”就是“我”，一旦这个东西变化了“我”就不是“我”了呢？体悟疗法认为，并不存在这样一个东西。

有这样一个故事：

> 备受尊崇的那格森和尚被马林德国王召见。使臣来到那格森面前说：“那格森和尚，国王想见你，我是来邀请你的。”那格森回答：“如果你要我去，我会去，但是请你原谅，并没有一个所谓那格森的人在这里。”使臣向国王报告说那格森是个怪人，他回答说他要来，但是并没有一个所谓那格森的人在那里，国王听了很惊讶。
>
> 那格森乘着皇家马车准时到来，国王在门口迎接并问候：“欢迎你！”

本书获得的赞誉

作者在针对强迫症的多年咨询实践中，创造性地应用和整合了认知、行为、正念、接纳等心理治疗理论和技术，提出了强迫症的体悟疗法，为理解强迫症形成和维持的机制、优化强迫症咨询干预策略和方法提供了新视角，是对整合心理治疗的大胆尝试！本书有助于读者对强迫症的理解和干预实践，从而提升强迫症心理咨询效果。

李占江 首都医科大学临床心理系主任，中国心理卫生协会认知行为治疗专业委员会主任委员

东振明先生长期从事心理咨询工作，在强迫症的咨询方面尤为擅长，其提出的体悟疗法既具科学性，又深植于中国文化土壤中，在临床实践中效果不凡。本书对体悟疗法的理论和实操有详尽的阐述，值得专业人士及广大心理学爱好者阅读、学习。

李国瑞 华东师范大学心理与认知科学学院应用心理系副教授、研究生导师，复旦大学工商管理学院特聘高级讲师

遵循科学原理，汲取文化资源，践行先进理念。用心体悟，助人走出强迫困扰。

郝滨 《催眠与心理压力释放》作者，中国社会工作联合会心理健康工作委员会精神分析学部主任，中国心理卫生协会精神分析专业委员会委员

强迫症是比较难治的神经症，很容易令咨询师产生挫败感，因此国内坚持做强迫症干预的咨询师并不多，而东振明却专注于此 19 年。他基于临床经验和对正念认知疗法、接纳承诺疗法等方法的整合，提出了体悟疗法，这是非常有价值的探索与创新，本书对心理咨询师和治疗师都具参考价值。

祝卓宏 中国科学院心理研究所教授

当下体验是通往自我的路径，本书不只是强迫症干预的实操手册，也是不可多得的生活指南。东振明先生指出：强迫症是对死亡焦虑的防御，而生活本身就是向死而生。死亡焦虑无法避免，但生活无需强迫！

高旭滨 陆军军医大学附属新桥医院副教授，美国麻省大学正念中心认证正念减压程序（MBSR）师资

源于思考，源于文化，源于实践；《自由的你：体悟疗法与强迫症干预》一书对强迫症有其独特理解，其不以去除症状为目标的咨询实践更是有益的探索！

贾晓明 北京理工大学人文与社会科学学院教授，中国心理学会临床心理学注册工作委员会主任委员

对强迫症来访者的内心世界进行明快的解析；用独创的体悟疗法打开谜一般的“脑锁”；强迫症干预第一线心理咨询师的心血之作！

徐光兴 华东师范大学心理与认知科学学院教授、博士生导师，上海心理学会临床心理与心理咨询督导专业委员会主任委员

非常高兴收到振明的新书《自由的你：体悟疗法与强迫症干预》，敬佩振明十几年如一日地钻研强迫症的理论和实践。该书在总结前人理论经验的基础上，提出了强迫症的体悟疗法。我相信“在矫正性情绪体验的基础上获得领悟”是任何心理治疗带来治疗性改变的基本原则，体悟疗法深合此意，所以我很愿意向广大心理工作者，尤其是帮助强迫症患者的咨询师和治疗师推荐此书！

徐勇 上海市精神卫生中心副主任医师

东振明老师的《自由的你：体悟疗法与强迫症干预》回顾了人类对强迫症的研究历史，结合他多年的临床经验，创立、实践并完善了这一中国本土化的疗法——体悟疗法。这是一本有意趣、有价值的专著，令人耳目一新。

徐钧 南嘉心理咨询中心创始人，国际聚焦学会会员和协调员，华东师范大学心理与认知科学学院外聘研究生导师

强化强迫症防治研究，减轻当事人痛苦！
傅安球 上海师范大学心理系教授

这是一本严谨、清晰的学术著作。上篇以多维理论视角解读了强迫症这一精神科与心理咨询的难题；中篇是实操技术；下篇以临床现象分类、节选的案例细致地讲述操作流程。这是东振明先生多年来潜心以体悟疗法干预神经症性人格结构强迫症的心血结晶，也是国内学者立足于传统文化的创新之作。
吴艳茹 医学博士，中国心理学会注册督导师，中国生命关怀协会静观专业委员会常委

东振明老师近20年潜心钻研强迫症的干预，积累了大量的临床经验，形成了完整的理论体系和干预方法。这本书详细介绍了他自创的体悟疗法，为广大心理健康服务者的强迫症个案工作提供参考指南。
陶金花 安徽师范大学副教授、硕士生导师，中国心理学会注册督导师，中国心理卫生协会认知行为治疗专业委员会委员

和尚听了开始笑：“我以那格森之名来接受你的款待，但是请你要记住，并没有那个叫那格森的人。”国王说：“你在说谜语，如果你不是你，那么是谁在接受我的邀请？是谁在回答这个欢迎？”那格森朝背后看了一下说：“这不是带我进来的马车吗？”“是的。”“那么请将马移开。”马移开之后，和尚指着马说：“这是不是马车？”国王说：“马怎么可以称为马车呢？”依照和尚的指示，马被牵走了，用来拴住马的那些竿子也被移开了。“这些竿子是不是你的马车？”“当然不是，这些是竿子，不是马车。”和尚继续命人一样一样地移开，对于每一个问题，国王都不得不回答说“这不是马车”。最后什么东西都没有了，和尚问：“现在你的马车在哪里？对于每一样拿走的东西你都说‘这不是马车’，那么请你告诉我，现在你的马车在哪里？”

这个启示使国王吃了一惊。和尚继续说：“你有没有懂我的意思？马车是一个组合，它是某些东西的结合，马车并没有它自己本身的存在，请你向内看，你的自我在哪里？你的‘我’在哪里？你无法在任何地方找到‘我’。”

如果把这个马车换成“我”的话，会是什么样子？如果因为一场车祸，我右臂必须截肢，现在正好有人提供一个右臂移植给我，换了右臂的“我”还是不是原来的“我”呢？如果是的话，那现在我的左臂也因为某种原因必须换成别人的，那么换了左臂之后“我”还是不是原来的“我”呢？如果换了两条胳膊的“我”还是“我”，那继续换下去，四肢都换成别人的，最后心、肝、脾、肺、肾、骨髓也换了。这样都换完后，“我”还是不是原来的“我”呢？如果都换完后，“我”就不是“我”了，那么在换了哪个器官之后“我”就不是“我”了呢？是否存在这样一个器官，在换这个器官之前“我”还是原来的“我”，换了这个器官之后“我”就不是原来的“我”了？

你会发现，根本没有哪个身体部分能够满足没换之前“我”还是“我”，而换了之后，“我”就不是“我”了的要求。就算不进行器官移植，我们的身体也在一刻不停地变化。现在拿出去年的照片，你可能会发现自己和照片里的不太一样了，跟十年前的照片相比，变化就更大了。从躯体自我来讲，每一刻我都是全新的，都和上一刻的我不一样，因为我们每一刻都在呼吸，每一刻都在进行新陈代谢。躯体自我不是恒定不变的，它是一个不断变化的进程。

有人说，换别的器官“我”都还是“我”，但是如果把我的大脑换了，“我”就不是“我”了。这里需要考虑的是，这个换了的“大脑”是指物质自我的大脑，还是精神自我的大脑呢？如果只是物质的大脑换了，而所有的思想、记忆、情感、性格、价值观、爱好、兴趣等还是原来的，那“我”就还是“我”，因为精神自我没变。这似乎在说精神自我决定着我和非我，但是精神自我本身也不是一个不变的实体，而是各种刹那变化的经验的组合，我们的想法、情绪、爱好、价值取向等都在不断变化。如果想法是我，现在的想法和刚才的想法不一样，今天的想法和昨天的想法也不一样，每天有几万个想法，哪个想法才是我呢？我昨天的想法是要节食减肥，今天的想法是多吃两口也没关系，这两个想法哪个才是我呢？情绪也是一样，我现在是这种情绪，一会儿可能会变成另外一种情绪，早晚的情绪不一样，今天和昨天的情绪也不一样。兴趣、爱好、信仰、价值观等也是会变化的。所以精神自我这一部分内容也是在不断变化的，无法在精神自我中锚定一个不变的东西能够代表“我”。

社会自我又如何呢？我们的社会关系和社会角色也在不断变化之中。从小到大我们首先是父母的孩子，然后是学生，是同学，是配偶，是父母，这些社会关系和角色一直在变。躯体自我、社会自我和精神自我都处在不断变化的过程中，不存在一个恒常不变的内容。自我是一个变化的进程，但这种变化是连续的而不是中断的，此刻与前一刻并不是完全不同的而是非常相似的，所以自我是一个相似、相续的变化进程。

虽然没有一个恒常不变的自我，但我们还是能感觉到有一个持续的、统一的自我，在日常生活中也需要一个这样的自我。这种持续的、统一的自我是怎么回事呢？洛克认为：因为有回忆，所以才有这样的持续、统一的自我感。休谟又前进了一步，认为实际存在的是一个一个的知觉经验，以极快的速度连续出现。因为它们速度太快，一个接一个，造成了错觉，使得我们觉得有一个统一的自我。威廉·詹姆斯给出了更具说服力的解释：这种持续统一的自我感需要两个要素，第一是记忆，第二是我们对这个记忆的内容要有一种亲切温暖的情感。如果只有记忆，没有亲切温暖的情感，就不会有持续统一的自我感。

如果我现在因为某种原因突然失忆，之前的一切都不记得了，这时我就不知道我是谁了，那种持续统一的自我感就会消失，因为记忆不存在了。如果有人把我失忆前的一小时用视频记录下来并播放给我看，视频里的这个人外形和现在的我一样，衣着一样，说话的声音也一样，我理智上知道这个就是我。但是，如果我仅仅是理智上知道，对视频里的内容没有一种亲切温暖的情感，那我还是不能有持续统一的自我感。所以不仅需要有记忆，而且还需要对这个记忆有亲切温暖的情感，这样才能有持续统一的自我感，我们才会认为有一个真实自我存在。

2. 能知自我

能知自我是真实自我的一种觉知功能。看看下面这句话："我看到东振明"，话里包含了两个人，一个是在看的"我"，一个是被看到的"东振明"。如果我现在告诉你，我就是说这句话的人，我就是东振明。那情况又会如何呢？也就是"东振明看到了东振明"或者"我看到了我自己"。这里"我"既是那个能看的主体，同时又是那个被看到的"客体"。前面那个能看的主体就是能知自我，后面那个被看到的客体就是下面要谈到的所知自我。不仅可以看，我还可以听到我的声音，可以感觉到疼痛，可以知道我的思想，可以觉知到我的情绪，等等。同样地，我可以看到美丽的风景，听到各种噪声和动听的旋律，感觉到环境的冷暖。既可以觉知到自己的身心状态，也可以觉知到外界环境，这个可以觉知的我就是能知自我。能知自我依赖于人的自我意识而存在，只有人有这种意识，能够知道我是谁，能够知道今天星期几，能够知道自己在想什么，能够知道现在是什么样的内部、外部情况。

能知自我不仅可以觉知到自己的内部状况和外部状况，同时也是自觉知的，即能知自我可以把自己呈现给自己。我能觉知到现在我自己在想什么，这是能知自我的功能，同时我也能知道"我能觉知到现在自己在想什么"，这个"能知道"能知自我正在觉知的功能并不需要另外一个能知自我来进行觉知。只需要一个能知自我，以觉知为核心功能，同时也是自觉知的。

3. 所知自我

所知自我是能知自我觉知到的真实自我的样子。康德称：我对自己的真实样子并不了解，只是知道自己看上去似乎是怎样的。他的意思是说，我们无法客观全面地知道真实自我的一切，只能部分知道，被我们所知道的这一部分就是所知自我。所知自我是一个非常主观的心理现象，例如，"我是一个强壮的人""我是一个谦虚的人""我是一个有同情心的人""我是一个有理想的人""我是一个脾气暴躁的人"……这些都是所知自我的例子。为什么说这些是所知自我而不是真实自我呢？从字面上来看，这些都是我所知道的我自己，所以就是所知自我。从事实上来看，这些也仅仅是我所知道的我自己，并不是真实的我自己。我认为自己很强壮，这个“强壮的我”就是所知自我的一部分，而我是否真的很强壮则是另外一回事。虽然所知自我并不能忠实地反映真实自我的所有内容，但却受到真实自我很大的影响。一个真实自我身高是 2.0 米的人，他的所知自我不会是“我很矮”，同样，一个身高 1.5 米的男人也不会认为自己很高。

人的心理活动是在所知自我的基础上进行的，尤其是在预测任意行为时。一个自认为智慧、幽默的人（所知自我）会在聚会上不停地讲故事，即使其他人并没有被他的“机敏”所吸引。再想想一个由于某种原因而怀疑自己能力的聪明人的例子吧，除了客观标准上他是个聪明人（真实自我）以外，他可能会因为“自己缺乏能力”的消极所知自我而无法在工作中出类拔萃。可见，当所知自我和真实自我发生冲突时，所知自我将决定人们的行为。现象学认为是主观感觉而不是客观世界本身主导了人类的心理，亦即所知自我而非真实自我主导了人类的心理。关于这一点，想想神经性厌食症就很容易理解，神经性厌食症患者的实际体重往往低于正常体重，却认为自己很胖、超重，也就是说，他的真实自我是瘦的但所知自我是胖的，所以才会通过节食和呕吐来减肥。强迫症个体也是一样，他们的真实自我是安全的但所知自我却是危险的，所以他们才需要实施强迫行为来保证安全。

4. 核心自我

核心自我是能知自我认为的使自我赖以存在的核心内容。我们会认为有些自我内容非常重要，而另一些则不那么重要，比如有些男人认为如果自己不能承担起养家糊口的责任那还不如死了算了，另外一些人认为如果自己不能取得成功那活着就没有意义。可以看出，一些人认为责任是自我赖以存在的核心内容，而另外一些人认为成功是自我赖以存在的核心内容，其他人则可能认为爱心是自我赖以存在的核心内容。西方国家（如美国）崇尚个人主义和竞争，强调人与人的不同之处，这种倾向使得他们把个性特征看得很重。相反，东方文化（如中国、日本）倾向于合作、集体主义和相互依赖，认为人与人之间是相互联系的，更看重社会特性。即便是在同一文化中，人们所看重的特性也有差异（Cheek，1989；Dollinger，Preston，O'brien & Dilalla，1996）。每个人所看重的自我的方面并不相同，取决于他生活的环境、文化、教养过程以及经历过的特殊事件。

就拿我自己来说，我一生致力于强迫症的咨询与治疗，如果有人说我对强迫症的干预是完全错误和无效的，我会很苦恼。那么，我会突发奇想要成为物理学家吗？如果有人说我对物理学一窍不通，我会很苦恼吗？事实上我不会，虽然我本科读的是物理专业，但强迫症咨询专家就是我的核心自我，而物理学家并不是我的核心自我。每个人都会有几个不同的核心自我，于我而言，妻子的丈夫、孩子的父亲也是我的核心自我，在很多时候要比作为强迫症咨询专家的那个核心自我更重要。

核心自我从儿童期到青春期一直在变化，成年后对自我的看法相对稳定，但也会发生很多重要的转变，成家、立业、生子、迁居，这些可能使一个人的核心自我发生改变。孩子出生之前，父亲这个角色就不是我的核心自我。高考过后每每会听到有学生自杀，他们为什么放弃生命呢？因为觉得自我存在没有意义了，赖以存在的核心内容没有了，支柱倒塌了。在高考之前，"我是个能考上理想大学的人"就是他的核心自我，再简单一点说，能力是他的核心自我，高考失利使得这个核心自我不复存在，他的存在也就没有意义了，所以会选择自杀。再比如，一个人的至亲突然离世，这个人决定自己也不独活，要随死者而去。他失去的人不管是父母、配偶还是孩子，只要他决定随死者而去，那这个死者就是他的核心自我——"他"不在了我的存在就没有意义了。有人因失恋而自杀，爱情就是他的核心自我；有人因破产而自杀，财物就是他的核心自我；有人因丢脸而自杀，面子就是他的核心自我；信奉"留得青山在，不怕没柴烧""好死不如赖活着"这样观念的人，躯体自我就是他的核心自我；信奉"生命诚可贵，爱情价更高，若为自由故，两者皆可抛"这样观念的人，自由就是他的核心自我。

核心自我可以解释生物学理论和森田疗法无法解释的问题。生物学理论认为强迫症是生物学因素导致的，比如神经递质说、基底神经节功能异常说、CSTC 环路说等，但这些无法解释为什么大家都是 5-羟色胺异常但有的人怕脏、有的人怕丢东西、有的人怕控制不住骂人，相同的生物学基础为什么会导致完全不同的强迫症状。森田疗法认为强迫症的发病 = 素质 × 机遇 × 病因，但无法解释具有相同疑病性素质的人，为什么有的人偶尔看到鼻尖会成为发病的"机遇"，有的人偶尔有对神灵不敬的想法会成为发病的"机遇"。体悟疗法可以解释这个问题：之所以症状不同是因为他们的核心自我不同。核心自我会直接影响到我们有什么样的自动想法，我们会对哪些自动想法产生想法认同，以及认同之后我们是否会产生情绪。

核心自我由个体从小到大的生长环境、所经历的事件、父母的教养方式、社会环境、文化等因素所塑造。如果一个人从小家境贫寒，父母很节俭，耳提面命要爱惜东西不要浪费，某天不小心打碎了一只碗，被妈妈骂了一顿；有一次学校让交十元钱结果被自己弄丢了，又被爸爸打了一巴掌……如此一来，财物这个躯体外自我就很可能成为他的核心自我，如果他患上了强迫症，很可能会表现出怕丢东西、反复检查的症状。如果一个人小时候家里人特别爱干净，经常教育他不讲卫生会得各种疾病，再经历了"非典"，那么健康很可能会成为他的核心自我，如果他患上了强迫症，很可能会表现为清洗类的强迫症状。

核心自我有不同的划分标准和相应的划分方式，可以分为俱生核心自我和获得性核心自我。俱生核心自我是与生俱来的，获得性核心自我是后天习得的。把躯体自我认为是核心自我的一般都是与生俱来的，而把名声、财富、成功等认为是核心自我的是后天习得的。核心自我还可以分为集体核心自我和个人核心自我。集体核心自我是在同一个历史文化背景下，大多数人都会有的核心自我。比如在中国传统文化下，面子和道德是很多人的核心自我。个人核心自我不是由文化塑造的，而是由个人的特殊成长经历塑造的。核心自我还可以分为已有核心自我和未有核心自我。为什么有这样的一对概念呢？因为让我们焦虑的一种是已经拥有的核心自我现在受到威胁，另外一种是我想要拥有的那个核心自我在追求的过程中受到阻碍而无法拥有。

二、自我与临床问题

体悟疗法认为人类的烦恼都和自我有关，都源于对自我的错误认知。真实自我是一个变化的进程，实际上并没有一个恒常不变的、起主宰作用的自我，自我只是一系列物质、社会关系和精神的变化进程。自我就像一条河，比如黄河，这一秒看到的黄河和前一秒看到的黄河已经不是同一条河，河水不停流动，这一秒看到的河水已经不是前一秒看到的河水。

对自我的这种错误认知（认为有一个恒常不变的自我）是一切烦恼的根源，正如佛学中“我执”是一切烦恼的根源。能引起我们情绪反应（不管是正面情绪还是负面情绪）的，一定都和“我”有关系。我们不会因为一个和“我”毫无关系的人的去世而感到悲伤；不会因为一个和“我”毫无关系的人做了丢脸的事情觉得尴尬；不会因为一个和“我”毫无关系的人中了彩票而兴奋。只要我们有情绪反应，一定是我们认为和“我”有关系，一定是首先有个“我”然后才会有相应的情绪反应。但实际上并不存在这样一个“我”，在所有的不断变化的自我的内容之中，并不存在一个不变的东西可以代表“我”。

对自我的错误认知基本上都集中于核心自我，非核心自我变与不变我们并不是非常看重。我们会认为核心自我应该保持不变，或者只能变好不能变坏，即核心自我不能朝着“非存在”的方向变化。在这种错误认知的作用下，有一小部分人会对核心自我采取过度僵化的保护。过度是指超出了正常的程度，可以从主观和客观两个方面来判断，主观方面，引起个体临床意义上的痛苦；客观方面，导致学业、事业、社交或其他重要功能的损害，这种程度就是过度。僵化是指有一套固定、刻板的行为模式，不能根据现实情况进行调整。很多强迫行为都是僵化刻板的，一般人能够根据实际情况决定是不是洗手，是用清水冲一下还是需要用香皂或洗手液，但强迫症个体往往无法根据现实来调整，必须按照头脑里预设的规则一丝不苟地严格执行，如果过程当中被干扰了就需要重新来过。其他的强迫行为也都类似，他们对核心自我的保护是根据头脑里的一套僵化的规则来实施的。

什么时候人们才会对核心自我进行过度僵化的保护呢？就是在认为核心自我受到威胁的时候。觉知到危险是能知自我的功能，如果能知自我功能正常，那么他觉知到的危险和真实情况基本一致，这有利于自我的生存。如果能知自我功能异常，觉知到的危险和真实情况差距过大就会导致问题。客观上没有危险或者危险很小，却觉知到存在危险或者危险很大；客观上存在危险或者危险很大，却觉知到不存在危险或者危险很小，这就是能知自我功能异常，这些都会导致问题。比如遇到一只猫，你把它觉知为一只老虎；或者遇到一只老虎，你却把它觉知为一只猫，这都会导致问题。

临床问题的产生基于上述的两个条件：对核心自我过度僵化的保护；能知自我功能异常。大多数时候，这两个条件同时满足才会导致心理问题，有些时候只有能知自我功能异常也足以导致心理问题甚至危及生命，本书只讨论两个条件同时满足的情况。比如神经性厌食症患者总是觉得自己胖，需要控制体重，通过节食或者引吐的方式控制能量摄入。这种病的患者中女性占绝大多数，其核心自我是什么呢？一定是体型、体重，这属于躯体自我的一部分，同时也是男权文化影响下精神自我的一部分。神经性厌食症个体非常在意体型和体重，认为这是赖以存在的核心内容。同时她的能知自我功能异常，不能正确地觉知自己到底是胖还是瘦。明明已经非常瘦了，但她觉知到的自己仍然是很胖的。在这两点的共同作用下，个体通过节食或引吐的方式对核心自我进行过度保护。如果体型和体重不是她的核心自我，自我存在的价值不取决于胖还是瘦，那么就算她的能知自我功能异常（明明很瘦却认为自己胖）也没关系，因为胖瘦对她来说并不重要，所以她不会因此罹患神经性厌食症。或者，体型和体重是她的核心自我，她非常在意自己是胖还是瘦，但如果能知自我功能正常，能够觉知到自己已经非常瘦了，那她就不会节食或引吐，也不会罹患神经性厌食症。

再比如清洗类强迫症个体，能知自我功能异常表现在：把安全的环境觉知为危险的环境，把实际上不会传染疾病的环境觉知为会传染疾病的环境。同时身体的健康是他的核心自我，他非常在意身体健康，只有这两者同时具备，才会导致清洗类强迫症。如果只有能知自我功能异常，但个体根本不在意身体健康与否，不在乎会不会被传染疾病，那他就不会得清洗类强迫症。又或者，虽然身体健康是他的核心自我，他很在意是否会被传染疾病，但他的能知自我功能正常，能够正确觉知到什么时候会传染疾病什么时候不会传染疾病，那他也很难被清洗类强迫症所困扰。

害怕丢东西而反复检查的检查类强迫症个体也是一样，“财物”是他非常在意的核心自我。能知自我功能异常导致在没有丢东西的时候觉知到好像丢了东西。如果他只是在意财物但能正确地觉知到实际上没有丢东西，或者他虽然在没丢东西的时候觉知到好像丢了东西，但他不在意是否丢东西了，丢点东西也无所谓，那他就不会得检查类强迫症。

对核心自我的过度僵化保护涉及已有核心自我和未有核心自我两个方面，前面的例子涉及的是已有核心自我，强迫症个体不允许已有核心自我朝非存在的方向发展。未有核心自我的逻辑是：如果我不能拥有这样的核心自我，那我的存在就没有意义。如果在获得未有核心自我的过程中受到阻碍，那就意味着我的存在将无法获得意义。

比如余光强迫，个体最初注意到同桌在转笔，转来转去的，他感觉自己的专注状态受到了影响。为什么会发展成余光强迫呢？这与他的未有核心自我有关。他觉得如果注意力不能放在听课上，学习成绩就会受到影响，成绩受到影响，高考就会失利，高考失利，他想获得的核心自我就没有办法获得。加之他的能知自我功能异常，不能认识到注意力被周围新异的刺激吸引是正常的心理现象，于是想方设法控制自己的视线，由此发展成余光强迫症。

能知自我功能异常主要表现在两个方面：导致所知与客观实际差距过大；导致所知不稳定。每个方面又都涉及自我、外界两方面。所知与客观实际差距过大，在自我方面就体现为神经性厌食症等；抑郁症往往也是实际的自己没有那么差却认为自己一无是处；疑病症和躯体变形障碍也都是对自己的认识和真实的情况差距过大；过度的自卑和自负也都属于这种情况。在外界方面，关系妄想、被害妄想、病理性错觉、幻觉、恐惧症、焦虑症、大多数的强迫症都是这种情况。比如检查类强迫症，客观事实是门已经锁好了，也已经检查过一遍了，但能知自我功能异常的个体，仍然觉得门没锁好；疑病症的客观事实是身体没有什么毛病，但总觉得自己患上了重大的疾病甚至是绝症；恐惧症对客体的恐惧远远超过了客体实际具有的危险程度。

所知不稳定在自我方面的典型表现是双相情感障碍：躁狂状态时觉得自己无所不能，精力充沛，什么都能做好，有了不起的成就；抑郁状态时觉得自己没有任何长处和优点，什么事情都做不好，所知自我在极好和极差之间来回摆动。所知不稳定在外界方面典型的表现是边缘型人格障碍：今天觉得你是个可以信赖的人，好得不得了，明天就来个 180° 大转弯，觉得你是世界上最差劲的人。

能知自我功能异常不是随机的，而是具有高度的选择性，和核心自我直接相关，对于可能会威胁到核心自我的方面才会功能异常，在其他方面则可能完全正常。神经性厌食症患者的能知自我功能异常仅表现在对自己胖瘦的认知上，其他方面则完全正常。反复检查电源的强迫症个体的能知自我功能异常仅仅表现为，在插头已经拔下来的情况下无法觉知到插头已经拔下来了，盯着看很久，反复看很多次也不能确定。如果插头没有拔下来还插在插座上，这时能知自我功能绝无异常，一看就可以确认插头没有拔下来。再比如关灯，晚上灯一关房间里就是黑的了，但是他对灯已经关了这个事实无法确认，对这个“黑”无法确定，虽然什么也看不见了但他还要打开手电筒照着开关检查是开挡还是关挡。房间黑了他却无法判断灯关没关，但如果灯亮着，他能够立刻清楚地知道灯没关，其能知自我功能在此时并不异常。五米远处有一个小孩和一条狗，对于怕狂犬病的强迫症个体来说，能知自我功能异常表现在无法判断狗有没有碰到自己，但是能非常清楚地判断和这个小孩有没有身体接触，虽然小孩和狗与他的距离是相同的。如果他患的不是怕狂犬病的强迫症而是怕自己会无意中伤害小孩的强迫症，总是害怕自己会把小孩扔进下水道里或把小孩推向行驶中的车辆，那么这个时候他就无法判断是否碰到过小孩，或者小孩有没有跑过来碰到他。他的能知自我功能并不是全面异常，而是在自己所在意的核心自我方面表现出功能异常，在其他方面功能良好。对于强迫症个体来说，能知自我的功能异常仅仅表现在对安全情境的确认上，在核心自我是安全的情况下无法得出安全的结论，他们判断安全的功能出现了异常而非判断危险的功能出现了异常。

能知自我为什么会功能异常呢？是因为存在某些应激事件或者某些长期存在的慢性压力事件，这些事件超出了个体的应对能力和应对范围，致使个体无法以正常的方式来应对或适应，这就导致了能知自我功能异常。这些事件导致的能知自我功能异常有三种可能性：①导致能知自我某方面的功能发展停滞；②导致能知自我某方面功能发生持久性的改变；③导致能知自我某方面功能退回到更早的水平。

就能知自我功能发展停滞来说，有些人的强迫症是从 2003 年的“非典”开始的，当时的紧张和恐慌氛围对某些以身体健康为核心自我的人构成了应激事件，“非典”过去之后，这部分人的能知自我功能在这方面停滞下来没有继续向前发展，仍然认为周围到处都存在着病毒、细菌，随时都有被传染疾病的可能，所以仍然需要继续洗手。也有人因为生了一场病、丢了一次东西、出了一次车祸或者看了某个新闻而导致能知自我的功能发展停滞。

能知自我持久性的改变并不是永久性改变，这种改变持续的时间比较久，但并不是不可逆转的。比如原来没有任何强迫症状，因为与同寝室的同学有矛盾，自己没办法通过适当的途径来化解这个矛盾，愤怒的情绪和讨厌的感觉没有得到有效处理，这个人际矛盾对他构成了应激事件，导致其能知自我的功能发生了改变。之后不再针对这件事情本身，而是开始觉得这个人碰过的东西是不干净的，如果自己碰到了这个人碰过的东西就要洗手，甚至是这个人间接接触过的东西自己也不能碰。这种能知自我功能的改变背后还涉及心理功能的转移。

能知自我退回到更早的一个功能水平，比如说在六七岁时对性有好奇和探索是很正常的，符合性心理发展规律。这个时期有一些性游戏也是正常的，游戏的对象多数都是熟悉的人，邻居、兄弟姐妹或者表兄弟、堂姐妹之类的，当时也知道这样的游戏不能在大人面前和公开场合进行，需要背着人偷偷进行，不能让别人知道，但并没有在心理上造成什么大的影响。到了青春期，了解到关于怀孕、处女、乱伦、贞洁等方面的信息，把小时候的性游戏和现在所知道的知识观念联系起来了，这就超出了部分青少年的认知和应对能力，使能知自我的功能退回到原来的水平，觉得小时候的性游戏现在必须进行严格保密，不能让别人知道。由此就可能发展出因担心自己的隐私泄露而反复检查的强迫症状。再比如小时候因为打碎了一只碗或者丢了五块钱而被父母责骂过，当时自己认为损坏财物或者丢失财物是可怕的事情，但这件事过去了也就过去了，当时没有造成什么影响。可是十几年后，在高三的时候由于学习压力超出了自己的应对能力，每天放学时担心有东西忘在书桌里，需要反复检查，此时能知自我的功能又退回到幼时打碎碗和丢钱的时候，认为丢东西是可怕的、无法承受的。

自我与临床问题可以用图 8－1 表示。

对核心自我的僵化保护
- 已有核心自我不能缩小或丧失
- 未有核心自我的获得不能受到阻碍

＋

能知自我功能异常
- 所知与实际差距过度
  - 与真实自我差距过大
  - 与客观现实差距过大
- 所知不稳定
  - 所知自我不稳定
  - 外界环境不稳定

＝

心理异常

图 8－1　自我与临床问题

1. 强迫症是对死亡焦虑的一种防御

死亡焦虑并不仅仅是个体在面对“我将不复存在”这一事实时产生的焦虑，死亡焦虑的外延可以扩展到我们在意的任何东西，即核心自我。因为核心自我是自我赖以存在的核心内容，如果核心自我不复存在，也就等于自我不复存在了，等同于自我的死亡。日本的森田正马博士很早就提出了对死亡焦虑的看法，他称之为“死的恐怖”，其外延远大于西方学者定义的死亡焦虑。20 世纪初，森田正马在解释“神经质症”时提出了“死的恐怖”这一概念，他认为死的恐怖不仅包含了对身体死亡这一事实的恐怖，还包含害怕生病、害怕失败、害怕不受尊重、害怕失去种种自己认为有价值的东西。他将死亡焦虑的外延扩展到对失去种种有价值的东西的恐怖，可以认为他把“有意义的东西的失去”纳入“死亡”这一概念之中。反过来可以认为“有意义的东西的存在”被纳入“活着”这一概念之中。罗洛·梅在《焦虑的意义》修订版序言中写道：“这个理论必然是以最高形式的抽象呈现。……即焦虑是存在肯定自己以对抗非存在的经验。后者是减损或毁灭存在之物，如侵略性、疲累、无聊以及终极的死亡。焦虑会在某个更深刻的层次攻击我们，这威胁必定是针对人格‘核心’或‘本质’内的某个部分而来。焦虑是因为某种价值受到威胁而引发的不安，而这个价值被个人视为是他存在的根本。威胁可能是针对肉体的生命（死亡的威胁）或心理的存在（失去自由、无意义感）而来，也可能是针对个人认定的其他存在价值（爱国主义、对他人的爱，以及‘成功’等）而来。”

体悟疗法认为物质自我、社会自我和精神自我都可以成为一个人的核心自我，所以“活着”不仅是身体活着，也包括社会性活着和精神性活着。同样“死亡”不仅包括身体的死亡，也包括社会性死亡和精神性死亡。臧克家的诗句“有的人活着，他已经死了；有的人死了，他还活着”非常形象地揭示了这个道理，同时也指明了缓解死亡焦虑的途径。成语把身体还活着但精神已死亡的人称为行尸走肉，一个活着的人应该是身体、社会关系和精神三者同时活着，只有身体活着我们称为行尸走肉，只有精神活着我们称为永垂不朽。哪些东西的失去意味着死亡呢？是森田正马所说的“自己认为有价值的东西”和罗洛·梅所说的“被个人视为是他存在的根本”，也就是体悟疗法里的核心自我，即自我所意识到的支撑自我赖以存在的核心内容。正如罗洛·梅所言，这个核心自我可以是一个人的肉体，也可以是其所爱的人、拥有的财务、成功、尊严、责任、能力，等等。我们都听说过有些人因为所爱的人离世而自杀，随死者而去；有些人因破产而自杀；有些人因“丢脸”而自杀；有些人因为丧失自尊而自杀；有些人因考试失败而自杀，等等。那些因破产而自杀的人也许不会因为“丢脸”而自杀，那些因为“丢脸”而自杀的人也许不会因为破产而自杀，这说明每个人珍视的东西不同，自己认为的“有价值的东西”和“存在的根本”不同，亦即他们的核心自我不同。因此，体悟疗法认为死亡是指核心自我的不复存在，死亡焦虑是个体意识到核心自我将不复存在时所产生的体验。

强迫症个体由于能知自我功能异常，在他的核心自我没有受到威胁的情况下觉知到了威胁，在核心自我安全的情况下觉知到某种威胁正在攻击核心自我，使核心自我趋向不存在，这时他就体验到了死亡焦虑。缓解死亡焦虑的方法就是保护核心自我，使其继续存在下去，但其所采取的方法和保护核心自我之间没有必然的联系或者明显是过度的。比如，看到狗或者数字“4”都不会威胁到核心自我的存在，但在能知自我功能异常的情况下，会错误地认为核心自我正在遭受威胁。看见狗就要打狂犬疫苗这一保护核心自我的方法显然是过度的，而看到数字“4”就不能接电话这一规则，显然也不能有效地保护核心自我。

我们将强迫症发病的诱发事件称为“死亡提醒事件”。一部分强迫症的死亡提醒事件与死亡直接相关，直接引发死亡焦虑。例如，某人的同事死于肝癌，一年之内又有亲属死于肝癌，之后这个人听说某同事患了乙肝，便开始担心自己会被传染，不敢和该同事接触，也不敢碰该同事碰过的东西，如果不小心碰到或怀疑自己碰到了，就会过度地清洗。

另外一部分强迫症状是和死亡直接相关的，但其最初发病时的死亡提醒事件和死亡没有直接关系，而是由于一些生活应激事件超出了个体的应对能力，个体不能直接有效地处理应激事件而导致焦虑。这种焦虑处于“悬浮”状态，需要寻找到一个“宿主”来附着，这个被“悬浮”的焦虑选中的对象往往和这个人成长过程中的某些特殊事件有关，这些事件在发生时并没有造成直接明显的伤害，但在自我中留下了永久的痕迹，并且和核心自我相关。就像一幢大厦在其建设的早期阶段存在某些缺陷，这些缺陷并没有影响整幢大厦的顺利完工，但导致大厦建成后遇到小地震就会损坏，并且这些损坏首先发生在之前建造时的缺陷部位，而同样是小地震，那些不存在缺陷的建筑物却能毫发无伤。例如，某人小时候曾经被狗咬过，当时注射了狂犬疫苗，没怎么在意。之后了解到狂犬病一旦发病，死亡率为百分之百，但由于自己被狗咬后注射了狂犬疫苗所以看到这个信息时也没有害怕。多年之后，读高中住校，和同寝室的室友关系紧张，经常闹矛盾，心情一直不好。某次和室友吵架后在学校门口看到一条狗，当时很害怕，觉得狗可能会咬自己，回到教室后反复回忆刚才狗到底有没有咬到自己，从此开始出现担心狗咬到自己的强迫症状。此案例是由于没有办法直接处理和室友的人际矛盾而产生焦虑，同时恰巧看到了狗，于是这种“悬浮”的焦虑就附着在了狗身上。如果他此前没有被狗咬过也没有看到过狂犬病死亡率百分之百的信息，就算看到了狗也不会形成此症状；如果在与室友闹矛盾前后没有看见狗，也不会在这个时候形成症状。在他的成长史中一定还有其他的特殊事件，但和室友吵架后并没有和其他的事件建立联系，恰恰和狗咬这件事建立了联系，这绝非巧合。

还有一部分强迫症状的表现和死亡焦虑无关，但其诱发事件和死亡焦虑相关。举个相似的例子，某人高一开始住校，和室友关系紧张，和某一室友每次发生争吵都处于下风，因此感到自己无能。慢慢地，开始觉得这个室友碰过的东西都是脏的，要避免接触，一旦接触后就需要清洗，自己的东西被室友碰过了，能扔的就扔，不能扔的就进行消毒。该案例虽然也是清洗类的强迫症状，但并不是因为害怕得病死亡，表面看起来和死亡焦虑无关。但经过分析不难发现，和同学争吵失利这件事给他造成了很大的影响，这件事让他觉知到自己无能，而他又非常在意自己是否无能，就是说他认为是否有用、是否无能是其存在的核心价值，这是他的核心自我。与室友的矛盾直接威胁到他的核心自我的存在，这时他就体验到了死亡焦虑，因此形成的强迫症是对这种死亡焦虑的非适应性的防御方式。

体悟疗法通过练习使个体体悟到自我只是一个变化的过程，并非恒常，从而放下对自我的执着，从根本上瓦解强迫症。但这通常会遇到一个问题，这种破除对自我的执着的过程，对个体来说也是使自我趋向于非存在的过程，会激起死亡焦虑。当这种干预对强迫症个体产生一定效果时，即其核心自我开始动摇时，这种由干预所引发的死亡焦虑往往会转化成抑郁，使得个体在强迫症有所好转之后却陷入抑郁。为了应对这种情况，在干预之初需要先为强迫症个体建构更多的核心自我，建构更多的存在价值。这些价值建构起来之后，再破除最初形成症状时的那个核心自我。就像一座建筑物，如果只有一根柱子支撑的话，当这根柱子出现问题时整个建筑物就会坍塌。这时需要先为这座建筑多修几根支撑柱，就算其中的一根损坏，整个建筑也不会坍塌。对强迫症个体来说，最初他们错误地知觉到这根支撑整个生命大厦的“柱子”受到威胁，于是采用强迫行为来保护这根“柱子”。如果我们直接让他体会到这根“柱子”的存在本来就是个错误，因此也不需要保护时，他的强迫症状就会因为失去了存在的意义而有所缓解，但同时他的整个人生似乎也失去支撑，难免陷入抑郁。所以先要帮助他建构更多的存在价值，同时需要避免对这些建构起来的价值再次产生过度僵化的保护，让其拥有价值的同时又能放下价值，即《坛经》所说的“于相而离相，于念而无念”。

2. 自我发展最大化

无论是单细胞生物还是人类这种高级有机体，其所具备的所有功能最基本的目的就是维持生命。不仅要存在，而且要以尽可能好的状态，存在尽可能长的时间，这是一切生命的自然倾向和根本需要，体悟疗法称其为自我发展最大化。

人和其他动物的区别在于，人不仅是物质存在，同时也是社会存在和精神存在。物质生命存在、社会存在、精神存在是密不可分的连续体，所以人的自我发展最大化就不仅仅表现在生命有机体的最大化，社会存在、精神存在也需要最大化，这种使自我在各个方面都朝向最大化方向发展的需要，是人类最根本的需要。

自我发展最大化在生命有机体方面（物质自我）体现为生存和繁衍。人们需要呼吸、饮食、睡眠、安全等，以保证有机体的存活，并且尽可能健康，尽可能持久。当环境发生扰动时，人们会进行各种系统的调整以保持有机体的协调、完整和良好的状态，这是生存最大化的需要。同时，人们需要尽可能地使自己的基因延续下去，实现繁衍的最大化。动物学家发现，一只流浪的雄狮战胜某一狮群的雄性首领之后，首先会咬死这个狮群里所有的哺乳期幼狮，并和母狮交配。杀死幼崽会促使母狮再次进入发情期，这样新的首领就有更多的机会让自己的基因延续下去。所有动物的繁殖都追求基因延续最大化，人类也不例外，这也是为什么男性容易出轨的一种进化学解释。

人从本质上说是社会性存在，需要尽可能地找到有归属感的群体，并设法获得群体最大限度的爱、接纳、认可、尊重甚至是服从，实现社会自我发展最大化。社会自我发展最大化最初也是服务于生命有机体发展最大化的，因为远古人类无法离开群体独立生存，在群体里处于较高地位或成为领导者就可以获得更多的资源，对食物、异性有优先选择权，这两点都是为生存和繁衍服务的。在狼群中，每次捕获食物后都是头狼优先选择最好的部位食用。对人类择偶倾向的跨文化研究也表明，女性择偶更倾向于拥有更多资源、更高社会地位的男性，因为这样的男性相较于资源匮乏和地位低下的男性能更好地帮助女性生存，更有利于她们后代的存活。社会自我发展最大化和物质自我发展最大化是密不可分的。

人类不断探寻生命的意义，并设法让人生尽可能充满意义。在人生观、价值观、责任感、使命感、知识积累、能力的提升等方面提升自我，这是自我发展最大化在精神自我方面的体现。毫无疑问，精神自我的最大化有利于社会自我的最大化，进而服务于物质自我的最大化。

对有自我意识和思维能力的人类而言，自我发展最大化会更集中地体现在核心自我方面，人们会花更多的精力来促使核心自我朝最大化的方向发展。死亡是对自我发展最大化的终极否定，所有的焦虑都是个体意识到自我发展最大化受阻时的体验，因此对已有核心自我和未有核心自我的过度僵化保护也都统一于自我发展最大化。

三、预警性注意

“注意”是心理活动对一定对象的指向和集中，就像是舞台上的追光灯。想象一个人在舞台上独舞，追光灯一直照着他，跟随着舞者移动。在追光灯的照射下我们能看清楚这个跳舞的人，而追光灯照不到的地方我们就看不清楚。注意就像是追光灯，使得内外部信息可以成为意识的内容，得到认知加工。注意本身不是一种独立的心理过程，它没有自己特定的反应内容，总是和其他心理过程紧密联系的。指向性和集中性是注意的两个基本特点，指向性是指心理活动朝向哪个对象，集中性是指心理活动保持在某个对象上的强度或紧张度。要想有效完成某项任务，就离不开注意的指向性和集中性。比如医生在手术时，他的注意必须指向患者的患病部位和自己的动作，并且要把与手术无关的事物排除在意识中心之外。

人为什么会有注意这种心理活动呢？从发生上来说，注意起源于朝向反射。朝向反射是由情境的新异性引起的一种复杂、特殊的反射，它包括身体的一系列变化，如动物把感觉器官朝向刺激物；正在进行的其他生理活动受到压抑；四肢血管收缩，头部血管舒张；心率变缓，出现缓慢的深呼吸；瞳孔扩散；脑电出现失同步现象等。朝向反射时出现的一系列身体变化，有助于提高感官的能力，并动员全身的能量资源应对当下的活动任务，如趋向活动的目标、逃离威胁个体生存的情境，等等。朝向反射的这种特殊作用，使它在人类和动物的生活中具有巨大的生物学意义（彭聃龄，2004）。朝向反射是注意发生的生理基础，它的功能是保证有机体存活，所以注意的最原始功能也是为了保证自我的存活，服务于自我发展最大化。

强迫症个体的注意问题，主要在于选择性注意、持续性注意和注意的转移三个方面。选择性注意是个体在同时呈现的两种或两种以上的刺激中选择一种进行注意，而忽略另外的刺激。持续性注意是指注意在一定时间内保持在某个客体或活动上。强迫症个体无法自主地去注意需要注意的对象，比如对余光强迫症个体来说，本应该注意当下的活动任务本身，却无法控制地注意到余光里的事物。有些人总会注意到环境中红色的物品；一些人总会注意到环境中的数字4；有的人会注意到环境中的狗；有的人则会注意到自己头脑里不吉利的想法。在持续性注意方面，强迫症个体希望把注意力保持在当下的任务上，却很难做到。他们会不断地想：我刚刚是不是踩到狗屎了？刚才是不是没锁车门？家里的电源是不是没关？我是不是在路上撞了人却不知道……

注意的转移是指我们主动地转换注意对象的过程，把注意从一个对象转移到另外一个对象，或者从一种活动转移到另外一种活动。它是一个主动的过程，和跑题、走神不同。跑题、走神叫注意的分散，是一个被动的过程，而注意的转移是一个主动的过程，和很多因素有关。和注意对象的性质、注意对象与自身的关系，以及注意的紧张程度都有关系。注意的紧张程度越高、对注意对象越感兴趣、注意对象和自身的关系越密切，注意的转移就越困难。对强迫症个体来说，他们很难把注意从强迫的对象转移到当下需要的任务上。比如担心煤气没关好的强迫症个体，现在你让他睡觉或者看电视、陪家人，他都很难做到，因为他的注意无法从煤气开关上转移过来。

我们对事物的注意，有时是自然而然发生的，不需要任何努力；有时是有目的的，需要付出努力来维持，由此可以将注意分成无意注意、有意注意和有意后注意。

无意注意是指不需要意志努力，也没有预先目的的注意。不是我预先想好要去注意它，也不需要用意志、努力来维持这种注意的指向和集中。有意注意是我有目的地、努力地把注意维持在一个对象或活动上。有意后注意是有目的，但不需要我们的意志努力就能够维持的注意。

哪些东西会引起无意注意？从刺激本身来讲，一个刺激能不能引起我们的注意和它本身有关。刺激的强度越大越容易引起我们的无意注意，比如正坐在教室里专心听课，一块砖头“啪”地砸破窗户飞了进来，我们的注意都会离开听课转移到这件事上，因为这个刺激的强度过大，这就是无意注意。强烈的声音、浓烈的气味、强光等都会引起我们的无意注意。刺激和环境的对比也是引起我们无意注意的重要因素。比如绿草中有一朵红花，我们就容易注意到它。运动和变化也容易引起我们的无意注意。比如去会场找一个人，在人群中不太容易找到，但是如果对方在挥手，你就容易看到他，这就是他的活动和变化引起了我们的无意注意。新颖的刺激也容易引起我们的无意注意。与我们的主观需要、兴趣有关的刺激容易引起无意注意。比如一个五岁的孩子总能在路边的各种五金店、服装店中间注意到玩具店和汉堡店，而我则更容易注意到某某心理咨询中心，因为这和我的专业有关，听新闻、看报纸的时候我也更容易注意到心理学相关的内容。另外，在不同的情绪和精神状态下，我们的注意也都会受到影响。

注意最初是为自我发展最大化服务的，一切可能阻碍自我发展最大化的刺激都会引起我们的无意注意，也就是说，无意注意的对象是那些威胁到核心自我的刺激。强迫症个体会注意到什么呢？怕狂犬病的强迫症个体很容易注意到环境中的狗；恐惧艾滋病的强迫症个体会注意到环境中的红色；害怕隐私泄露的强迫症个体会注意到地面上有字的小纸片；担心自己会伤害别人的强迫症个体会注意到环境中自我保护能力差的人；忌讳类强迫症个体会注意到环境中的数字 4；担心自己会变笨的强迫症个体会注意到环境中的数字 2，等等。体悟疗法把强迫症个体的这种特殊的注意倾向称为“预警性注意”。

预警性注意是指对（自认为）可能威胁到核心自我的刺激，进行优先、稳定的指向和集中。预警性注意属于无意注意，强迫症个体并非有意识地在环境中主动搜索并注意红颜色，注意狗，注意数字 4，注意数字 2，等等。他们没有意识层面的目的，也不需要意志力来维持这种注意，所以他们的注意是一种无意注意。预警性注意具有高度的选择性，恐惧艾滋病的人不会注意到数字 4，忌讳的人不会注意到地上的小纸片，成为预警性注意对象的都是（自认为）会威胁到核心自我的刺激物。这和能知自我功能异常是密不可分的，前面提到过能知自我的功能异常并不是表现在所有方面，而是表现在与核心自我密切相关的方面。预警性注意就是能知自我功能异常的一种表现，所以也是那些（自认为）可能威胁到核心自我的刺激才引起预警性注意。

预警性注意是稳定的，它对自认为威胁到核心自我的刺激的指向和集中都是稳定的，不是今天注意一下，明天不注意了，后天也不注意了，然后哪天偶尔又注意一下。比如害怕艾滋病（恐艾）的强迫症个体每次都会优先注意到环境中的红色刺激，不是一次两次、一天两天，而是长时间内相当稳定，直到他的强迫症状好转。

雷达的隐喻可以帮助我们理解预警性注意。雷达向外发射特定频率的电磁波并接收反射信号，然后根据多普勒频移效应来探测目标，应用在航空、气象等不同领域。雷达只有在其设定的搜索目标出现时才会预警，比如军用雷达一般不会对气旋这样的刺激报警，也不太可能对天上飞的鸟或者风筝报警，更不是全天候对什么刺激都报警。预警性注意也是如此，虽然在形成预警性注意之后每次搜索到危险刺激好像都是无意识的，但最初是有意识地设定好了注意对象的特征，就像雷达已经设定了搜寻目标的特征一样。比如恐惧狂犬病的强迫症个体会注意到狗，不仅在这个时间这个环境里会注意到狗，换一个时间和环境他还是会注意到狗，他的注意里面已经设定了一个“频段”，那就是和狂犬病相关的这一类动物的频段。所以别的刺激物出现他都不报警，见到狗他就报警。而另外一类强迫症设定了和艾滋病相关的一个频段，所以环境中的数字、纸片、老人等刺激不会引发报警，但是红色的刺激就会引发报警。一般健康的人不会预设这样的频段，不会事先设定好要注意哪个，而是根据实际情况，一会儿注意这个，一会儿注意那个。强迫症的预警性注意已经设定了一个专门的雷达频段，只对那些符合设定的刺激进行报警，各类强迫症设定的频段不同，这取决于他的核心自我，即他要搜索的目标是他认为有可能威胁到核心自我的。

多数人的能知自我功能正常，对核心自我的保护是必要而适度的，不会发展到过度僵化的程度。当我们听到某些伤害事件的新闻报道时，注意力也会更多地指向可能危险的刺激。比如 2015 年 7 月，湖北荆州一商场的自动扶梯踏板松动，一位年轻的母亲抱小孩乘梯时踏空，在最后的瞬间她把孩子奋力托出，自己被卷入扶梯遇难。现场监控拍摄到事故的全过程，并迅速在网上传播。在接下来的几天里，人们的注意更多地指向了自动扶梯的踏板，出现了大量因恐惧自动扶梯踏板而行动非常小心的人。有的人先用脚尖探试几次踏板是否牢固然后才敢通过，有的人是用雨伞试探踏板，有的人两脚分开从踏板的两侧边缘经过，有的人双手扶住扶手撑跳过去……一两个星期之后，一切渐渐归于平静，乘自动扶梯的人们的注意力又回到了手机、微信、朋友圈上，很少去注意扶梯的踏板了。这种由于某些特殊事件引起的注意力暂时优先指向某种刺激的情况，并不是病理改变。现在这件事已经过去了四五年，如果某人现在每次乘自动扶梯时都会注意到扶梯的踏板，还是用双手扶住扶手撑跳过去，这个人的心理很可能已经发生了异常。他的这种注意指向性的改变不是一过性的而是持久的，由一过性发展到持久性标志着预警性注意的建立，标志着心理问题的形成。再比如，刚刚进入医学院的大学生，每学习一种新的疾病，注意都会指向自己身上的相关部位。对大多数学生来说，这种注意指向性的改变是一过性的，如果某位学生的这种注意成了持久性的，即建立了预警性注意，那么他就可能受到焦虑障碍的困扰。

注意还有一个特性：越不想注意什么就越会注意到什么。现在，环顾你所在的房间，尽可能多地关注红色的物品，然后闭上眼睛，回忆一下你都看到了哪些红色物品，然后再回忆一下你都看到了哪些绿色物品，相信你回忆到的绿色物品数量会少于红色物品。现在再环顾一周，这次努力让自己不要注意蓝色物品，然后闭上眼睛回忆一下你都看到了哪些蓝色物品，再回忆一下你都看到了哪些黑色物品，相信你注意到的蓝色物品的数量一定多于黑色物品。有没有发现，你越是努力让自己忽视蓝色物品你就会越多地注意到蓝色物品？所以，强迫症个体越是努力让自己忽略那些预警性注意的对象，就越是会注意到它们。

预警性注意的解除标志着临床层面的强迫症痊愈。对于一个因为恐惧狂犬病而怕狗的强迫症个体来说，症状没有好转的时候他会比别人更多地看到狗。如果有一天他突然发现“咦，我好像几星期都没怎么看见狗了”，这就说明他的症状已经有了显著改善，预警性注意已经开始松动。当他在日常生活中已经不怎么注意到狗时，就说明他的预警性注意已经解除，也标志着他的强迫症已经痊愈。

第 9 章　基于心理免疫力的新模型

对肌体健康来说，免疫系统起着至关重要的作用。免疫力低下的人容易生病，很多疾病的预防和治疗也需要通过自身的免疫系统起作用，比如我们接种疫苗，免疫系统必须响应起来才能起到预防某种疾病的作用。最极端的例子是艾滋病，其破坏免疫系统，使得患者患上其他常见疾病就可能致命（李振元，2019）。

体悟疗法假设我们的心理也存在着类似的免疫系统，心理免疫力强的人对各种心理问题的易感性低，心理免疫力弱的人对各种心理问题的易感性高。体悟疗法认为的心理免疫力不同于性格方面的易感性，一般认为性格方面的敏感、多疑、内向、刻板、追求完美、要求苛刻等特质是强迫症性格方面的易感因素；体悟疗法所说的心理免疫力不是特质模型，而是能力模型，这些能力会影响到个体受制于心理障碍的可能性。心理免疫力类似于抗震能力，如果一座大楼可以抗七级地震，那么发生六级地震时就不会受到破坏；如果一座大楼可以抗五级地震，那么发生六级地震时就很可能受到破坏。抗震能力就相当于人的心理免疫力，地震就相当于个体遇到的应激事件的强度，面对相同的应激事件，心理免疫力强的人可能不会受到什么影响，心理免疫力弱的人却可能受到影响甚至出现心理问题。比如，2003 年“非典”的流行是一个大的社会应激事件，大部分人在“非典”结束之后都回到了正常的生活，但有少部分心理免疫力弱的人因此患上了清洗类强迫症。再比如，遇到了家里进小偷的事件，心理免疫力强的人在事件之后可以很快恢复正常的生活，但少部分心理免疫力弱的人却可能自此患上检查类强迫症。

大多数心理疗法是以减少或消除来访者的心理症状为目标的，在过去的一百年里，这些疗法产生了显著的效果。到现在为止，验证某种疗法的有效性仍然是以症状的减轻程度为标准，但实际上，如果我们只关注症状的减轻或消除，就会形成诸多的限制。多年前，我在参加“动中禅”修习时听到一个关于猫和老鼠的隐喻，受到启发，开始思考不以症状的变化为判断标准的模型。

那个故事的大意是：家里有只老鼠，经常偷东西吃，打扰我的生活。每次老鼠出来我就拿着扫帚把它赶走，这个方法看起来很有效，老鼠很怕我，每次我一赶它就跑了，可问题是过不了多久它又回来了。就这样，它一出现我就赶走它，不久它又会回来，我再赶走它，然后它再伺机回来，再被我赶走……没完没了，不胜其烦。后来，我不再驱赶老鼠了，而是养了一只小猫。开始的时候老鼠还是经常来，甚至有时会欺负这只小猫，这些我都不管，只是一心一意养好这只猫。终于有一天，猫长得足够大且足够强壮了，从此老鼠再没有出现。这只老鼠代表心理症状，猫就代表我们要培养的能力。体悟疗法的根本在于养猫而不是驱赶老鼠，只要你的猫养得足够大，老鼠自然就销声匿迹了。

体悟疗法目前提出了九种能力，这九种能力的提高可以使强迫症的症状减轻或消失，还可以全面提高我们的心理免疫力，降低强迫症复发以及罹患其他心理疾病的可能性。体悟疗法的咨询目标就是提高这九种能力：①意愿和决心；②觉知力；③看清想法的能力；④离开想法的能力；⑤专注当下的能力；⑥愿意经历的能力；⑦持续践行价值观的能力；⑧与过去和解的能力；⑨对变化的了知和接纳能力。所有九种能力均采用七级评分制，四分是临界点。具体评分标准见表 9－1。

表 9－1　体悟疗法九种能力评估表

能力	得分	标准
意愿和决心	1	完全没有意愿去改变
	2	想改变但不愿意付出努力，不愿意承受痛苦
	3	愿意付出些许努力去改变，愿意承受轻微的痛苦
	4	愿意付出中等的努力去改变，愿意承受中等的痛苦
	5	愿意付出较多的努力去改变，愿意承受较大的痛苦
	6	愿意付出很大的努力去改变，愿意承受很大的痛苦
	7	愿意付出任何努力去改变，愿意承受任何痛苦
觉知力	1	行为结束后才觉知
	2	行为过程中觉知
	3	行为刚一开始就觉知
	4	行为的动机一出现就觉知
	5	情绪产生时觉知
	6	想法出现后觉知
	7	想法刚一出现就觉知

续表

能力	得分	标准
看清想法的能力	1	认为自己的想法是真的，必须思考和担心
	2	认为自己的想法非常有可能是真的，很有必要思考和担心
	3	认为自己的想法很可能是真的，有必要思考和担心
	4	认为自己的想法可能是真的，也可能不是真的，最好还是思考和担心
	5	认为自己的想法可能不是真的，不是很有必要去思考和担心
	6	认为自己的想法很可能不是真的，没必要去思考和担心
	7	认为自己的想法肯定不是真的，完全没有必要思考和担心
离开想法的能力	1	根本做不到，注意力没办法离开那些想法
	2	很难做到，注意力能短暂地离开几分钟，就会回到这个想法
	3	比较难做到，注意力能离开十几分钟，然后还是会回到这个想法
	4	很努力才可以做到，注意力可以离开二十几分钟，还是会回到这个想法
	5	比较努力就可以做到，注意力可以离开三十几分钟，还是会回到这个想法
	6	稍作努力就可以做到，注意力可以离开约一小时，之后才会回到这个想法
	7	比较容易就可以做到，注意力可以离开约两小时，之后偶尔会回到这个想法
专注当下的能力	1	只能把注意力集中在当下需要的活动上不到一分钟
	2	只能把注意力集中在当下需要的活动上三四分钟
	3	只能把注意力集中在当下需要的活动上十几分钟
	4	可以把注意力集中在当下需要的活动上二十几分钟
	5	可以把注意力集中在当下需要的活动上三十几分钟
	6	可以把注意力集中在当下需要的活动上约一个小时
	7	可以把注意力集中在当下需要的活动上约两个小时
愿意经历的能力	1	完全不愿意经历
	2	不愿意经历
	3	有点不愿意经历
	4	勉强愿意经历
	5	有点愿意经历
	6	愿意经历
	7	非常愿意经历

续表

能力	得分	标准
持续践行价值观的能力	1	最多能坚持两三天
	2	最多能坚持一周左右
	3	最多能坚持两周左右
	4	可以坚持三周左右
	5	可以坚持一个月以上
	6	可以坚持两个月以上
	7	可以坚持三个月以上
与过去和解的能力	1	完全无法接纳过去的经历
	2	无法接纳过去的经历
	3	有点无法接纳过去的经历
	4	勉强可以接纳过去的经历
	5	有点可以接纳过去的经历
	6	可以接纳过去的经历
	7	完全可以接纳过去的经历
对变化的了知和接纳能力	1	认为有些重要的东西应该尽力使其不发生负面变化，无法接受任何负面的变化发生在自己身上，必须进行过度的保护和思虑
	2	理智上知道包括生命在内的一切事物和现象都是不断变化的，但无法接受任何负面的变化发生在自己身上，认为很有必要进行过度的保护和思虑
	3	理智上知道包括生命在内的一切事物和现象都是不断变化的，但无法接受任何负面的变化发生在自己身上，认为有必要进行过度的保护和思虑
	4	能体悟到包括生命在内的一切事物和现象都是不断变化的，勉强能够接受负面的变化发生在自己身上，很努力地克制下可以不进行过度的保护和思虑
	5	能体悟到包括生命在内的一切事物和现象都是不断变化的，有点儿能够接受负面的变化发生在自己身上，努力克制下可以不进行过度的保护和思虑
	6	能体悟到包括生命在内的一切事物和现象都是不断变化的，比较能接纳负面的变化发生在自己身上，稍微克制就可以不进行过度的保护和思虑
	7	能体悟到包括生命在内的一切事物和现象都是不断变化的，能够以开放的心态接纳各种变化，包括各种丧失甚至是死亡，不需努力克制就可以不进行过度的保护和思虑

注：表中第一项“意愿和决心”指有多少意愿和决心去改变现状，重点不在于是否成功。

强迫症状的出现频率、每次出现时的恐惧焦虑程度，以及因不能实施强迫行为而带来的痛苦程度并非一成不变，和当时的情绪基调、压力、人际关系、刺激物的强度以及接下来是否有重要的事情需要处理等因素有关。在心情好、压力小的时候，强迫症状出现的频率可能会低，相同的刺激所引发的焦虑程度也会低，这时停止强迫行为也比较容易。相反，如果心情不好，压力比较大，而且接下来有重要的事情要去做的时候，强迫症状出现的频率就可能多，相同刺激所引起的焦虑程度也会高一些，想停止强迫行为就会更困难。强迫症往往有多个症状同时存在，不同的症状对当事人的影响程度也不同。所以对这九种能力进行评估时，首先需要选取目前阶段对自己影响最大的强迫观念和强迫行为作为评估对象，然后根据最近两周的情况进行评分。

一、意愿和决心

对任何疗法来说，意愿和决心都是咨询可以启动并持续的基本前提。从表面上看，走进咨询室的人应该是做好了改变的准备，不应该存在意愿和决心的问题。但实际并非总是如此，一些来访者因为内心痛苦或人际冲突来寻求帮助，他们希望能减少痛苦但并不认为自己的内在需要改变；一些来访者可能做好了自我改变的准备，但了解到咨询需要付出的时间、金钱和个人努力之后，又会打退堂鼓。强迫症患者经常会遇到一个问题，就是在得知咨询过程中需要进行暴露练习的时候，由于害怕体验恐惧和焦虑而拒绝进入咨询。有些来访者是迫于父母、配偶或孩子的压力前来咨询的，本身的意愿和决心并不强烈；一些来访者因为病程很长，尝试过很多方法进行自助，也接受过很多咨询和治疗，但效果都不理想，信心和希望已经消耗殆尽，这次接受咨询也只是试试看。

影响来访者意愿和决心的因素有很多，个人因素、人际因素、家庭因素、生活事件，等等。这些因素很多都是在咨询师的影响范围之外的，但并不是说咨询师就毫无作为，无论什么原因，只要来访者走进咨询室，我们还是可以做一些工作的。咨询师可以按照动机访谈的程序来促进来访者改变动机，可以使用认知技术对是否接受咨询进行短期和长期利弊分析，也可以通过谈论“理想的生活”来激发起来访者改变的动机。

意愿和决心不仅是启动咨询的关键因素，也是使咨询持续下去的重要因素，尤其是当咨询遇到困难和挑战时。有些来访者初期的意愿和决心很强，但随着咨询的推进，尤其是咨询遇到困难和瓶颈时，就会动摇。还有一些“小富即安型”的来访者，当咨询取得了一定的效果，痛苦减轻，症状的影响减少了，继续改变的意愿也就小了。因此，意愿和决心是整个咨询过程中都需要关注的问题，尤其是在咨询的开始阶段、遇到困难和挑战时，以及取得一定进展时。

二、觉知力

一切的改变和调整都建立在自我觉知的基础之上。如果没有觉知，我们的思维、行为就处在“自动导航”模式——我们并不能清楚地知道自己的所想、所做。比如，我骑自行车回家错过了该转弯的路口，我必须首先觉知自己已经错过了那个该转弯的路口，然后才可能掉头往回骑，如果对错过路口这件事毫无觉知，那我将继续往前骑行，所以觉知是改变的前提。对强迫症而言，从强迫观念的出现，到对强迫观念的元认知过程（想法认同），到情绪的产生，以及为了缓解情绪准备实施强迫行为的决定，最后到实施强迫行为，这一连串过程发生得非常快，很多来访者都是还没有意识到强迫观念就已经做出强迫行为了。在这一连串的心理过程中有两个关键的“节点”需要觉知，否则我们就没有机会进行调整。第一个节点是想法认同，在强迫观念出现时，我们必须快速觉知这是强迫观念而不是事实，避免自动化地认同这个想法，避免把强迫症的想法当成事实。第二个节点是情绪驱动，在恐惧、焦虑情绪出现时要能及时地觉知这些情绪，并且觉知自己不愿意经历这种情绪，自己想通过强迫行为或回避行为来缓解恐惧、焦虑的情绪，需要能够及时地觉知这种想实施强迫行为或回避行为的冲动。任何强迫行为和回避行为都是我们自己选择和决定的，这个过程非常迅速，我们没有觉知这个想实施强迫行为的冲动，就直接付诸行动了。所以要通过正念练习来提高觉知能力，只有在这两个节点上有所觉知，我们才有机会去选择到底是实施强迫行为还是去实施可以帮助我们过上理想生活的行为。觉知力帮助我们去抓住那个使改变得以发生的时间和空间窗口。

三、看清想法的能力

绝大多数的强迫观念都可以归为两种形式，一种是“不可能事件”，就是在现实中根本不可能发生的，比如看见红色的东西认为自己会被传染艾滋病，看见数字“4”今天就会发生不好的事情等，这一类就像“水中捞月”。另外一种形式是极小概率事件，在现实生活中发生的可能性极小，但自己却过度担心，恐惧、焦虑的程度与事件发生的可能性不匹配，比如认为门没锁好，可能丢东西等，这一类就像“大海捞针”。这些强迫观念以及推理过程常人一听就能感觉到不对劲，强迫症个体却未必能分清楚这些想法是否是过度的，甚至完全是臆测的。这一点体现在 DSM-5 关于自知力的标注里，分三种情况，一种是良好的或一般的自知力：个体意识到强迫症的信念肯定不是真的，或可能不是真的，或者有可能是真的也有可能不是真的。第二种情况是差的自知力：个体意识到强迫症的信念可能是真的。第三种情况是缺乏自知力/妄想信念：个体完全确信强迫症的信念是真的。培养和提高看清想法的能力，其目的就是让个体能清楚地知道强迫观念肯定不是真的或可能不是真的。看清想法的能力越高，自知力就越好，就越容易进行干预，反之干预起来就困难。这个能力直接对应于体悟疗法二阶段理论假设的想法认同阶段，是体悟疗法工作的重点。这一点也是体悟疗法和认知行为疗法的一个重要区别，认知行为疗法工作的重点是重构歪曲的认知，体悟疗法并不强调对认知内容的重构，而是强调提高看清想法的能力，即能够清楚地意识到自己的强迫观念肯定不是真的或可能不是真的。

四、离开想法的能力

对那些自知力比较好的强迫症个体来说，其看清想法的能力并不是很差，很多时候能够清楚地意识到自己的强迫观念可能不是真的。由于受病程、情绪等因素的影响，虽然他们能够看清楚强迫观念的实质，但很难不去想这些问题。比如很多时候我们因为某些事情无法入睡，自己明确地知道再怎么想也都于事无补或者没有意义了，也会提醒自己“别想了，想也没用，抓紧睡觉吧”，但还是一直想着这些事情无法停止。这就涉及离开想法的能力，也就是把自己的注意力从强迫模式中“拉出来”的能力，把精力投放到有建设性的活动上来的能力。看清想法之后我们需要离开想法，对那些看清想法能力比较差的强迫症个体来说，如果提高其看清想法的能力很困难，也可以通过提高其离开想法的能力来产生效果。他们虽然认为自己的强迫观念很可能是真的，但由于其对现实生活的影响以及本身的痛苦，他们也可能愿意这样想：“就算那些想法可能是真的，我也不想继续像这样生活下去了。”如果这样的意愿和决心比较强的话，我们就可以通过提高其离开想法的能力来促使其改变。

五、专注当下的能力

专注当下的能力不同于离开想法的能力，离开想法的能力主要是注意的指向问题，专注当下的能力主要是注意的集中问题。比如我可以不去想一件事情A，但我需要去想或注意X、去想或注意Y、去想或注意Z。专注当下的能力是指我现在不去想A，只想或只注意X。比如今天白天我有一个重要的演讲表现得不够理想，晚上回到家后我还是会想着这件事并且感觉有点丢人。我提醒自己事情已经过去了，怎么想也没有用了，尽量专心陪孩子玩。可过了一会儿我又会想到白天演讲的事，没法专心陪孩子玩，于是我就拿起手机看了一段搞笑视频，但还是会想到白天演讲的事情，然后我就出去跑步，跑步回来我还是会想到白天演讲的事情，然后我就主动去想自己演讲成功的例子……

像这样，我虽然做到了不总去想白天演讲的事情，但需要不断地找各种各样的事情去做去想，这就是离开想法的能力还可以，但专注当下的能力不够。如果专注当下的能力提高了，我现在不想琢磨白天演讲的事情，想好好陪孩子玩，那我就可以专注于和孩子玩这一项活动。对强迫症个体来说，这项能力直接影响日常的学习和工作，很多时候他们都是在需要专心学习或工作的时候受强迫症干扰，需要不停地做各种各样的事情才能跳出强迫模式，还是会对学习和工作带来很大影响。

关于“当下”需要说明的是，当下并不是指我们心理活动加工的内容必须是此时此地的，当下是一个工作平台或者心理操作的空间，在这个平台上或者空间里我们操作的内容可以是关于过去的也可以是关于未来的。比如，年终的时候我们需要写过去一年的工作总结和明年的工作计划，这里的内容是关于过去和未来的，但只要我在做这项工作时是有目的、有觉知的，就仍然是活在当下。只要我是有目的、有选择地决定在今天下午两点到五点这个时间段用来写工作总结，可以专心致志地写，并对这一过程保持觉知，那就是专注当下了。

六、愿意经历的能力

“愿意经历”的能力之所以重要，是因为它的反面——不愿意经历——会使问题变得更糟。愿意经历意味着对当下事实的尊重，人类的很多烦恼都源于对当下事实的抗拒，我们希望当下的事实不是现在这个样子，而是另外一个样子，但当下的事实就是这个样子，这是当下唯一的真实。强迫症的一个重要影响因素就是不愿意经历自己的某些想法、冲动、意向、情绪和躯体感受。对于某些人来说，愿意经历的对象主要是某些想法，比如有些人脑子里经常冒出家人发生事故的画面、性相关的画面或者对神灵不敬的想法，他们会抵抗这些想法或替换这些想法，这部分人就需要愿意经历这些想法和画面。有些人无法控制地注意到某些刺激，如余光、呼吸、口水、声音等，这些人需要愿意经历的对象就是自己的注意过程。更多的人需要愿意经历的对象主要是恐惧、焦虑的情绪和躯体感受，这也是他们实施强迫行为和回避行为的关键因素。愿意经历能力的提高可以解决体悟疗法二阶段理论假设中的“情绪驱动”问题。

愿意去经历并不是要求我们去喜欢，尤其对这些“负面”的经验，人们是很难喜欢的。是否喜欢不重要，重要的是它现在就是这个样子。比如说今天在下雨，那么它只是下雨的一天，不管我喜欢还是不喜欢。如果说它是好的一天，或者说它是不好的一天，那已经偏离了当下的事实，它本质上不是好的一天也不是不好的一天，它仅仅是下雨的一天。所以我们愿意去经历下雨的一天，不代表我要喜欢下雨天。

愿意去经历也不代表我们不做任何改变，不代表逆来顺受，不代表放弃任何有意义的行动。愿意去经历是为我们的思考、选择和行动提供更多的心理空间和心理灵活性。比如说现在下着暴雨，你正需要打出租车，等了半个小时也没有打到出租车，你约了一个重要的人 8：30 要碰面，现在 8：20 了，就是因为下雨没有打到出租车！如果你不愿意经历这些，会是一种什么样的体验呢？就会有很多的负面情绪出来，埋怨自己没看天气预报，埋怨自己没开车，埋怨整个城市的出租车太少了，埋怨其他的很多因素。想到马上要迟到了，对方会怎么看你？会不会影响你们的谈话……此时情绪就会非常复杂和糟糕。无论你愿不愿意经历，当下的事实就是没打到车。

终于来了辆出租车，你上车了，觉得心情有一点点安定下来。结果司机不知道路，问你怎么走，你也不知道路，于是你又生气了："你不是出租车司机吗？你怎么能不知道路呢？"然后，你和他的对话就有一点点变味，但这个时候一切还可控。然后出租车开着开着一不小心开错路了，要多走五分钟。这个时候，你很可能和司机发生争吵，你们的情绪都更糟糕了。之后见到你要见的人，在这种情况下跟他谈事情，大概能够想到会是一个什么状况。如果从最开始就愿意去经历，不需要你喜欢迟到，不需要你喜欢下雨，现在就是等了半个小时还是没有车，事实如此我只能愿意去经历它，知道当下的情况并觉知焦急的情绪，或者觉知呼吸，那么司机来了不知道路，你可能就不会有多大火气，然后又多开了几分钟你可能也不会想吵架，最后见到你想见的人谈事情，可能又是另一番情景。事实没有不同，不同的是我们的态度。如果我们不愿意去经历，事实还是这样，愿意去经历了，它为我们提供了空间和自由。愿意去经历不等于你要喜欢它，不等于你不能做出改变。相反，它是在我们愿意去经历的基础上，有了足够的灵活度。我们可以去选择哪些行为需要做，哪些行为不需要做，哪些行为是最明智的选择，这是"愿意去经历"给我们提供的一个空间和平台。

七、持续践行价值观的能力

持续践行价值观的能力涉及个人的意志——为了实现目标，根据目标来支配、调节自己的行动，克服行动中遇到的种种困难。强迫症的好转并不是一条坦途，无论是自助还是寻求专业的帮助，都不会一帆风顺，必然会遇到种种困难和障碍，好转的路上也会遇到暂时的后退和反复。持续践行价值观的能力如果比较弱的话，按正确的方向坚持了几天，当遇到困难或者没有达到预期效果时，就可能动摇甚至放弃。《中庸》里说："有弗学，学之弗能，弗措也。有弗问，问之弗知，弗措也。有弗思，思之弗得，弗措也。有弗辨，辨之弗明，弗措也。有弗行，行之弗笃，弗措也。人一能之，己百之。人十能之，己千之。果能此道矣，虽愚必明，虽柔必强。”这是一种不达目的誓不罢休的坚持，想达成目的都需要这种品质。比如减肥，下定决心节食并运动，大多数人开始几天做得很好，但难以长期坚持。可能因为一次聚餐、一次节日放假，或者其他原因而中途放弃。强迫症也是一样，当确定了正确的方向和方法之后，无论遇到什么困难都需要坚持下去。很多人的模式是这样的：下决心——行动——失败——再下决心——行动——失败——再下决心——行动——失败——放弃。我们需要的是这样的模式：下决心——行动——失败——再下决心——行动——失败……再下决心——行动——成功。

八、与过去和解的能力

过去是我们完整现在的一部分，没有人拥有完美的过去，但我们每个人都是完整的。我们由于种种原因伤害过别人，别人也由于种种原因伤害过我们，有一些伤害甚至会造成创伤。时间在我们身上刻下印迹并塑造了我们，并且以种种方式影响着我们的现在。有些强迫症患者可能是由于某个刺激事件占的因素较大，现在仍然对那个刺激事件耿耿于怀。有些人可能觉得当初父母不理解自己或者没有及时带自己去看病，现在还有怨恨。有些人可能因为强迫症状影响了学业和高考，觉得如果当初没有得上强迫症的话现在的人生不会是这个样子……过去的经历盘桓在心，无法释怀。和过去和解不意味着改写历史，不意味着必须化解之前所有的冲突和矛盾，也不意味着必须对某些人或某些事进行原谅和宽恕。和解意味着承认和接纳，承认那些既定事实，接纳那些人生的组成部分，和解可以为当下的疗愈创造空间和平台。

九、对变化的了知和接纳能力

人类的很多烦恼来源于对变化的抗拒，无法接受事物往坏的方向变化。因为身体向失能的方向变化，所以衰老会让人痛苦；因为容颜向差的方向变化，所以皱纹会让人痛苦；因为关系向坏的方向变化，所以丧失会让人痛苦……然而，事物都处在永恒的变化之中，凡事会往好变化也一定会往坏变化。人们都明白这个道理，但如果没有亲身的体悟，这些道理就不能帮助我们减轻痛苦。

只有从整个身心层面体悟到变化的必然性，并且能够按照事物本身的规律接受变化，才能帮助我们应对这个充满不确定的世界。强迫性思维的一个重要特点就是对变化的抗拒，无法接受事情向坏的方面变化，所有的强迫行为都是为了保护核心自我不向坏的方面变化。提高了对变化的接纳能力，也就不需要通过强迫行为来过度保护和避免变化了。提高对变化的接纳能力并不是说我们就破罐子破摔完全无所作为了，比如我可以接纳过马路的时候有可能被车撞到导致受伤甚至死亡的情况，但这不意味着我从此过马路就不看红绿灯也不看过往的车辆，闭着眼睛过马路。在心理上我可以接纳这种变化的发生，行为上还是要做到正常的、有必要的防范和努力。

不同的强迫症在这九种能力评估的得分上并不相同，这九种能力可以非常好地反映每个人的具体情况，指导我们的咨询工作。图 9－1 是两位强迫症个体的评估得分雷达图，他们的症状表现非常相似，严重程度相仿，患病时间长短也差不多，性别相同，年龄也相仿。

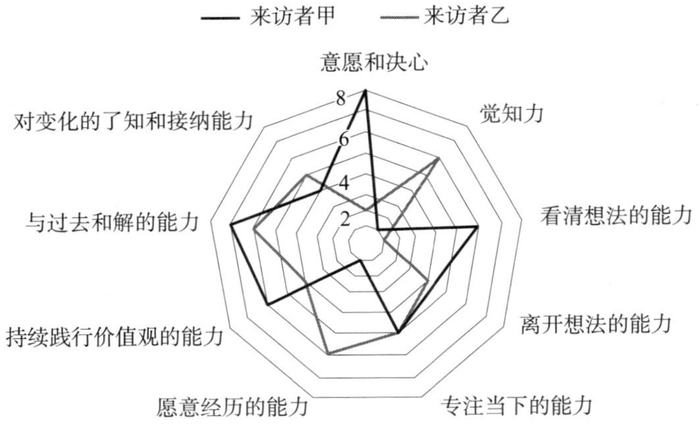

图 9－1　九种能力雷达图

黑线代表来访者甲，灰线代表来访者乙，很明显这两位来访者九种能力的得分差异很大。来访者甲的意愿和决心非常强烈，只要能够好转愿意付出任何代价。我的一位来访者，因为强迫症状而 7 年没有出过家门，没有工作也没有社会活动，一见面他就对我说：“我知道你用的方法，我不想一步一步来，直接做等级最高的暴露练习吧！只要能好，怎么做都行！”结果他只做了 6 次咨询就可以外出打工了。来访者乙的意愿和决心就只有 2 分，说明他虽然想好，但希望能有什么灵丹妙药，最好不需要自己付出代价，所以他在完成作业和行为练习方面都出现了问题，对这类来访者就必须进行强化动机的访谈。

在“看清想法”这一维度上的得分，来访者甲为6分，来访者乙为1分。说明对来访者甲进行咨询时不需要进行太多想法上的干预，对来访者乙可能要花很多精力来对想法进行干预。再看愿意经历的能力，来访者甲是1分，完全不愿意经历；来访者乙是6分，愿意经历。对来访者乙的咨询就不需要花太多精力在提高愿意经历的能力指数上，但和来访者甲工作就必须要花大力气来提高他的愿意经历的能力指数。根据图9－1，对来访者甲的咨询工作，重点应该放在觉知力、愿意经历的能力、对变化的了知和接纳能力这三方面。对来访者乙咨询工作的重点应该放在意愿和决心、看清想法的能力、持续践行价值观的能力这三个方面。

对于症状高度相似的案例，咨询工作的侧重点也可能差异很大，这就是体悟疗法九种能力评估表对实际咨询的指导意义。我们会持续评估这九种能力，并以此来指导咨询计划，设定阶段性目标（比如前5次咨询主要目标是提高看清想法的能力，后面5次咨询的重点是提高愿意经历的能力），调整咨询的侧重点，安排在不同的正念练习上投入的时间，等等。这个九种能力的雷达图就是我们实际咨询的风向标。这就像我们去医院看病进行血常规的检查，医生要根据不同指标的检查结果进行针对性的治疗一样。

第 10 章　价值观与行为选择

一、价值观

价值观对人的行为起着非常重要的导向和调节作用。体悟疗法认为：如果一个人为了使其人生充满意义而选择投身于某些主题，那这些主题就是他的价值观所在。《钢铁是怎样炼成的》里保尔·柯察金有句名言："一个人的生命应当这样度过：当他回首往事的时候，他不因虚度年华而悔恨，也不因碌碌无为而羞愧。"生命怎么度过，就在于你把时间和精力投入到哪些主题中去，投入到慈善，那慈善就是你的价值观；投入到享乐，那么享乐就是你的价值观。有太多主题可供选择，投入到哪些主题可以使我们感到一生无憾呢？投入到哪些主题可以让我们安心离去，投入到哪些主题会让我们心有不甘呢？价值观就是那些我们花了一辈子的时间去实践的可以让我们临终时安心离去的主题，而那些会让我们心有不甘的付出都不是我们的价值观。价值观是个人选择，并不存在统一的标准。这种选择基于个体对宇宙、世界、人生的基本理解和看法。

在界定价值观时，体悟疗法用了"实践"这个词，旨在强调价值观不是认知层面的思考与认同，而是行为层面的付出与实践。认为某些主题很重要但没有在行为上付出，就无法体现价值观。比如某人说他看重身体健康，在价值系统排序中把健康排在了第一位，并且可以滔滔不绝地谈健康第一的理由，我们是否可以判断健康是他的价值观呢？当然不能。如果他对健康的重视只是嘴上说、心里想，但实际上他每天熬夜，从不锻炼身体，饮食无度，那么健康恐怕就不是他的价值观所在，因为他并没有在这个主题上有真正的付出。再如，某人说家庭是他最看重的，但实际上他很少待在家里，而是经常在外面和朋友聚会吃饭、打牌，或者每天都加班到很晚。在家的时间呢，几乎都在玩游戏、看手机，实际上并没有为家庭付出真正的行动。他的行动表明和朋友吃饭打牌、工作或者玩游戏比家庭更重要，因为他在这些方面付出的时间和行动更多。

我们用价值观实践程度量表（表 10－1）来促进来访者的反思和行为调整。个人认为对人生最重要的评为 10 分；符合价值观行为的投入程度是指，所做的行为是使自己趋近于价值观的，在行为上投入最多的评为 10 分；背离价值观行为的付出程度是指，所做的行为是使自己背离价值观的，付出行动最多的评为 10 分；实际效果是用符合价值观行为的投入程度减去背离价值观行为的付出程度，差值是用实际效果减去重要程度。如果符合价值观行为的投入程度大于重要程度，在这个主题上就需要减少投入；如果符合价值观行为的投入程度小于重要程度，在这个主题上就需要增加投入。所有大于 0 的背离价值观行为的付出程度，都是需要减少的。差值的绝对值越小越理想，理想的状态是所有的差值都为 0，差值的绝对值越大，就越需要调整。

表 10－1　价值观实践程度量表（例）

价值观	重要程度	符合价值观行为的投入程度	背离价值观行为的付出程度	实际效果（符合－背离）	差值（实际效果－重要程度）
心理健康	10	9	10	－1	－11
家庭幸福	9	3	3	0	－9
对世界的贡献	8	7	0	7	－1
声望	7	9	3	6	－1
灵性成长	6	5	4	1	－5
社会责任	5	2	6	－4	－9
终身学习	4	1	0	1	－3
慈善	3	2	0	2	－1
金钱	2	10	0	10	8
世界和平	1	0	0	0	－1

假设表 10－1 是某人的价值观实践程度量表，我们首先关注的是差值，而不是重要程度的排序。有人把健康排第一位，有人把世界和平排第一位，有人把灵性成长排第一位，有人把对世界的贡献排第一位……虽然我们希望有益于社会、国家和人类的价值观得到重视，但也必须尊重个体的选择。表中差值的

绝对值越大，在这个领域需要做出的调整就越多。差值为负说明在这个领域需要增加符合价值观的行为或减少背离价值观的行为；差值为正说明在这个领域需要减少符合价值观的行为，但不意味着要增加背离价值观的行为，比如表中的金钱领域。符合价值观的行为和背离价值观的行为都需要考虑，真正重要的价值观应该体现在符合价值观的行为增加而背离价值观的行为减少。比如看重身体健康的人患有高血压，他遵医嘱服用降压药是符合价值观的行为，但如果他在服药的同时仍然大量饮酒，这就是背离价值观的行为，我们就不能认为他是真正看重身体健康。比如有的清洗类强迫症个体，认为心理健康是他最看重的，在价值观系统里排在了最重要的位置，评估他在此领域的实际投入，他自己给出的评分是9分，理由是他主动寻求咨询和坚持服药，并且每天想的都是怎么样能好，所以他认为实际付出是9分。这样看来在这方面他做得已经很好了，似乎没有什么提升的空间了。但考察背离价值观的行为却发现，他每天花在清洗上的时间高达8个小时。他说非常看重心理健康，但每天花8个小时在做背离心理健康的事情。他每次咨询都要迟到15分钟，迟到的原因是他强迫洗手，虽然进行咨询是符合价值观的行为但因为洗手而迟到却是背离价值观的行为，因此他在这个维度（背离价值观的行为）上评分是10分。两者综合来看他实际付出的效果是－1分，而最后的差值高达－11分。这个表格可以用于指导其具体的行为，当他再强迫清洗的时候，可以问问自己是否真的看重心理健康，还是更看重暂时的不焦虑。如果他继续这样清洗，就说明对暂时不焦虑的重视高于对心理健康的重视，那就需要重新对价值观进行排序。谁都不愿意改变价值观排序，这其中的矛盾冲突会促使他们减少背离价值观的行为。

二、价值观与目标

人们经常会混淆价值观与目标。以《西游记》里的唐僧为例，唐僧的价值观是什么？到西天大雷音寺是他的价值观吗？取得真经是他的价值观吗？不，这些是唐僧的目标而不是价值观，度化大唐众生才是他的价值观。价值观与目标的第一个区别：价值观是终极的，目标是阶段性的，目标是为价值观服务的。如果认为“西天”是唐僧的价值观，那么唐僧的“西天”不是西天大雷音寺，他的“西天”是度化东土大唐众生。我们每个人都应该找到属于自己的“自性西天”。如果拥有亲密和谐的人际关系是价值观，那找个人谈恋爱、结婚、和朋友聚会、认识新朋友、去看望多年未见的老朋友等就是目标；如果学习是价值观，那考上大学、拿到博士学位、出国留学、每年读完几本书、参加培训班等就是目标；帮助别人缓解心理痛苦是价值观，成为心理咨询师、成为社工、做慈善工作等都是目标，都服务于帮助别人缓解心理痛苦这一价值观。

价值观与目标的第二个区别：价值观是永远无法完全实现的，目标是可以实现的，价值观永远“在路上”。唐僧可以抵达西天大雷音寺取得真经，这个目标可以实现，但度化大唐众生这个价值观是无法完全实现的，总有人需要度化，就算活着的人都已经被度化，还不断地有人出生……价值观是一个方向，而不是一个可以达到的“地点”。拥有亲密和谐的人际关系这个价值观也不可能完全达成，因为人与人之间的关系，总有探索和改善的空间。学习这一价值观也是一样，学习是终身的，不会有哪一天所有的知识都被我学完了。谈论价值观并不是说我要到达什么、获得什么、拥有什么，而是说我们要选择什么样的人生方向，选择往哪走，选择把生命实践于哪个主题。比如和平主义者，也许尽其毕生之力也无法做到让世界的每一个角落都没有纷争，但只要一生都在为此而努力，那他们的人生就是充满意义的。

有一位50岁的农民朋友跟我说他想当联合国秘书长，我心里判断这基本是不可能的。如果我直接告诉他这是不切实际的幻想，他会是什么感受呢？如果我们能从价值观的角度进行工作，那情况就会大为不同。当联合国秘书长是他的目标，但是通过了解得知，他想当联合国秘书长是因为深深忧心于环境的恶化，认为当联合国秘书长就能做更多的环保工作。一旦帮他厘清目标和价值观的关系，那么循着价值观的方向，他当下就可以为环境保护做一些力所能及的贡献。只要他把生命投入到环保主题，当不当联合国秘书长并不是最重要的。如果分不清价值观与目标，他最终可能会因为没有当上联合国秘书长而抱憾。明确了自己的价值观，并且真正投入到了环保领域，无论他实际上取得了什么样的成就，临终之时都会觉得自己这一生是有意义的。

三、不要以否定的方式界定价值观

假设我不想待在上海，但并不知道我应该往西、往北还是往南。我来到火车站，看到有几百趟列车可以带我离开上海，有去北京的、去大连的、去青岛的、去西安的、去重庆的、去郑州的、去广州的、去武汉的、去长沙的……但是，我只是不想待在上海，并不知道要去哪，那我怎么买票呢？如果仅仅是不想待在上海，我会选择最近出发的车次，最好是高铁，要有座位，有卧铺更好。去郑州的车就符合这些条件，于是我买了去郑州的车票，上了车。刚坐几站，到了南京，我觉得这趟车的服务太差，不想继续坐了，就在南京下了车。南京火车站也有几百趟开往全国各地的火车，我买哪一趟呢？去武汉的列车马上发车并且有座位，那就去武汉吧。路上发现坐在我旁边的乘客好像有半个月没有洗澡了，味道实在是无法忍受，于是在合肥就下了车。接下来去哪呢？去厦门的车好像还可以，结果上车后发现这趟车也不理想，就又在黄山下了车……你看，如果我仅仅是不想待在上海，那么正如你已经看到的，我会不断地换车。刚才这一路，到底是去哪呢？我不知道。时下有很多年轻人，就像“不想待在上海”的我，频繁跳槽，他们只知道自己不想干现在这个工作，但并不知道自己真正想做什么。

我遇到的不少来访者都在以否定的方式谈论价值观。他们会告诉咨询师他们想要的生活是没有强迫的生活，没有焦虑的生活，没有抑郁的生活，没有恐惧的生活。他们只知道不想要什么而不知道想要什么，这就需要通过讨论价值观来引导他们找到真正想要的生活，导向真正有意义、充满活力的生命方向上来。

我们尊重个人的选择，那会不会有人选择负性的价值观呢？这涉及孟子的性善论，也是人本主义对人性的基本假设。孟子认为人性是善的，如果有人不善，那不是人的本性，而是“形势”使然。在孟子和告子的著名辩论中，孟子以水为例，说明人之性善就像水必然会向低处流一样，他说：“今夫水，搏而跃之，可使过颡；激而行之，可使在山。是岂水之性哉？其势则然也。人之可使为不善，其性亦犹是也。”人本主义同样认为：如果条件允许，每个人都会朝着良善的方向发展。如同一颗参天大树的种子，如果是在平原上，水土肥沃，阳光充足，必然能长成参天大树。如果这粒种子落于峭壁，它仍然具备向上的生长力量，但恐怕无法笔直向上生长，难免七扭八歪，而这并不是因为种子的本性如此。人有心理问题就像树长歪了一样，罗杰斯强调咨询关系，强调共情、真诚和无条件积极关注就是在营造合适的环境。

四、行为选择

澄清价值观的目的在于激活并保持符合价值观的行为。人只要活着就不可能没有行为，哪怕是躺着发呆也是一种行为，睡觉也是一种行为，不存在没有行为的空白时段。对于生命来说，不是实践这个主题，就是实践那个主题。不管是主动还是被动，有意识还是无意识，生命一定会在某个领域或主题有所实践。一个觉醒的生命对于把生命实践在什么主题有着清醒的认识和自主的选择。用冯友兰先生的话就叫“觉解”，就是对自己的行为和宇宙的关系有清晰的理解，明白自己行为的意义以及对宇宙的影响，认可自己是宇宙的一部分，自己的每一个行为都需要对宇宙负责，孟子和张载都有这样的思想。

强迫症个体耗费了大量的时间和能量实施强迫行为，这些强迫行为并不符合他们的价值观，而是受情绪驱动的，目的并非是使自己的生命充满意义，而是缓解恐惧、焦虑的情绪。虽然他们认为自己的强迫行为是符合价值观的，但实际上经不起推敲，强迫行为使他们一步步地背离自己的价值观。

如果一位清洗类强迫症个体认为自己的价值观是做称职的母亲，抚育孩子健康成长，而她每天做的是要求孩子这个不能碰，那个不能碰，碰了就得洗手；这个地方不能去，那个地方不能接触，接触了就必须换衣服、洗澡，对孩子的行为和活动范围过度限制。孩子很喜欢宠物狗，但由于妈妈怕狗就要求孩子必须远离狗，并且认为这是对孩子的健康负责。然而，对孩子的过度限制恰恰不利于孩子的健康成长，实际上背离了该母亲的价值观。

体悟疗法把某些强迫症的推理过程称为“纯逻辑思维”，即只存在于大脑的推理中而在现实世界中行不通。在《走出强迫症：找回美丽的日子》中，我把这种推理过程称为大海捞针。比如我们泛舟太平洋，投下一根针，你能不能把它捞上来？从逻辑上讲是可以的，因为的确有一根针存在于太平洋中。但实际上你可能捞一万年都捞不上来，这种可能性在现实中极其渺茫。有些时候，逻辑的真会遮蔽存在的真，很多强迫观念都类似于大海捞针，对这类强迫症进行认知调整很难起作用，虽然前面已经一万次潜入海底没有捞到针，但我们无法证明下一次——第一万零一次潜入海底——还是捞不到针。就算第一万零一次还是没有捞到针，我们也无法证明再下一次——第一万零二次潜入海底——仍然捞不到针。这个时候澄清价值观就可以派上用场了，我们并不关心第一万零三次潜入海底是否可以捞到针，我们关心的是这种大海捞针的行为是否符合你的价值观——你一辈子的时间都用来捞针，不管临终时是否捞到了针，你把整个生命都实践在捞针这个主题上，是否可以让你觉得此生是有价值的？如果捞针是你的价值观，那你可以继续捞针；如果捞针不是你的价值观，那就需要选择符合你的价值观的行为来代替捞针的行为。如何才能选择符合自己价值观的行为呢？首先需要搞清楚自己的价值观到底是什么。

1. 普遍的价值体系

接下来，我们从个人、家庭、社会、世界/宇宙层面列举了一些价值观（图 10－1）。由个人层面扩展开去，就如《大学》里的“修身、齐家、治国、平天下”，孟子的“穷则独善其身，达则兼善天下”。每个人首先为自己的生命负责，然后为家庭、社会、国家、天下负责。这种人生的使命感号召我们将生命投入其中。尼采说：“一个人知道自己为什么而活，他就可以忍受任何一种生活。”在中国传统文化中，价值观虽然是个人的，但也关乎天命。找到了人生的意义，我们有限的生命就获得了无限的价值。要获得这种无限的价值并不需要我们做什么特殊的事情，只要做好日常行为并且知道我们的行为会对国家、对社会、对世界产生什么影响即可，正所谓“不离日用常行内，直造先天未画前”。

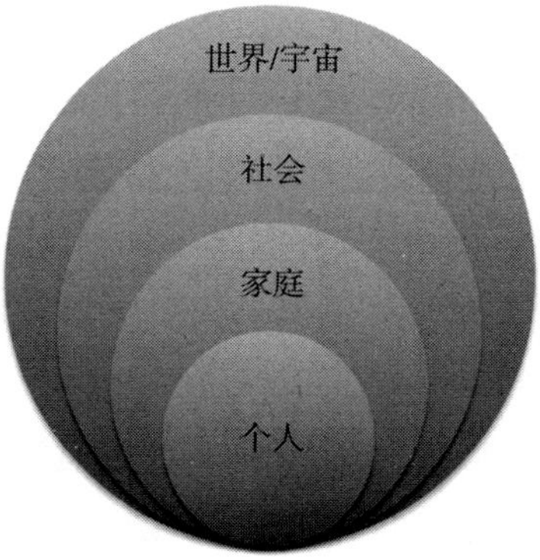

图 10－1　价值体系

个人层面：爱、诚信、善良、正义、智慧、知识、成绩、礼貌、负责、身体健康、心理健康、个人成长、独立、谦虚、幽默、智力、宽容、勇敢、想象力、内在的平静、领导力、权利、本分、名声、成就、财富、自律、理性、清洁、秩序、希望、能力、心胸开阔、温和、恭敬、勤奋、礼让、自由、自省、自尊、节俭、外貌、兴趣、休闲娱乐、悠闲、灵性成长……

家庭层面：父母关系、夫妻关系、亲子关系、抚养、教育、家人的健康、家人的幸福、家庭责任、家务、忠诚、平等、沟通、性关系、接纳、尊重、协商、归属感、家庭成员间的亲密感、保护、独立、节俭、规则、家庭积蓄、理财、价值观、秩序、权威、子女的前途、包容、妥协、扶持、亲属关系……

社会层面：和谐、志愿者、社区管理、互助、礼貌、宽容、创造性、兴趣、成就感、才能的发挥、安全感、声望、报酬、工作环境、同事关系、上下级关系、管理权力、上升空间、单位性质、责任、合作、自由度、尊重、认可、接纳、敬业、友谊、对他人的意义、社会贡献、公益、慈善、平等、公正、自由、公德……

世界/宇宙层面：爱国、富强、民主、文明、法制、共同富裕、公益和平、贡献、公共卫生、动物保护、环境保护、觉解（自己是宇宙一分子的觉悟）……

2. 价值行为库

在体悟疗法的咨询工作中，会把这些价值观主题制作成扑克牌，让来访者把这些打散的牌分成五组：非常重要的、重要的、一般的、不那么重要的、一点都不重要的，然后再让来访者在“非常重要的”一组里按重要程度选出 10 张牌，如果“非常重要的”这一组没有 10 张，就从“重要的”那一组挑选牌补齐 10 张，这 10 张牌上的内容就是他的价值观体系。然后请来访者针对每个价值观列出尽可能多的可以付诸实践的行为，写在纸上，这就是他的“价值行为库”（表 10－2）。比如针对身体健康这一价值观，可以列出的行为有：游泳、散步、跑步、踢足球、打篮球、打羽毛球、打网球、打乒乓球、打保龄球、打高尔夫球、徒步、爬山、仰卧起坐、俯卧撑、平板支撑、深蹲、举哑铃、登山、徒步、骑自行车、早睡早起、健康饮食、气功、太极、武术等。在自己认为最重要的 10 个主题后面都列出可实施的行为，写在纸上。然后按照价值观实践程度量表（表 10－1）进行评估，看看有哪些行为是需要增加的。这个量表可以随身携带，或者存在手机里，想实施强迫行为的时候就打开看一看，从“需要增加的行为”里选一个来替换强迫行为，这个过程就是行为选择。体悟疗法的基本原则“看清想法、选择行为、经历情绪”中的选择行为就是这样操作的。为什么我们强调要把这些可选择的符合价值观的行为写在纸上？因为处于强迫状态时，很难想到除强迫行为之外还可以做些什么，不是不想选择符合价值观的行为，而是在强烈的情绪影响下很难想到这些行为，这时候随身携带的量表和价值行为库就派上了用场。

一个行为可以同时为几个不同的价值观服务，比如学习这一行为，可以是为了提升自我，可以是为了晋升机会，可以是为了工作养家糊口，也可以是为了国家在某一领域达到国际水平……学习这一行为可以同时服务于个人、家庭、社会层面的价值观。

搭建价值行为库（表 10 - 2）之后，落实到实际生活中去。咨询师和来访者一起探讨完成价值行为实践计划表（表 10 - 3），类似学生的课程表，重要的课程每周安排的课时多一些，不那么重要的课程每周的课时安排少一些。同样，这个价值行为实践计划表需要参照价值观的重要程度排序，符合重要价值观的行为要安排得多一些，尽量使价值观实践程度量表（表 10 - 1）里符合价值观的行为投入程度评分接近价值观的重要程度评分。讨论这个表格时要综合考虑现实生活中的各种条件和限制，预留机动时间，以保证执行。

表 10 - 2　价值行为库

价值观	可选择实施的行为
健康、兴趣	跑步、骑自行车、游泳、踢足球、打篮球、打排球、打乒乓球、打羽毛球、打网球、打保龄球、打高尔夫球、打桌球、力量训练、打太极拳、练武术、练瑜伽、徒步、散步、冲浪、攀岩、滑雪、跳伞……
灵性成长	气功、正念、禅修、去教堂、去寺庙、去道观
休闲娱乐	做个美容或理个发、参观博物馆或美术馆、唱歌、玩乐器、书法、绘画、茶道、插花、写诗、写歌、听音乐、看电影、看电视、看喜剧片、看小品、听相声、看搞笑视频、玩游戏、聊天、浏览喜欢的网站、跳舞……
承担家务	扫地、拖地、清理房间、整理杂物、洗衣服、买菜、洗菜、做饭、洗碗……
家庭关系	陪家人散步、陪家人逛街、陪家人看电影、陪家人外出、给家人买礼物、陪家人看电视、和家人聊天、陪孩子做游戏、给孩子讲故事……
自我成长	学习外语、开始学习一门新知识、学习新技能、参加读书会、参加当地的社团、参加俱乐部……

续表

价值观	可选择实施的行为
社会公益	参加志愿者团体、参加公益组织、去孤儿院、去养老院、献血、支教、资助贫困儿童上学、捐衣服或书籍……
贡献	写博客或在朋友圈传递有意义的观点和思想……

3. 价值行为实践计划表

表 10－3　价值行为实践计划表

时间		周一	周二	周三	周四	周五	周六	周日
上午	07:00							
	08:00							
	09:00							
	10:00							
	11:00							
下午	12:00							
	13:00							
	14:00							
	15:00							
	16:00							
	17:00							
晚上	18:00							
	19:00							
	20:00							
	21:00							

第 11 章 体悟疗法的咨询设置

一、咨询目标

根据体悟疗法提出的心理免疫力模型，其咨询目标并不直接指向症状和痛苦的减少，而是提高个体的心理免疫力。只要心理免疫力得到了提高，那么症状和痛苦自然会减少。

体悟疗法认为心理免疫力由九种能力构成，咨询的目标是有针对性地提高其中较为薄弱的（评估低于 4 分）能力。首次整体评估得出的分数不一定能准确反应来访者的真实情况，需要根据症状表现、进步中的障碍等继续进行有针对性的评估，并据此培养和提高相应的能力。对九种能力的跟踪评估是体悟疗法的指南针。为咨询工作指明前进的方向和着力点。

比如某位来访者首次评估时，“看清想法”的能力评为 5 分，即“认为自己的想法可能不是真的，不是很有必要去思考和担心”。咨询过程中却发现，在无法停止强迫行为时，问及具体原因，他说在那个时候就认为“自己的想法非常有可能是真的，很有必要担心和思考”，那么此时他看清想法的能力实际上只有 2 分。看清想法的能力和情绪是互相影响的，情绪强烈时看清想法的能力会降低，心情平静时看清想法的能力会提高。对这位来访者的工作方向之一，就是提高其在强迫状态时看清想法的能力。

另一位来访者初始评估时，“看清想法”的能力是 5 分。咨询过程中无法停止强迫行为时，问及是不是相信想法是真的了，他说不是，还是认为“想法可能不是真的，不是很有必要去思考和担心”（还是 5 分）。之所以无法停止强迫行为是因为感到太焦虑了，需要通过强迫行为来缓解。最初他“愿意经历”的能力评分是 4 分，但实际上真正陷入强迫症状时，他的愿意经历的能力却只有 1 分（完全不愿意经历）。因此，对这位来访者工作的方向之一，就是提高其愿意经历的能力。

在九种能力之中，第一种能力是前提和基础。当某一种能力的提高遇到困难或障碍时，只要第一种能力“意愿和决心”足够高，我们就可以通过提高其他的能力来帮助来访者。比如前面提到的那位来访者，他看清想法的能力只有 2 分，并且通过咨询和练习没有得到有效提高，他仍然认为自己的想法很可能是真的。这时咨询师需要全面看待九种能力，灵活选择其他可以提高的能力，只要他想改变的意愿和决心足够，我们暂时可以不把提高看清想法的能力作为工作目标，而是和来访者一起探讨其他需要提高的能力，比如“持续践行价值观的能力”。可以和来访者讨论：目前，你仍然相信你的想法很可能是真的，那么相信这个想法是真的并且以此来指导你的行为，是否可以帮你过上想要的生活呢？如果不能帮助你过上符合你价值观的生活，那么就算这个想法很可能是真的，我们也不应做出顺应它的行动，而应该去选择那些符合你价值观的行为。如果可以做到这一点，虽然看清想法的能力没有如愿提高，但他的强迫症状仍然可以得到有效缓解。同样，如果某位来访者愿意经历的能力提高遇到困难时，转而提高“专注当下”的能力也会有效果的。

在九种能力之中，看清想法的能力和愿意经历的能力对应二阶段理论假设中的“想法认同”和“情绪驱动”，是最需要重视的两种能力。只有当这两种能力的提高确实遇到困难无法解决时，才把重点转向其他的能力，因为其他的能力也都有助于在想法认同和情绪驱动上有所突破。

在第 8 章我们讲到，能知自我的功能异常和对核心自我的过度僵化保护是心理障碍的成因，也讲了心理免疫力低下是心理障碍的成因，实际上它们说的是同一件事。第二种到第八种能力的低下就是能知自我功能异常的表现，而第九种能力的低下会体现于对核心自我的过度僵化保护。所以提高心理免疫力的九种能力就是在纠正能知自我功能异常和对核心自我的过度僵化保护。

二、咨询原则

体悟疗法咨询的原则可以归纳为三句话：看清想法、选择行为、经历情绪。

看清想法指的是体悟到想法不等于事实；选择行为指的是选择符合价值观的行为；经历情绪指的是经历恐惧、焦虑等情绪。想法是以概念为基础，按照语法规则组织起来的语句，强迫症的第一个问题就是把想法当成了事实，即想法认同。看清想法就是破除想法认同，看清楚强迫观念仅仅是想法而非事实。

看清楚了想法的实质，就可以选择是否用通过行为对想法做出回应，所以接下来就是选择行为，去做那些能够帮助自己过上理想生活的行为、符合自身价值观的行为，而不去实施强迫行为。强迫行为是对强迫观念的响应，既然强迫观念不是事实，那就不需要用行动响应。

咨询师要和来访者一起工作，帮助来访者过上他想过的生活，但不是让来访者过上咨询师认为的“正确的”生活。咨询师的任务是和来访者一起探讨不同选择会带来的后果，包括短期的和长远的影响。之后，将选择的权力交给来访者自己。

强迫行为是受情绪驱动的，其目的是缓解强迫观念带来的焦虑情绪，如果来访者选择了符合价值观的行为而没有选择去做强迫行为，那么焦虑情绪就会持续一段时间，这时来访者需要“愿意去经历这些情绪”。

看清想法、选择行为和经历情绪这三者并不是割裂的，而是一个有机整体，其中最重要的是选择行为，正是行为决定了生命的意义！

三、要体悟到的真相

让来访者产生变化的是他们自身的体悟，那么体悟疗法要体悟到的是什么呢？概括地说，要求来访者体悟到三个真相：想法不等于事实，焦虑不等于危险，自我是一个进程。

“想法不等于事实”是针对想法认同，“焦虑不等于危险”是针对情绪驱动，“自我是一个进程”是针对核心自我。体悟到前两点，症状层面的问题可以得到缓解甚至消失，体悟到第三点则有助于防止强迫症复发。

四、咨询设置

体悟疗法的咨询设置模式为“1＋5＋X＋2”。第一次为摄入性会谈，接下来的五次是心理教育和正念练习，X是行为训练（次数根据具体情况而定），最后两次是巩固和防复发。

1. 摄入性会谈

摄入性会谈的主要任务是信息收集和疗法介绍，在这个过程中建立咨询联盟并注入希望。这部分工作除了收集基本的人口学统计资料之外，主要围绕强迫症状展开。摄入性会谈中，咨询师头脑里应该有三张地形图，第一张是关于咨询结构和顺序的地形图（图 11－1），第二张是关于强迫症表现类型的地形图（图 11－2），第三张是关于不同类型的强迫症具体信息的地形图（图 11－3）。

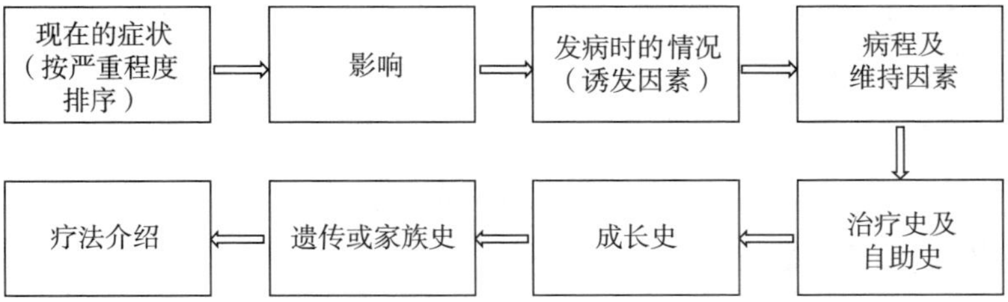

图 11－1　关于咨询结构和顺序的地形图

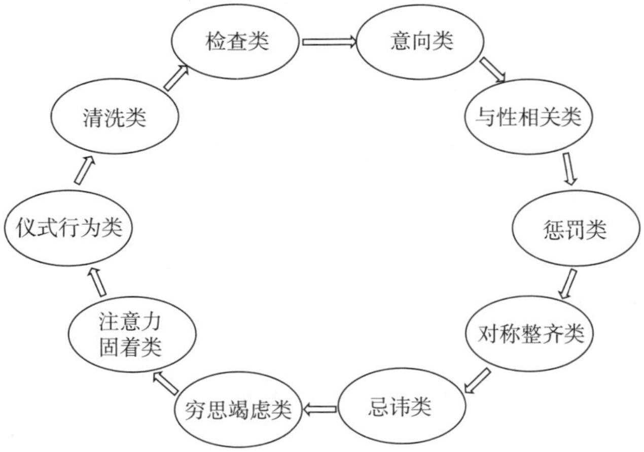

图 11－2　关于强迫症表现类型的地形图

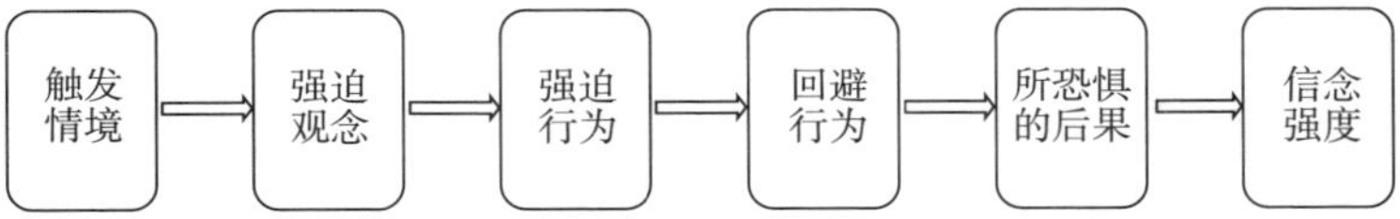

图 11－3　关于不同类型的强迫症具体信息的地形图

第一张地形图用于指导咨询的顺序以及具体需要了解的内容。走进咨询室的强迫症个体，大都已经有几年的病程了，如果从头说起可能需要很多的时间，强迫症的症状也会不断泛化和变化，也许最开始的症状已经消失了，现在来求助的症状和最初的症状有很大的差别。来访者之所以会在此时走进咨询室，一定是和现在的症状有关，所以摄入性会谈一般是从现在的症状问起。询问现在的症状时，咨询师脑子里要想着第二张地形图，这张地形图没有起点也没有固定的顺序。

每一类型的强迫症都可能包含着十几种甚至几十种具体的症状，比如清洗类强迫症可能怕垃圾桶、门把手、地面、公共交通工具、公共厕所、医院、痰、清洁工，等等；检查类强迫症里可能检查门窗、煤气、水龙头、电源、口袋、电脑程序、签名，等等。摄入性会谈不需要都了解得非常详细，但需要有一个全面的、清晰的轮廓。比如，来访者谈的都是觉得什么脏需要清洗，这时咨询师的头脑里应该明确这是清洗类的症状，然后进行一个小结。当咨询师确认这位来访者还有检查类的症状，小结后就要转入对其他类型症状的询问。在对每一类型症状的询问中，咨询师的头脑里要记着第三张地形图。对每一个症状都需要了解其触发情境、强迫观念、对强迫观念的相信程度、强迫行为、具体的需要耗费的时间及频率、有哪些场景或事情是因为强迫症而恐惧回避的、恐惧的是什么，用认知行为疗法里的箭头向下技术可以了解到其恐惧的后果是什么，该后果是以后做暴露练习时要针对的。

对现状勾出了全面、清晰的轮廓之后，需要了解现在这些症状对来访者的影响，包括对学业的、工作的、家庭关系的、人际关系的、自尊的，等等。然后转入对最初发病时情况的了解，有些人可以清楚地记得最初发病时的情况，比如升学、考试失利、人际矛盾等；有些人是缓慢起病的，没有具体、明确的诱发因素。然后顺势开始了解从最初发病到现在的整个过程中，有哪些因素在起作用，有哪些重要他人和生活事件的影响，以及在什么情况下病情会有所缓解。在这个过程中，也需要了解来访者曾经接受过哪些治疗和咨询，以及自助的经历，关注其中有效果的部分。接着，了解其成长史以及特殊的社会生活事件，这有利于理解其核心自我及其形成。了解其家庭成员是否有心理方面的问题，可以扩展到两系三代。

自杀评估是必要的。有文献指出：在自杀人群中，强迫症占比 2%。咨询师应掌握专业的自杀评估程序，并在首次咨询时评估来访者的自杀风险。如果自杀风险比较高，咨询师本身又没有接受过正规的自杀干预培训的话，则需要进行转介。即使没有自杀风险或者自杀风险不高，在以后的咨询工作中也需要对自杀风险保持高度敏感。

把来访者的信息收集得相对全面可能需要几个小时的时间。如果摄入性会谈有时间限制的话，我们暂时不必把所有信息都收集到，后面通过症状识别记录表可以获得更全面的信息。摄入性会谈的基本要求是对来访者现在的问题形成清晰的图景，对来访者每个类型的症状的了解都需要能清楚地回答第三张地形图里的内容。

摄入性会谈要留出一定的时间进行疗法的介绍，这也是来访者最关心的部分："我为什么这样以及怎样才能好转。"用来访者现在最关心的症状进行案例概念化（见本书第 6 章），用来访者能听懂的语言讲解想法认同和情绪驱动，并说明体悟疗法的工作重点就是针对这点的，如果这两个阶段的工作能成功完成，那么强迫症就极有可能好转。

如果摄入性会谈是成功的，那么来访者将愿意尝试进入后面的咨询程序。

2. 第一次咨询

前五次咨询的总体设计是：第一次咨询进行整体讨论，接下来的四次分别从想法、情绪、行为、价值观四个方面来讨论。每次咨询都有主题和中心思想，咨询师需要结合来访者的实际情况调整应用。

第一次咨询的主题是"认识强迫症"；中心思想是"一切强迫症都是虚、假、空的或者是明显过度的。所有强迫症都是危害生活的，强迫症说的任何内容都不要听，强迫症让我做的任何事都不要做"。围绕主题和中心思想，以提问和隐喻的方式进行心理教育。总的方向是让来访者从实际生活经验中体会到强迫症对生活的害处远远大于好处，从而愿意放弃强迫行为。这一部分工作也有助于提高来访者的意愿和决心。然后教会来访者从以下五个方面来清晰描述强迫症状：想法、个体和想法的关系、情绪、个体和情绪的关系、行为（包括强迫行为和回避行为），这实际上就是按照体悟疗法的二阶段理论假设来描述强迫症。然后留点时间讲解为什么要进行八段锦的练习，给来访者视频学习资料（用于非咨询时间的自我练习）。最后布置家庭作业，并说明家庭作业的重要性。

曾有一位来访者困扰于清洗类强迫症，他在企业工作，于是我们用"捣乱的小秘书”的隐喻来进行心理教育。假设你是总经理，以前你安排什么事情都是按照自己的想法和企业的需要。比如通知 14：00 开会，你就能准时达到会场，想讲什么或者讨论什么内容都可以根据实际的需要进行。某一天，董事会决定给你安排一位 24 小时的贴身秘书，你不能拒绝。今天还是通知 14：00 开会，你 13：50 离开办公室赶往会场就不会迟到。今天你也是 13：50 起身离开办公室，但这时秘书对你说：“经理，你还是去洗一下手吧，因为你刚才拿了别人送给你的文件。”你说：“没事的，这个用不着洗手。”但秘书说：“我是为你好，万一不干净呢。你又不知道之前都有谁碰过这个文件，洗下手很简单的，你还是洗一下吧。”你觉得秘书说的也没什么不对的，就去洗手了。本来你只是正常地洗一下就可以了，但秘书又对你说：“你还是用洗手液多洗几下吧。”你觉得没有这个必要，可是秘书又说：“我这也是为你着想，洗手液洗得更干净。”于是你用洗手液洗了手，当你觉得已经洗好了可以停下来时，秘书又说：“你再用清水多冲几遍吧，洗手液残留在手上对健康也不利。”你就又多冲洗了几遍。这样你本来能够在 14：00 到达会议室的，结果因为听秘书的话迟到了五分钟。到了会场你刚想坐到椅子上，秘书又说：“这个椅子之前不知道被谁坐过，也不一定干净，你拿纸巾擦一擦再坐吧。”你虽然觉得没有这个必要，但每次秘书都说这是为了你好，并且做这些清洗、擦拭的行为也没什么影响。慢慢地你就越来越听这个秘书的话了，秘书“为你好”的提议也越来越多。

秘书和强迫症有什么关系吗？如果我们的隐喻故事是根据来访者的实际情况编的，来访者都会意识到这个秘书就是他的强迫症。接着，请他给这个秘书起个名字，可以是“捣乱的小秘书”，也可以是“坏朋友”，他本人觉得合适的名字就可以。如果来访者是一个学生，“秘书”可以换成“副班长”，如果来访者是其他类型的强迫症个体，“秘书”说的话要修改成和他们症状相关的内容。

然后和来访者一起探讨自从有了秘书之后他的生活都发生了什么变化。有哪些好的变化、哪些不好的变化，综合起来好处多还是坏处多。不是理智地分析有哪些好处和坏处，而是从来访者真实的生活经验来看，到底获得了哪些好处、带来了哪些坏处。最后进行总结：“所有的强迫症都是危害生活的”。

接下来，一起探讨应该如何对待这个秘书。我们不能开除这个秘书，也不能让这个秘书不说话，因为强迫观念是闯入的，我们没办法在它闯入之前控制它不让它出现。已有研究显示，越是压抑强迫观念其出现的频率就越高。既然不能开除秘书也不能让他闭嘴不说话，那怎么办呢？启发来访者找到不被秘书干扰的办法，比如“不听秘书的”。引导来访者认同并且记住：“秘书说的任何内容都不要听，秘书让我做的任何事都不要做。”听了秘书的话是想法认同，按秘书的要求去做是情绪驱动。

第一次咨询有必要引导来访者区分强迫观念和强迫行为，尤其注意内隐式强迫行为和强迫观念的区分——只要是“自动冒出来的”想法，并且会引起痛苦的就是强迫观念；只要是自己主动决定去做的，并且可以（暂时）缓解痛苦的就是强迫行为。内隐式强迫行为是以思维的形式进行的强迫“行为”，符合强迫行为的两个特点：是自己主动去这么想的，这么想是可以缓解痛苦的。比如在脑子里回忆事情有没有做好，用其他词语或图像替换自己害怕的词语或图像，祈祷、默念一些固定的语句等，这些都属于强迫行为。对待强迫观念和强迫行为的方法是不同的：对强迫观念我们并不去阻止它的出现，而是改变和它的关系，由相信想法到看清楚想法，“知道它，允许它，不管它，随它去”。对待强迫行为，我们要选择用符合价值观的行为进行替代。

第一个家庭作业就是进行八段锦的学习和练习，学会之后每天练习两次并填写体悟练习记录表（表 11 - 1）。练习两天后，听一遍八段锦练习的应用指导语录音。第二个作业是如实记录自己的症状，并填写症状识别记录表 I（表 11 - 2）。最好能在强迫症状出现的当时进行记录，这个记录的过程本身就有治疗作用，要在每次实施强迫行为之前记录表格的前六项信息，然后根据是否实施了强迫行为记录最后一项。如果当时不便记录，也需要自己在头脑里按照表格的内容进行自我问答，之后尽快找机会写到体悟练习记录表中。

表 11 - 1　体悟练习记录表

第　周　练习内容：

日　期	星　期	起始时间 - 结束时间	练习时长

续表

感受（白描式地记录练习过程中实际觉知到的内容，不要写想法、评价、思考和作用。不需要每天写，每周咨询之前记录一次即可）：
体悟（写思考、评价，与生活及症状的联系）：
问题（练习过程中遇到的疑问或困难）：

表 11－2　症状识别记录表 I

时　间	月　日	月　日	月　日	月　日
情境（用一句话描述）				
想法（陈述句）				
是不是强迫症说的				
要不要相信强迫症说的				
强迫症想让我做什么				
要不要听强迫症的，去做危害生活的事情				
结果				

强迫症是危害生活的！强迫症说的任何内容都不要听，强迫症让我做的任何事都不要做！

3. 第二次咨询

干预强迫症首先要关注强迫观念，大约 90% 的强迫症个体都同时具有强迫观念和强迫行为，而强迫行为也和强迫观念有关系。在第一次咨询整体讨论强迫症之后，我们就转入具体内容，搞清楚来访者的强迫观念是什么，以及他和强迫观念的关系是怎样的。所以，第二次咨询主要围绕强迫观念展开，主题是"看清想法"。中心思想是"想法不等于事实""你相信自己是个蘑菇不代表你真的是蘑菇""想法不具备道德评判价值"……不同（表现）类型的强迫症想法所起的作用不同，根据来访者的情况选择一个中心思想，比如某些注意力固着类的强迫症个体，他们相信自己的余光或口水会传染给别人或影响到别人，可以选择"你相信自己是个蘑菇不代表你真的是蘑菇"这一中心思想；对于忌讳类或者某些与性相关类强迫症个体可以选择"想法不具备道德评判价值"这一中心思想。咨询师需要根据面前这位独一无二的来访者设定恰当的中心思想。

这一次咨询涉及的关于想法的理论知识参见本书第 3 章的内容。本次咨询重点是：讨论清楚想法不等于事实，然后关注和想法的关系（二阶段理论假设的"想法认同"、九种能力中的"看清想法的能力"）。可以通过隐喻（蘑菇的隐喻参见本书第 12 章"体悟疗法基本练习"中的"正念觉察想法"）让来访者体悟到想法不等于事实。

如果来访者无法判断他的想法是事实还是自己主观想出来的，那么需要从他的实践经验中来寻找证据。可以通过下面这个"诈骗短信"的隐喻来讨论。

> 某天你收到一条短信："在本店店庆活动中，您的手机号码被抽中一等奖，奖金 10 万元。请尽快联系我们领取奖金。"你按照对方留的联系方式和对方取得了联系，对方告诉你真的中了一等奖，奖金已经准备好了，但是根据国家法律规定，需要缴纳 20% 的个人所得税，所以你需要先支付两万元的税款，然后他们就把奖金汇到你的银行账户里。
>
> 2001 年我买第一部手机后不久就收到了这样的短信，心里很高兴，觉得马上就有钱了。当时我从来没听说过"电信诈骗"这个词，但两万元的个人所得税对我来说是天文数字，所以我很谨慎地拨打了 10086 咨询。工作人员说他们从来没有听说过这个活动，可能是骗人的。我心里还不太愿意相信这是个骗局，又问了好几个同事，他们都说不可信，我才慢慢相信

这是个骗局。

然后询问来访者：如果我再接收到类似的短信该怎么做？需不需要每次都打 10086？需不需要每次都问同事？引导对方得出结论：第一次收到这样的短信时打 10086 和问同事都是正常的。但以后收到同样的短信还继续打客服电话或者问同事就没必要了。接着询问来访者：这和你的强迫症有什么关系？

这个隐喻是让来访者看到他们的行为模式——他们一直在用真实的行为去回应虚假的想法。强迫观念就相当于这个诈骗短信，而强迫症个体每次都上当！在强迫症状初发的时候，他无法分清想法和事实，所以通过强迫行为来反应，但是现在，成千上万次的强迫行为已经告诉他他的想法不是事实，可他仍然在相信想法。

对于害怕传染病的强迫症来访者，这个“诈骗短信”的隐喻并不合适，他们自己的强迫行为并不能证明他们的想法是假的，这时需要通过其他人的经验进行学习。比如，他的家人并没有这样清洗也没有得病，可以通过这个事实来帮助他看到自己的想法不等于事实。

当来访者体悟到想法不等于事实之后，让他给自己的强迫观念找一个合适的标签，可以是第一次咨询时给强迫症起的名字，也可以是其他的标签。比如过度担心、不可能的、虚假空的、追求完美、过度苛刻、胡说八道、胡思乱想，等等。找到标签后，让来访者体会一下，看看是否合适。如果标签合适，他给自己的强迫观念贴上这个标签时，就能够感觉到内心有一种微妙的变化。

如果来访者比较关心“为什么自己会有这种想法而别人不会有”，可以结合来访者的成长史给他讲讲想法的来源。某些来访者需要通过认知技术对其强迫思维进行调整，这部分内容参看《走出强迫症：找回美丽的日子》一书中“当庭审判”章节。

最后用 15 分钟带领来访者做正念觉知呼吸的练习。

作业：正念觉察呼吸练习每天 6 次，每次 15 分钟，每周练习 6 天，并填写体悟练习记录表，两天后听正念觉察呼吸的应用指导录音。每次有症状的时候填写症状识别记录表Ⅱ（表 11－3），填表要求和第一次咨询作业的症状识别记录表Ⅰ（表 11－2）相同。

表 11－3　症状识别记录表Ⅱ

时　间	月　日	月　日	月　日	月　日
情境（用一句话描述）				
想法（陈述句）				
标签				
情绪（0～10）				
强迫症想让我做什么				
要不要听强迫症的去做危害生活的事情				
结果				

4. 第三次咨询

在讨论了想法以及个体与想法的关系之后，第三次咨询转入对情绪的讨论。这是非常关键的部分，很多强迫症个体之所以无法停止强迫行为就是因为情绪的作用。处在焦虑、恐惧情绪中时，他们可能更加相信危险是真实存在的。他们不愿意面对和经历恐惧、焦虑、恶心、痛苦这些负面的情绪，通过实施强迫行为或者回避行为来缓解、避免这些情绪。

第三次咨询的主题是“了解情绪”；中心思想是“焦虑不等于危险，蹲在脑子里的老虎不吃人”。语言的产生使得人类有了相对独立的内部世界，这个内部世界是由想法编织而成，而想法只要求语法规则的正确性而不管是否符合客观现实，对想法的认同使得我们产生各种情绪。杏仁核系统不分辨危险是来源于现实世界还是内部世界，只要接收到危险的信号就会即刻产生情绪反应，为行动做好准备。如果危险来自现实世界，那行动当然是必要的，但当危险来自我们想法编织的内部世界时，就没有必要用现实的行动做出反应。本次咨询有两个问题需要搞清楚：一是要知道焦虑的情绪是确实存在的，但现实中并不存在危险需要我们去应对，即焦虑不等于危险；二是要了解情绪的规律（山形曲线）。前者说明了为什么不需要实施强迫行为和回避行为，后者说明了如果不实施强迫行为和回避行为，焦虑情绪也并不会一直持续。

假设现在你收到“当地公安局”的群发短信：“我市动物园逃出两只老虎，警方正在全力搜寻，请市民注意安全！”当地的电视台、电台中断了其他节目，插播这条紧急消息。这时你一开门，看到有只老虎正蹲在你的家门口。你非常害怕，立刻逃跑、打电话报警、拿起菜刀和老虎搏斗等行为都是正常的。但如果没有任何信息说动物园有老虎跑出来了，你坐在家里突然脑子里想到有只老虎，并且感到非常恐惧，立刻逃跑、打电话报警或者拿把菜刀准备和老虎搏斗，这是有必要的吗？

这个隐喻启发来访者意识到他所感到的恐惧是真实的，但引起恐惧的危险不是真实存在的而是主观臆想的。恐惧和焦虑帮助我们应付真正的危险，但此时并不存在真正的危险，所以不需要通过真实的行为来反应。

如果第二次咨询是成功的，来访者可以明白“有些危险是自己想出来的，不是实际存在的”，但由于记忆和惯性，还是会有恐惧、焦虑，这种情绪与认知和行为之间相互影响，来访者恐惧、焦虑的时候又倾向于相信想法是真的，这时可以用下面的隐喻。

指着来访者前面的一杯水说：“这杯水是我为你倒的，是饮用水，没有毒。你喝这杯水会被毒死吗？”来访者肯定会回答“不会”。继续问他：“如果现在你非常恐惧，认为这杯水有毒，在这种状态下你喝了这杯水会被毒死吗？”对方也会回答：“不会的。”接着问他：“这和你的强迫症有什么联系吗？”

这个隐喻的目的是得出下面的结论：“事实不会随着你的情绪而改变！”强迫症和其他的心理问题有些不同，一般在咨询室里没有引发强迫的刺激的话，他的情绪都是相对平静的。这时比较容易看清楚“想法不等于事实”，也能够明白“焦虑不代表真的有危险”。这时他看到的是事实，这个事实不会因为他处在强迫的焦虑中而发生变化。让来访者把这句话记在卡片上或者手机里，下次感到焦虑的时候拿出来看。

强迫无法改善还有一个原因：个体认为如果不实施强迫行为，他的恐惧、焦虑就会一直持续甚至越来越严重，直至发疯、崩溃。这时需要给他们讲清楚情绪的规律（见本书第 2 章中的“山形曲线”）。最好能在他的实际经验中找到一次例外情况，比如某次由于某种原因他无法实施强迫行为，之后情绪也慢慢缓解了，没有崩溃。让他从这个经验中体悟到情绪的规律。

最后用 15 分钟带领来访者一起练习正念觉察想法。

作业：正念觉察想法的练习，每天三次，每次 20 分钟，每周练习 6 天，填写体悟练习记录表（表 11－1）。两天后听正念觉察想法的应用指导录音。每次出现症状的时候填写症状识别记录表Ⅱ（表 11－3）。

5. 第四次咨询

第四次咨询的主题是“选择行为”；中心思想是“你不可能往东走却抵达西方”“你不可能一边挖坑一边从坑里爬出来”。

虽然在前面的咨询中，已经充分体验到强迫行为是不必要的，但事实上要放弃并不容易，因为强迫行为一直受到强化。本次咨询需要来访者了解“负强化”概念（见本书第 5 章），强迫行为是强迫症最主要的维持因素，强迫行为的减少是强迫症咨询的目标之一。如果把强迫症比喻成一个坑，那么咨询的目标就是帮助来访者从坑里爬出来，而强迫行为就相当于不断地挖坑，只要继续实施强迫行为，坑就会越挖越深。本次咨询需要使来访者体悟到强迫行为就是“挖坑行为”，想治好强迫症就得慢慢停止挖坑行为。有时我们也会使用“吸烟”的隐喻，道理是一样的，吸烟的行为是烟瘾不断增加的原因，没有人可以一边吸烟一边成功戒烟。然后使用强迫行为利弊分析表（表 11－4），来帮助来访者看到长远的利益，从而愿意放弃“挖坑行为”。

表 11－4　强迫行为利弊分析表

好处	坏处
好处：　%；　坏处：　%	

我们针对来访者的强迫行为让其详细列出有哪些好处、哪些坏处。一开始他们往往会很理智地回答“没有什么好处，都是坏处”。此时是在用理智说话而没有关照身体的体会，强迫行为的好处一定存在，如果没有这种好处的持续强化，强迫行为就不会一直持续。一般来说，强迫行为带来的好处是焦虑的缓解，可以专心做事情，或者“预防”了某种危险等。意识到这一点之后，请来访者尽可能列举强迫行为的坏处，比如强迫症无法好转、情绪低落、家庭矛盾、低自尊、不能胜任工作、社交受影响、目标无法达成甚至生活不能自理，等等。假设好处和坏处加起来是 100%，分别评估好处和坏处的占比。这样做的目的是让来访者通过自己的实际经验体会到强迫行为的坏处远远大于好处，这样他才能有所触动。

如果列出来的好处比较多，就需要探查这些好处是否是真实的，比如，“预防了某种危险”这个好处其实是不存在的。和来访者一起讨论现实中的例子，比如讨论他身边的人没有实施强迫行为同样也获得了“预防了某种危险”这个好处，还可以讨论他们的强迫行为和预防危险之间的逻辑关系，或者讨论什么样的预防危险的行为是适度的，接下来用同样的方式对停止强迫行为进行利弊分析。这部分工作也可以提高其放弃强迫行为的意愿和决心。通过一个隐喻让来访者看到停止强迫行为之后会遇到什么情况，从而做好心理上的准备。

> 你带着一个两岁的孩子去超市，孩子看见棒棒糖，想买。你认为棒棒糖对健康不利所以不同意买，于是孩子哭了，哭啊哭啊，哭到五分钟，你受不了，给他买了棒棒糖，他就不哭了。下次去超市孩子还要买棒棒糖，你不同意买他还哭，哭了五分钟你又给他买了，他就不哭了。再去超市还是这样，每次都是你不买他就哭，哭到五分钟你就给他买了，然后他就不哭了。后来孩子牙疼去看牙医，医生说现在情况还不是很严重，但如果继续吃糖就会有麻烦了，你当即决定再也不给他买棒棒糖了。后来你们又去超市，孩子还是想买棒棒糖，你和他讲医生的警告，但这对两岁的孩子没有用，他还是要买。你拒绝了，他还是哭，哭到五分钟了，之前这个时候你都会给他买的，这次你下定决心不让步，想想这个孩子会怎么样呢?

引导来访者认识到这个孩子会哭得更厉害，满地打滚地哭。继续问来访者：“就让孩子这样满地打滚地哭，你只是静静站在那里看着，到最后会怎么样呢?”来访者能够判断，最后这个孩子总会停止哭闹。继续问来访者：“那下次再去超市，孩子还是要买棒棒糖，你不给他买会怎么样呢？再下一次呢？再再下一次呢?”引导来访者认识到孩子哭的时长和剧烈程度会慢慢下降，慢慢地，他不再要求买棒棒糖了。询问来访者：“这和你的强迫症有什么联系呢?”来访者一般都能认识到，强迫症就相当于那个孩子，强迫行为就是给孩子买糖，哭就是焦虑。通过这个隐喻让来访者知道：停止强迫行为时，焦虑会暂时升高，就像第一次超过五分钟还不给孩子买棒棒糖时他哭得比以前更厉害一样，这时你只需要去经历它，焦虑就会按照山形曲线的规律渐渐消退。只要坚持这样做，最终不实施强迫行为你也不会焦虑了。

最后用 15 分钟带领来访者练习正念觉察身体感受。

作业：正念觉察身体感受，每天练习两次，每次 30 分钟，每周练习六天，并填写体悟练习记录表（表 11 –1），两天后开始听正念觉察身体感受的应用指导录音。每次症状出现时，填写症状识别记录表Ⅱ（表 11 –3）。

6. 第五次咨询

上一次咨询主要讨论“不做什么”，这一次的重点是“做什么”，也就是本书第 10 章里讲到的“不要以否定的方式界定价值观”。如果仅仅知道不应该实施强迫行为却不知道该做什么，这是远远不够的，所以本次咨询重点讨论价值观的问题。主题是“践行价值观”；中心思想是“坚定不移地去做那些符合你价值观的行为”。

用扑克牌工具与来访者一起建立价值行为库（表 10 –2），完成价值观实践程度量表（表 10 –1），建议他们把价值行为实践计划表（表 10 –3）贴在家里的醒目位置。想实施强迫行为的时候就拿出价值行为库看看当下有哪些行为是可以去做的，以此来代替强迫行为。

最后用 15 分钟带领来访者练习正念经历情绪。

作业：正念经历情绪，每天练习一次，每次 45 分钟，每周练习 6 天，并填写体悟练习记录表（表 11 –1）。两天后开始听正念经历情绪的应用指导录音，每次症状出现时，填写症状识别记录表Ⅱ（表 11 –3）。

7. 第六次咨询

前面的咨询先从整体上介绍了强迫症，又分别从强迫观念、情绪和行为选择方面进行了讨论，五个基础的正念练习也已经完成，接下来的重点是针对来访者的具体症状进行行为训练。开始行为训练之前，要跟来访者一起，根据家庭作业“症状识别记录表”记录的内容制订行为训练计划，有以下两种方式可以根据来访者本人的意愿来选择。一种方式是把来访者的所有症状按照焦虑等级从低到高排序，然后从中等焦虑程度的项目开始进行练习。另一种方法是根据来访者想要解决的问题的迫切程度进行排序，然后从目前最急切、最有动力去解决的问题开始训练。与来访者一起完成行为训练计划表（表 11 –5）。

表 11 –5　行为训练计划表

	靶症状	练习过程	目标	价值行为
第 7 次				
第 8 次				
第 9 次				
第 10 次				
第 11 次				
第 12 次				
第 13 次				
第 14 次				
第 15 次				
第 16 次				
第 17 次				
第 18 次				
第 19 次				
第 20 次				

比如，一位清洗类的强迫症个体，某次咨询的靶症状是“掉在地上的东西捡起来后要清洗或擦拭”；目标是“捡起来后正常使用，不需要清洗或擦拭”。所有的咨询目标都需要与来访者协商制定，目的是帮助来访者过上“他想要的生活”而不是“我们认为正常的生活”。练习过程是主动把手机放到地上，两面都和地面接触，然后拿起来直接打电话，并用正念经历情绪练习中的方法来处理这个过程中的强迫观念和焦虑情绪。

练习过程以咨询目标为导向，由咨询师引导，并和来访者协商，需要考虑来访者的准备情况和接受程度。如果在被强迫行为打断之前正在进行某项活动，那价值行为就是继续做这项活动。比如正在走路时手机掉地上了，价值行为就是（捡起手机）继续走路。如果在被强迫行为打断之前某项活动已经完成，接下来并没有计划好什么活动，那就从价值行为库里挑选一个现在可以做的活动去做。

练习中，对强迫观念和焦虑情绪都采用“正念经历情绪”的方式进行处理。行为训练计划表完成后，咨询师和来访者各执一份，以后的每次咨询就按照这个表格进行，如果遇到突发情况需要进行优先处理，就对这个计划表进行调整。能够进行现场练习的就尽量选择现场练习，无法进行现场练习的就进行想象练习。必要的时候，也可以在 VR 等技术手段的支持下进行练习。每次咨询后的家庭作业就是自己每天练习本次咨询中练习的项目。

行为训练要和“九种能力”结合在一起。虽然我们已经做了很多工作，但强迫症的好转并不容易，我们需要和来访者一起探查阻碍，此时九种能力评估表（表 9 - 1）就是个有力的工具。来访者无法停止强迫行为时一般都伴随某种能力的欠缺，在行为训练过程中要有针对性地提高其欠缺的能力，并持续跟踪评估。

最后两次咨询的重点是防复发。首先讨论可能导致复发的情况（如压力、应激事件等)，然后教会来访者应用正念练习以及咨询中学到的技能来应对可能遇到的情况。一般来说，在整个咨询过程中，来访者会有几次反复，要从这些经历中总结：“什么是有效的”“做了什么或者没坚持做什么而导致了反复”“做了什么使自己从反复中走了出来”……总结的经验要在复发的时候及时应用。还需要和来访者讨论一个长期的正念练习计划，针对哪些残余问题需要继续进行行为训练。最后和来访者一起回顾他的价值观，讨论如何持续践行价值观。

咨询的过程中，要始终保持灵活。由于个体差异，适用于来访者 A 的方式不一定适合来访者 B，咨询师需要根据具体的来访者、具体的治疗情境，灵活地安排咨询内容和进度，一切都以来访者为中心。比如，我们第 2 次咨询的重点是讨论想法，如果某位来访者不仅是在平静的时候知道自己的强迫观念是不可信的，在强迫状态下也知道其强迫观念是不可信的，也就是说这位来访者看清想法的能力足够好，那么第 2 次咨询就不必以想法的讨论为重点。有些来访者可能会比较急切地想开始行为训练，就不需要等到第 7 次咨询再开始行为训练，完全可以按照来访者的意愿、能力和需要提前进行。

第 12 章　体悟疗法基本练习

正念练习是体悟疗法实操部分的基础练习。咨询产生效果的关键，在于来访者能够有所体悟。使来访者发生体悟的事情可以有很多，而且大部分发生在咨询室之外，比如听了一首歌而有所体悟，看了一部电影而有所体悟，看了一本书而有所体悟，遭遇一场交通事故而有所体悟，养花时有所体悟，健身中有所体悟，等等。这类体悟的发生可遇而不可求，并不是咨询工作可以控制的，但是咨询师可以通过隐喻、正念练习、认知重构、行为实验、行为训练、暴露练习等方式，帮助来访者产生一些体悟。

体悟疗法中，一般在前五次咨询的最后都会预留 15 分钟，带领来访者进行正念练习，并要求来访者回去之后每周练习 6 天，每一项正念练习都要在实操两天后听应用指导录音。每周的练习都按表 12－1 的格式填写记录。

表 12－1　正念练习记录表

日　期		起始时间－结束时间	练习时长
月　日	星期一		
月　日	星期二		
月　日	星期三		
月　日	星期四		
月　日	星期五		
月　日	星期六		
月　日	星期日		
感受（白描式地记录练习中觉知到的内容，不要写联想、评价、思考和作用，每周咨询之前记录一次即可）：			

续表

体悟（写思考、评价，与生活及症状的联系）：
问题（练习过程中遇到的困难或疑问）：

按照下面给出的练习指导语和应用指导来进行正念练习，练习指导语是指导来访者进行实践练习的操作说明；应用指导是指导来访者把实际练习中培养的能力应用于改善强迫症状，引导和启发来访者从练习中获得有针对性的体悟，也可以看作一种心理教育。应用指导里有部分内容出自葛印卡十日内观的晚间开示。在实际咨询过程中，练习指导语（口语化）和应用指导都以音频形式提供给来访者。

一、八段锦觉察动作

1. 练习指导语

（1）两手托天理三焦。

两足分开与肩同宽，松静自然，凝神调息，舌抵上腭，气沉丹田，鼻吸口呼。两手由小腹向前伸臂，手心向下向外画弧，顺势转手向上，双手十指交叉于小腹前；随吸气，缓缓屈肘沿任脉上托，当两臂抬至肩、肘、腕相平时，翻掌上托于头顶，双臂伸直，仰头目视手背，稍停片刻；随呼气，松开交叉的双手，自体侧向下画弧慢慢落于小腹前，仍十指交叉，掌心向上，恢复如起势。稍停片刻，再如前反复六至八次。

操作提示：两手上托时采用逆腹式呼吸法。当两臂沿任脉上托至与肩相平时不要耸肩，手臂至头顶上方时稍用力上托，使三焦得以牵拉。

该势主要是四肢和躯干的伸展运动，使手臂、颈、肩背、腰等部位的肌肉、骨骼、韧带得到调理，对颈椎病、肩周炎、腰背痛等有一定的防治作用。手臂上举时配合吸气，可增大膈肌、肋间肌的运动，加大呼吸深度，使更多的富氧血液供给大脑，让大脑更清醒，解除疲劳。此外，该式采用逆腹式呼吸法，腹壁的起伏对腹腔的内脏起到充分的按摩作用，促进腹腔、盆腔内脏的血液循环。

（2）左右开弓似射雕。

松静站立同前，左足向左横跨一步，屈膝成马步站桩，两膝做内扣劲，两足做下蹬劲，臀髋呈下坐劲，如骑马背上，两手空握拳，屈肘放于两侧髋部，距髋约一拳；随吸气，两手向前抬起平胸，左臂弯曲为弓手，向左拉至极点，开弓如满月，同时右手向右伸出为箭手，手指作剑诀，顺势转头向右，通过剑指凝视远方，意如弓箭伺机待发，稍停片刻；随呼气将两腿伸直，顺势将两手向下画弧，收回于胸前，再向上、向两侧画弧缓缓下落两髋外侧，同时收回左腿，还原为站式；再换右足向右横跨，重复如上动作，如此左右交替六至八次。

操作提示：两臂自体侧抬起平胸时，身体易出现前后晃动和耸肩，纠正方法是两足抓地，气沉丹田，沉肩坠肘。

练习此势重点是颈椎、胸椎和腰椎的左右旋转运动，可改善相应部位的血液循环，特别是头部的血液循环，同时对心肺进行有节律的按摩，增强心肺功能；再加上伸臂、扩胸、转颈，使肩臂、颈部和胸肋部的肌肉、骨骼、韧带得到锻炼和加强。

（3）调理脾胃须单举。

松静站立同前，两臂下垂，掌心下按，手指向前，成下按式站桩。两手同时向前、向内画弧，顺势翻掌向上，指尖相对，在小腹前如提抱式站桩，随吸气，翻掌，掌心向下，左手自左前方缓缓上举，手心上托，指尖向右，至头上左方将臂伸直，同时右手下按，手心向下，指尖向前，上下两手做争力劲。稍停片刻，随呼气，左手自左上方缓缓下落，右手顺势向上，双手翻掌，手心向上，相接于小腹前，如起势。如此左右交换，反复做六至八次。

操作提示：两臂上下争力时易出现上下用力不均、躯干倾斜等现象，操作时用力量保持立身中正。

此势主要作用在中焦，由于两臂交替上举下按，上下对拔争力，使两侧的肌肉和肝、胆、脾、胃等脏器受到牵引，促进胃肠的蠕动，改善消化功能。

（4）五劳七伤往后瞧。

松静站立同前，先将左手劳宫穴贴在小腹下丹田处，右手贴左手背上，配合顺腹式呼吸，吸气至小腹充满；随呼气，转头向左肩背后望，想象内视左足心涌泉穴，以意领气至左足心。稍停片刻，再吸气，同时将头转向正面，以意领气，从足心经大腿后面上升到尾间，再到命门穴；随呼气，再转头向右肩背后望去，如此交替六至八次。

操作提示：头向左右转动时幅度要一致，与肩齐平，避免脊柱跟着转动。

此势能使整个脊柱、两大腿，乃至全身均得到运动，有助于改善神经系统功能，消除疲劳，使脏腑气血得以调整，可用于防治高血压、颈椎病、眼病。

（5）摇头摆尾去心火。

松静站立同前，左足向左横开一步成马步，两手反按膝上部，手指向内，臂肘做外撑劲。呼气，以意领气由下丹田至足心；吸气，同时腰为轴将躯干摇转至左前方，头与左膝呈一垂线，臀部向右下方做撑劲，目视右足尖，右臂绷直，左臂弯曲，以助腰摆。稍停片刻即呼气，如此左右摇摆六至八次。

操作提示：此势操作时易出现躬腰低头太过，转身角度太过或不及。纠正方法为转动角度以头与左右足尖垂直为度，屈膝左右转动幅度一致，大约 90°，腰部要舒展。

练习此势强调入静放松，以解除紧张。该势结合呼气时以意引气由下丹田至足心，并意守涌泉，可引气血下行，以泻心火，使头脑清醒。同时运动腰、颈部的关节，有助于任、督、冲三脉经气的运行，可用于防治颈椎、腰椎疾病，以及心火亢盛所致的失眠、心烦、心悸等症。

（6）两手攀足固肾腰。

松静站立同前，两腿绷直，两手叉腰，四指向后按肾俞穴。先吸气，同时上身后仰，然后呼气，同时上体前俯，两手顺势沿膀胱经下至足跟，再向前攀足尖，意守涌泉穴。稍停后，随吸气缓缓直腰，手提至腰两侧叉腰，以意引气至腰，意守命门穴。如此反复六至八次。

操作提示：操作此势时易出现身体后仰太过、弯腰屈膝现象。纠正方法是身体后仰以保持平衡稳固为度，上体前俯时两膝伸直，向下弯腰要量力而行。

此势的动作重点在腰部，腰为肾之府，长期运动腰部可起到和带脉、通任督的作用，具有强肾、醒脑、明目的功效。患有高血压、脑血管硬化者，操作时头不可过低。

（7）攒拳怒目增气力。

松静站立如前，吸气左足横出变马步，两手提至腰间半握拳，拳心向上，两拳相距三拳左右，屈肘，意守丹田或命门穴；随呼气，将左拳向左前击出，顺势头稍向左转，怒目圆睁过左拳视远方，右拳同时向后拉，使左右臂争力。稍停片刻，两拳同时收回原位，松开虚拳，向上弧经两侧缓缓下落，收回左足还原为站式。如此左右交替六至八次。

操作提示：操作此势时易出现耸肩、塌腰、闭目等现象。纠正方法是松腰沉胯，沉肩坠肘，气沉丹田，脊柱正直，怒目圆睁。

该势主要运动四肢、腰和眼部肌肉，能增强肺气，增加肌力，具有强筋健骨之功。

（8）背后七颠百病消。

松静站立如前，膝直足开，两臂自然下垂，肘臂稍外做撑，意守丹田，随吸气，平掌下按，足跟上提；同时，意念头向上虚顶，气贴于背，随呼气，足跟下落着地，手掌下垂，全身放松。如此反复六至八次。

操作提示：足跟提起时注意保持身体平衡，十个脚趾稍分开着地。百会上顶，两手下按，使脊柱尽量得以拔伸。患有脊柱病变者足跟下落要轻，不可用力过重。

此势两脚跟有节律地弹性起落，通过震动，使椎骨关节、韧带得到锻炼，并使浊气自涌泉排出；同时有利于脑脊液的循环和脊神经功能的增强，防治椎体病变。①

2. 应用指导

八段锦的练习有益身心，很高兴你已经踏上了痊愈的康庄大道。

我们这一整套方法叫“体悟疗法”，是指经由身心经验体悟到身心现象和自我的实质，从而改变主体与自身的想法、情绪及躯体感受关系的一套理论和操作技能。操作技能的意思是说，这是一种必须经由实际的练习掌握的技能，就像学习游泳一样，再怎么把动作要点倒背如流，如果你不亲自跳入水中进行练习，是不可能学会游泳的。就算你不学习相关的知识，只要不断地在水中练习，

---

① 刘天君，章文春．中医气功学［M］．北京：中国中医药出版社，2016：103-105．

最终也能够游起来。

体悟疗法也是一样，你必须不断练习，不断练习，不断练习才行！

“身心现象的实质”是指我们的身、心都是遵循自身的规律不断发展变化，自我的实质也是一个变化的过程。强迫症总是希望保持某一方面（健康、财力、名誉）不能变差，所有的强迫行为和回避行为都指向这个目的，而这些强迫行为和回避行为又是明显过度的或者根本没必要的，只能使我们的情绪越来越焦虑痛苦，自尊越来越低，生活越来越窄化、僵化。

在强迫状态下，我们与自身的想法、情绪及躯体感受之间的关系存在问题，我们因为无法看清楚“想法”的本质，而完全听命于想法，我们需要把这种听命于想法的关系改变为“不理会想法、让想法自由来去”。在强迫状态下，我们也是情绪的奴隶，我们在感到害怕、焦虑时就试图通过强迫行为和回避行为来缓解，而实际的症结在于“害怕和焦虑并不等于真的有危险”，我们根本不需要受情绪的驱动去行动。躯体感受也是一样，我们需要的只是去觉知和经历，而非驱赶和消除。所以体悟疗法的原则就是：看清想法，选择行为，经历情绪。看清楚强迫想法的本质；选择去做生命本身所要求的、符合你价值观的行为，而不是强迫行为和回避行为；愿意去经历和体验你的恐惧和焦虑。

体悟练习必须亲身实践，一旦你对身心现象和自我的实质有所体悟了，你的强迫症就可以好转，你的人生也将发生深刻的转变，智慧将使你从烦恼中解脱。所以你要珍惜这次机会，好好用功！

体悟练习教你一种新的生活方式，重点是尽可能地和当下的现实保持接触和联结。你做什么都不重要，重要的是你的心要和你的身体一起做你当下正在做的事情！这就是我们常说的身心合一。而不是你的身体在做一件事情，而你的心却在“做”另外一件事情，这种分裂是烦恼的根源，我们已经习惯于这种身心分离的状态，我们喜欢头脑的思考，哪怕头脑是疯狂的，我们也深陷其中不想自拔，需要一种强有力的感受把我们从头脑的思考中“拉出来”，不再受控于疯狂的大脑，而是安住于现实。八段锦的动作会让我们的身体有明显的拉伸感、紧绷感、酸痛感，这些感受越是明显就越容易把我们从头脑的思考中拉出来。当然八段锦不是唯一的选择，你同样可以选择其他的运动，只要能够把注意力从头脑里拉出来就行。练习八段锦时，尽可能地觉知每个动作带来的身体感受：拉伸的感受、紧绷的感受、沉重的感受、麻的感受、酸的感受、痛的感受、松弛的感受，等等。尽可能地让你的心始终和这些感受在一起。

日常生活中，你的身心常常是分离的。你的心总是东想西想，在计划、白日梦、回忆、对未来的憧憬中流转。这是心的习性，它不想停留在当下，它不想和身体待在一起。晚上，你的身体已经躺在了床上，你的心却还在想着白天发生的事或者明天要做的事；早上身体在洗脸，心却不在洗脸，在想着一会儿上班的路上会堵车；身体已经在车上了，心却不在车上，在想着一会儿要处理的工作；身体坐在办公桌前开始工作了，心却想着下班后的聚会……就这样，你的心永远没有和身体待在一起，永远都在错过当下，错过了当下也就错过了生命。

《大学》里的“心不在焉，视而不见，听而不闻，食而不知其味”、《中庸》里的“人莫不饮食也，鲜能知味也”说的都是这种身心分离的状态。现在让你把心放在身体感受上，身体感受只能是当下的感受，你无法觉知到以前的感受，也无法觉知到接下来的感受，你把心放在身体感受上，你的心就活在当下了，心一旦活在了当下，所有的强迫症也就失去了立足之地。因为强迫症游走于不确定的过去和可怕的未来之间，在当下没有立足之地。

你的心已经习惯了东奔西走，事实上，你平时想的那些事情大部分都是没有建设性的，没有逻辑可言，没有深度也没有创意。回忆一下你曾经花几天或者几周的时间为之烦恼的问题，你会发现你今天所想和你昨天所想的并没有太大的差别，你明天想的和今天想的相比也没有什么进展，都是翻来覆去地在一个层面绕圈子。当你变得能觉知你的想法时，会对你内在所进行着的一切感到吃惊，如果你用十分钟的时间把头脑里闪现的每一个想法如实记录下来，就会看到一个“发疯的”大脑！天马行空，离散而混乱。

因为你以前并没有觉知想法，从来没有意识到不停涌动的想法有什么不对，你不知道你所有烦恼的根源都在于这颗忙乱的心，也不会想要训练你的心，让它在该想的时候想，不该想的时候就休息。体悟练习的过程就是训练心的过程，一旦你驯服了你的心，你的强迫症就好了，你的生命也将发生深刻的转变。而这种转变的第一步就是你的心可以离开你的头脑，八段锦的练习就是在培养和提高你离开头脑的能力、离开想法的能力！

人类大多数的烦恼都来源于头脑，我们这颗进化了上百万年的头脑太会怀疑，太会思考，太会推理，太会联系了。而你对大脑里发生的这一切又没有清晰的认知，你并不了解头脑里来来去去的想法并不等同于事实，你认同了大脑里所有的想法，活在了大脑里而没有活在现实中，把你的精力和实际行动都用来应对头脑里的担心和问题，而没有用于应对现实生活中需要你做的事情。练习八段锦就是在训练你不断地从大脑里跳出来的能力，培养你离开想法的能力。

每当你发现自己又陷入了大脑的想法中，你就简单地知道一下，然后再把注意力拉回到身体感受上。成百上千次，成千上万次，成万上亿次地这么做，你离开想法的能力就一次次地得到了锻炼和提高。而当你能够不再受困于头脑，全然活在当下的时候，你就彻底解脱了。

体悟练习不是用头脑去解决头脑里的问题，而是离开这些没必要、没意义的问题。因为这些问题都是虚、假、空的，根本不需要去解决，你只需要不断地从头脑里的这些问题里跳出来就足够了，这是最简单最有效的方法。强迫症就是一部你的头脑自编自导自演的恐怖电影，你作为唯一的观众深陷其中，把电影中的情节等同于现实的生活。你需要从这部恐怖电影中跳出来，八段锦的练习就是通过身体感受帮助你从头脑里“跳出来”。

从头脑里跳出来需要一个前提：要有跳出来的意愿和决心。如果你还是想在头脑里解决强迫式的担心，分析它、思考它、辩驳它，那你就会继续纠缠其中。就像两个人在下棋，A 挪动了一个棋子，B 一定会根据这步棋相应挪动一个棋子，然后 A 又根据 B 的动作继续有针对性地走棋，正如你头脑里一方说这个可能有危险，另一方说应该没危险，一方就会说那万一有危险呢，另一方就会说万一是小概率事件呢，不太可能发生，一方就会说小概率事件也是有可能性的啊……如此持续下去直到有一方彻底输掉棋局。但下一局棋过不了多久又会开始，你和强迫症就是对弈的两个棋手，如果一局棋强迫症最终赢了，那你将陷入更深的恐惧和焦虑中，需要立刻开始新一轮的棋局；如果你幸运地赢了一盘棋，也就是你成功地说服了自己，让自己相信“强迫症的想法是不可能的或不可怕的”，这时你的恐惧和焦虑得以缓解，但过不了多久当你又遇到引发强迫症状的情境时，就不得不又开始下棋，所以这是一个无限循环。你必须从你的经验中体悟到这一点，才能有意愿和决心放弃下棋，从你的头脑里跳出来，回到现实生活的轨道上来。八段锦正是这样一个可以帮助你离开棋局、离开想法的工具，你需要频繁而有规律地练习！

体悟疗法强调实际的行动。只有你能解决你自己的问题，你必须用功，没有人能够替你用功！这个方法给你提供清晰的路线图，如果你整天抱着这个地图一遍一遍地看，就是不肯迈出第一步，那么你永远都不会到达目的地。你必须行动，持续地行动不放弃，直到达成目标。

面对强迫症，第一要有合理的预期，第二是如实地觉知，第三是愿意去经历。

合理的预期。强迫袭来时你感到恐惧，这种感受没有人会喜欢，你当然也不想体验，希望它马上消失。你清楚地意识到，在某种情境里强迫症状必然会出现，会提前感到担心，你很熟悉这种预期焦虑。可是，你越是害怕它出现，它就越会出现，你需要明白的是强迫症不会马上离开，在未来的一段时间之内它还会一直伴随着你，但这并不可怕。真正可怕的是你对恐惧没有平等心，你嗔恨和厌恶你的恐惧，因此而回避，这种回避严重影响了你的社会功能。记住，那种恐惧的感受大多是无害的最终也会过去的。它要来就让它来吧，如果它不会马上消失，那就让它与你相伴吧。当你要做什么事情之前又想到将要到来的强迫症状时，试着对自己说："以我现在的状态，出现那些恐惧的感受是正常的，不必担心它们出现，来就来吧，没有什么大不了的。我继续做我该做的事情，那种感受必然会影响到我正在做的事情，影响就影响吧，我尽量去做就够了，慢就慢点吧，效率低就低点吧，能做到什么程度就算什么程度吧，做了总比不做要好点。至于那种恐惧的感受，它愿意什么时候来就什么时候来吧，愿意待多久就待多久吧，愿意什么时候走就什么时候走吧……"

就像在正念对待躯体感受一样，你并不去期待下一刻出现什么样的感受或者不出现什么样的感受，你对下一刻的感受是开放的。抱着这样的心态，慢慢地你就可以多做一些事情了。那些原来因为强迫而不敢做或者不愿意做的事情，也可以慢慢地做起来了。随着你能做的事情慢慢增多，你的生活也就开始慢慢变化，这样你就把原来的恶性循环变成了良性循环。你不会看到立竿见影的效果，甚至在这样做的初期，恐惧还会多一些，因为你原来的回避真的避免了很多恐惧的感受，现在你去面对，恐惧的感受多一些也是很正常的。这是一个良好的开始，只要坚持下去，情况就会慢慢发生变化。

对可能出现的强迫抱有合理的预期，不要担心它的出现，不要想着怎么才能不让它出现，不要去担心出现了怎么办。事先的担心和焦虑，已经使你的交感神经系统处于临界状态或者轻微兴奋状态，注意力范围变得狭窄，更容易捕捉到那些令你恐惧的信息；思维变得不那么灵活，很难从不同的角度来看问题，很难说服自己这些东西是不可能的或者是不可怕的。这时，交感神经系统就会进一步被激活，你就更容易感到被强迫症状侵袭。

相反，如果你没有事先的焦虑，你的交感神经系统处于相对平静的状态，你的注意力正常，可以注意到更多的东西，而不仅仅是注意到那些令你恐惧的东西；即使注意到那些让你恐惧的东西，但由于此时思维还是相对灵活的，可以从不同的角度来看问题，能看到那些更客观、有更大可能性的方面，也能调动你已经学到的一些思考方法和行动方法，这样就更有可能说服自己不必如此紧张。当然，会有很多时候你无法说服自己，但由于你的交感神经系统并没有处于临界状态，即使是和前面相同程度的刺激，对交感神经系统的激活程度也不会像前面那样高。所以这种合理的预期，对强迫症的出现以及你的反应状态都有正向影响。

如实地觉知。合理的预期会使你对强迫症的态度平和一点，焦虑也自然会少一点，但并不会使强迫症状马上消失。强迫再次袭来的时候怎么办呢？这时你需要如实地觉知。以前强迫症一来你就完全地陷入了恐惧，立刻采取行动逃避或者实施强迫行为，还会伴有其他的负面情绪，比如烦躁、愤怒、自责、沮丧等。“这该死的强迫症真是太烦人了，如影随形地折磨着我”，这么一想，烦躁的情绪自然来了。“为什么别人都不这样，我怎么这么倒霉呢”，这么一想就更加愤怒了。自责是因为自己总是控制不住自己，明明知道不必这样，但还是每次都会这样。沮丧是因为看不到尽头，好像永远生活在无边的黑暗里一样……本来你的状态就够糟糕的了，再加上这么多负面的情绪会变得更糟糕，而这更糟糕的状态给强迫症提供了“肆意妄为”的环境。现在是改变一下的时候了，这些负面情绪是由于你没有平等心，不愿意经历当下的一切，此时你并不需要高深的理论，也不需要付出极大的努力，只需要换一种态度：如实地觉知，不升起任何的习性反应。

愿意去经历。交感神经系统的活动会经由两种方式平息，而这两种方式都需要时间，所以你需要愿意去经历。愿意就是你的心态要平和、开放，不要急躁，要放松一些，飘然一点，不去嗔恨和厌恶恐惧的感受。态度的转变对强迫症的好转至关重要，但愿意去经历并不是让你什么都不做。如果你现在没有什么事情做，那就如实地觉知恐惧、焦虑的感受，完整地去经历，而不升起习性反应，就像正念练习中你觉知身体感受那样。如果你有事情做，就继续你正在做的事情或者应该做的事情，如果你在和别人说话，那就继续说话；如果你在看书学习，那就继续看书学习；如果你在工作，那就继续工作；如果你在娱乐，那就继续娱乐……这时不要有太高的要求和期待，你当然会受到影响，在这种状态下你所做的事情不可能和没有恐惧的时候完全一样，思维可能变慢了，效率可能降低了，可能会出现一些小的失误和过错，没关系，这些都是正常的，在你现在的状态所允许的范围内尽力去做就可以了。比如，平时你跑百米都是12 秒，可今天你的脚扭伤了，所以你只能跑 14 秒了，这是很正常的，不要要求自己和没伤的情况下一样跑 12 秒，这是不现实的。

当然，接受扭伤这个事实比接受强迫症要简单得多，正是由于你不能像接受脚伤那样愿意去经历，所以强迫症才会让你如此痛苦和烦恼。你会说强迫症和脚伤不是同一回事。脚伤是没办法改变的，那是客观事实，而强迫症不是事实，都是你自己脑子里想象出来的。脚伤你是控制不了的，但你的想法应该能控制。你可以想想，如果你的主观抵抗真的可以阻挡强迫观念闯入的话，那为什么你一直在努力但是症状还在呢？你真的能控制强迫观念的出现吗？所以你需要觉知并且愿意去经历强迫观念和恐惧的感受，也要愿意去经历它对你效率的和准确度的影响。悠然一点，慢慢来。等待体内激素的消退，等待副交感神经系统帮助恢复平静。你只要愿意去经历，那么这种恐惧和焦虑自然会过去的。如果你真正愿意去经历了，这个过程是不会太久的。

去觉知和愿意经历你的强迫观念以及这些观念引发的恐惧情绪，而不是愿意经历你的逃避行为和强迫行为。这样虽然不会使恐惧的情绪马上消失，但它避免了“恐惧－害怕恐惧－更加恐惧”的恶性循环。“我已经觉知了，已经愿意经历了，怎么还是恐惧呢”这个疑问说明你还没有平等心，真正的愿意经历是没有时间限制的，要一直愿意经历下去。告诉自己：“它愿意持续多久就持续多久吧，愿意什么时候走就什么时候走吧。这些是由自主神经系统控制的，不受我主观意识的控制。不管它了，随它去吧。”你只是愿意去经历，而不是通过“愿意去经历”来改变你的感受。不要想着“我经历五分钟强迫就能好”，也不要抱怨“我已经愿意经历两个星期了怎么还是这样呢”。就算你不愿意经历它，它也不会因此而离开。对于无法改变的事物，愿意去经历是一种智慧。

如果你是一棵树，那强迫症就是一阵风。树站在大地上，必然经历风吹雨打，生活中的学业压力、工作压力、人际冲突、家庭矛盾、病痛等，这些烦恼就像风霜雪雨会光临大树一样时不时地来打扰你。树站在那里，风还没有吹来的时候，就好好地享受此时此刻，不要去担心下一次的风会在什么时候吹来，它爱什么时候吹来就什么时候吹来吧，等它吹来的时候再说。这就是合理的预期。

风真的吹来时，树叶会哗哗作响，风大的时候树干都会跟着晃动。这种哗哗作响就相当于你的恐惧，当风吹来的时候这种反应是自然的，也是必然的，不必理会。不管是哪种强迫，都只不过是东南西北风而已，你只是去觉知风，而不升起任何习性反应，这就是如实地觉知了。

树叶响就让它响吧，就让恐惧掠过你身体的每个角落、每个细胞。面对它，经历它，接纳它，观察它，觉知它。风终会过去，恐惧也终会过去，对此你什么都不要做，静静地经历这阵风，等它吹过去，树叶自然就不会响了，这就是愿意去经历了。

在春天播种的时候，别人播下西瓜的种子，你播下苦瓜的种子；秋天到了，别人吃着甜甜的西瓜，而你只有苦瓜。你不想吃苦瓜，于是在苦瓜的前面摆上了香案，供上了水果和猪头，双眼含着泪对苦瓜说："我不要苦瓜，我要西瓜，求求你变成西瓜吧。"苦瓜没有变，于是你去求佛，去求上帝，去求全能神，跪在他们面前，虔诚地求他们帮你把苦瓜变成西瓜。神并没有这么做，只是告诉你按照自然规律和法则去生活……

现在的你，正处在春季播种的时期，现在播下什么种子，秋天就会收获什么样的果实。现在按照体悟疗法的要求，不断精进地用功，就是在播种西瓜的种子，就会获得你想要的结果。如果你只是应付了事，或者充满怀疑而不专心用功，那么你就是在播种苦瓜的种子。

努力精进！

二、正念觉察呼吸

1. 练习指导语

选一个舒服的位置，可以是床上、沙发上或者地板上，以舒服的姿势盘坐在垫子或枕头上，双膝尽量往下。调整高度，直到坐稳、坐舒服了。头、颈、背竖直在一条直线上，但不要僵直，闭上眼睛感觉你的身体，哪里紧张就放松下来。找到一个放松、舒服、清醒而又有尊严的姿态。

把注意力放到触觉上，放在臀部与枕头或垫子接触的触觉上，用一两分钟来探索这种感觉。当你觉得心已经相当稳定了，就把注意力从触觉转移到鼻孔，尽可能地把你的注意力集中在这里。

把注意力放在呼吸上，觉知空气经由你的鼻孔进进出出。吸气时觉知空气进来，呼气时觉知空气出去。这不是训练呼吸，不需要以任何方式控制呼吸，也不需要以任何方式调整呼吸。

如果是深呼吸就觉知深呼吸，如果是浅呼吸就觉知浅呼吸，如果呼吸正常就觉知呼吸正常，如果呼吸不正常就觉知呼吸不正常，如果呼吸均匀就觉知呼吸均匀，如果呼吸不均匀就觉知呼吸不均匀，如果空气正经过左鼻孔，就觉知空气正经过左鼻孔，如果空气正经过右鼻孔就觉知空气正经过右鼻孔，如果空气正同时经过两个鼻孔，就觉知空气正同时经过两个鼻孔。就是这样，如此而已。

你不需要干扰你的呼吸，让它按照自己的方式进行就可以了。你所扮演的角色就是觉知呼吸，如实地觉知呼吸，站在客观中立的第三者立场上觉知呼吸，不带任何判断和评价地觉知呼吸。

你会发现你的心会不断地离开呼吸，跑到想法、计划、白日梦或者其他事情上。这就是心会做的，并不意味着错误或失败。当你意识到你的心不在呼吸上时，就简单了解一下心去了哪儿（哦，正在想事），然后温柔地把注意力拉回到呼吸上，将注意力放到正在进行的吸气、呼气上来。

无论多少次，你注意到心跑开了（这一过程会不断出现），请尽你可能，每次简单地了解一下它去了哪里，然后温柔地回到呼吸上，如果心跑开了一百次你就简单地知道一百次，再温柔地回来一百次；如果心跑开了一千次，你就简单地知道一千次，再温柔地回来一千次；跑开了一万次，你就简单地知道一万次，再温柔地回来一万次；跑开了一亿次，你就简单地知道一亿次，再温柔地回来一亿次……成百上千次，成千上万次，成万上亿次地这么做。如实地觉知呼吸本来的样子，而不是你想要的样子。觉知单纯的呼吸，仅仅是呼吸，除了呼吸之外就没有别的了。

这个练习并不是要让你变得放松或平静，也不是要达到什么境界，心哪儿也不需要去，也没有任何问题需要解决。你要做的是觉知而不参与其中。这个练习没有成功与失败，没有做对或做错，也没有做得好或做得不好。无论练习的过程中发生了什么，一切都是正常的，不要去判断，你只需要频繁而有规律地练习。

持续练习 15 分钟，或者你希望的更长时间，每天练习四次。不时提醒自己：只要去关注此刻正体验的就可以了。

2. 应用指导

觉知呼吸的练习已经进行了两天，很高兴你又在康复的大道上前进了一步。上一周我们练习的八段锦是希望通过明显的躯体感受把你从头脑里“带出来”，离开头脑里的想法。这次的呼吸练习是通过呼吸的感受把你从头脑里带出来，呼吸的感受远没有八段锦的感受明显。我们体悟练习的安排就是从最强的感受开始，然后逐渐降低感受的强度，以此来提高我们的觉知力。因为很明显的感受一般人都可以觉知到，对觉知力的要求不高，越微弱的感受越需要较高的觉知力，觉知力的提升可以让我们更容易地觉知到强迫想法、情绪、实施强迫行为的冲动，只有觉知到这些，你才有可能去改变它。

很多人会说我的强迫行为太自动化了、太快了，等我意识到的时候已经做完了。这就是觉知力不够，所以我们需要培养和提高觉知力，最终做到在强迫想法一出现时就能觉知到它，然后离开这些想法，所以“觉知到”是改变的前提。觉知呼吸的练习和八段锦有一个相同的目的，就是希望通过练习来提高我们离开想法的能力。八段锦的练习是通过很明显的躯体感受帮我们离开头脑，呼吸的练习是通过相对微弱的感受帮我们离开头脑，因为有些时候我们并不方便练习八段锦，比如在公交车上、在办公室里，但呼吸却是一直都在的，是一个可以随时随地利用的“工具”。呼吸练习还可以培养我们专注于当下的能力。开始的时候，你可能只觉知一两个呼吸心就跑开了，通过练习，慢慢地你可以觉知更多的呼吸，专注于当下的能力就得到了提高。

了解一些练习的要点是有帮助的，因为它们是科学循证的，可以在一定程度上让你免走弯路。下面这些基本的要点已经经过了上千年的实践。

一是确定的姿态。稳定的身体姿态很有帮助，你的头、颈、背要保持在一条直线上，要竖直，但不要僵直。不要紧张，如果你某个部位是紧张的，那么坐不了多久就会感到疼痛。所以坐下来之后检查一下你的身体，姿态要确定但不要紧张，保持一种放松、稳定、清醒而又有尊严的姿态。每当你发现自己的腰弯了、背驼了或者头低了下来，都要有意识地回到正确的姿态。一开始的时候，你的腿可能会很酸痛，实在受不了时，可以舒展休息一会儿，但不要躺下，只是坐在那里把腿伸开片刻，然后再坐回原来的姿势，在这个过程中也要把注意力集中在呼吸上。身和心是交互作用的，一个确定而稳定的姿态对稳定你的心很有帮助。

二是频繁而有规律的练习。你只是练习，按照要求去练习。每天抽出一个小时，其余的时间给你的职业、欲望、思想、野心和计划，从所有这一切中，每天抽出一个小时，而最终你会发现这一个小时对你的生命产生的巨大作用。除了这一小时的专门练习，你需要尽量保持觉知去面对生命中的每一件事。

三是简单的事情重复做。练习中的事项，简单到你觉得枯燥乏味，简单到你觉得它不会有什么帮助，你的大脑习惯了复杂、习惯了挑战、习惯了困难，你认为克服了这些你才有满足感、成就感，而做简单的事情不会有满足感，所以你不愿意去做。但是体悟疗法的练习就是这样简单，成功就是简单的事情重复做。

四是安静的环境。当你开始正念练习时，将手机关掉，让自己从各种信息中解脱出来。找一个安静的房间，不要被任何人和事打扰，这有助于你更好地练习。

五是不要与头脑（中的想法）纠缠。练习的时候不要与你的头脑纠缠，不要去控制你的头脑。你的注意力无法一直集中在呼吸上，总是会东想西想，这时不要去和你的头脑作对，也不要去控制你的头脑，你只是简单地知道你的头脑在想什么，然后再温柔地把注意力放到呼吸上。不要去和你头脑里的任何想法或者担心纠缠，不要去理会它们，不要去分析它们，不要去回答它们，不要去解决它们。

六是不判断，不评价，只是觉知。觉知正在发生的一切，不管发生什么，只要是当下发生的都是当下的实相，你都不评价，不判断，保持觉知并且愿意去经历。不要着急，欲速则不达，你只是去做，去练习，不要追求什么状态，不要期待什么效果，也没有什么问题需要解决。你只是保持觉知，持续地保持觉知。这整个的练习都是要求你去觉知和观察，要求你愿意去经历而不参与其中。无论你觉知到了什么，没有对或不对，你只是去觉知就足够了，你不要去改变什么，也不要去消除什么，你只是保持觉知，客观地、不带任何评价和好恶地觉知。

七是不要追求效果。自我是朝向结果的，头脑总是渴望结果，而从来不对行动本身感兴趣，它的兴趣是“我能从中得到什么”。强迫症个体往往希望得到一剂灵丹妙药，立刻摆脱痛苦，接触体悟疗法后就认为：做了一段时间的体悟练习，强迫症状就应该有明显好转。这样的态度实际上是一种贪爱，练习就是要去除你的贪爱，学会愿意去经历实相。所以练习的时候不要追求效果，你只是按照要求去频繁而有规律地练习就可以了。体悟练习会在那些不寻求结果的人身上发挥最大的效果，这种练习是一种没有目标朝向的状态，是一种真实的存在状态。

呼吸是探讨我们身心本质的工具。多数人对自己身体中可以用意识控制的器官和机能有所了解，但对不受意识直接控制的器官所知不多。身体的各个部分无时无刻不在发生着你毫无察觉的物理、生物、化学变化，而呼吸是连接已知和未知的桥梁，它兼具意识及无意识、刻意及自然的模式。

这次课程只要求你观察呼吸的生理功能，但同时你也在观心察意，因为呼吸和人的心理状态紧密相连。你可以把呼吸想象成线或者链子，串起了你从出生到死亡的所有经历。呼吸时刻都在，就像一条小河自由流淌。你注意过呼吸会随着情绪的变化而发生变化吗？紧张或生气时呼吸会变得短而浅，激动时呼吸会加快，愉悦时呼吸会缓慢而均匀，恐惧时呼吸甚至好像消失了……只要生命在，呼吸就一直在，当你有意识地去觉知它，它就可以像一个锚那样稳定你的身体和大脑，每时每刻。大多数时候，你不会注意到呼吸的存在，所以我们在练习中首先要做的就是注意到它的存在，注意呼吸是怎么随着你的情绪、想法和身体动作的改变而改变。你不需要控制呼吸，就像对待朋友那样注意它、了解它就可以了。带着兴趣，放松地去觉知。随着练习次数的增加，你对呼吸有了更多的觉知，就可以用它来更直接地关注生活的不同方面。例如，放松紧张的肌肉，或者关注需要关注的情境。呼吸还有助于处理疼痛、负面情绪和压力，不仅帮助你观察身体，也可以帮助你探讨内心。

我们的心习惯了在过去和未来之间游走，但事实上人只能活在当下，过去的已经过去，未来还没有到来，未来只能以当下的形式和我们相遇。强迫症个体总是为可怕的过去和不确定的未来担心，如果可以活在当下，强迫症就失去了立足之地。在必要的时候对过去进行总结或者对未来进行筹划是有益的，但这种总结、筹划也一定是在此时此刻进行的，所以心是必须活在当下的。

可你的心一直不想待在当下，一直逃往你无法改变的过去和无法把握的未来，因此总是充满各种烦恼。练习的第一步是要学会如何活在当下，把心放到当下的呼吸上来。你的心会不断地从对呼吸的觉知中游移开，当心游移开时，你就微笑着，不慌不忙地接受这个事实。你一旦知道自己的心游移开了，自然而然就会又回到观察呼吸上来了。你会发现，你的心老是在过去和未来之间游移，心里的这些念头是什么念头呢？你可能已经发现，这些念头有时毫无条理地升起，没有头绪可言。一个念头升起又灭去，又一个念头升起又灭去，从一个念头跳到另一个念头，又从一个念头跳到另外一个念头……你会对好的念头升起贪爱之心，在想那些让你愉悦的事情的时候，你并不想停下来，不想把心放在呼吸上，希望想完这些愉悦的事情之后再观察你的呼吸。对不好的念头你会升起嗔恨厌恶之心，当不愉悦的想法出现时，你极力压制它们、消除它们。这两种态度都不是我们的练习所需要的，正念要求你对任何想法都不要有分别的心，对愉悦的想法不贪爱执着，对不愉悦的想法不嗔恨厌恶，都只是简单地知道一下你在想什么，然后再温柔地把你的注意力放在当下的呼吸感受上。

练习的时候你的心会不断地跑开，才觉知了一两次呼吸，你的心就跑开了；你发现你的心跑开了，就把心拉回来继续觉知呼吸；又觉知了一两次呼吸，你的心就又跑开了……你的心就是如此“心猿意马”，甚至连关注最简单的呼吸都做不到。你对你的心感到很失望，因为它不听你的话，你焦躁不安，甚至感到愤怒。你不需要感到失望和愤怒，这恰恰就是你的心的习性反应：不如意的事一旦发生，就以焦躁、愤怒等负面情绪来反应……这就是你一直在做的事情。现在你需要接受事实，接受“你的心跑掉了”的事实，你接受了这个事实，不生气也不做出习性反应，你就是在进步了。由此来培养对当下事实的接纳能力，不管当下的事实是不是你想要的，你都需要“愿意去经历它”。呼吸一直都在，你只要接受这个事实，心自己就会回来。现在你已经观察到了你的心，你有一颗怎么样的心呢？它不断地妄想，不断地跑到过去或未来，不断地回忆美好和伤感，不断地憧憬未来、担心未知，不断地做着各种白日梦……你的心就是这样不想活在当下这一刻。但人只能活在当下这一刻，你的心不懂得如何活在当下，体悟疗法就是要教会你活在当下的艺术。

你的心无论是跑到过去还是未来，也无论你想到了什么，你的感受都可以分为愉悦的、不愉悦的和中性的三种。你之所以要做强迫行为、回避行为，就是因为强迫症让你感觉恐惧、焦虑，很不舒服，你想要获得放松和平静。对愉悦的感受你会想：“哦，这种感受真好，我喜欢它，它应该持续更长的时间，它以后应该不断地出现。”这样你就开始贪爱，开始执着。不愉悦的感受出现时，你又想：“哦，不，不，这不好。这种感受真糟糕，我不喜欢它，它最好马上消失，以后再也不要出现。”你就又开始嗔恨，开始厌恶。你的心就这样失去了平衡，不断地升起贪爱或嗔恨。你的心一直都忙于处理外在的事物，并不知道真正的问题是你的贪爱和嗔恨。你去清洗、去检查、去思考、去询问、去回避，但这些都不是问题的根本。真正的问题是你相信了那些虚、假、空的想法，并因此感到恐惧和焦虑，你又对恐惧和焦虑有嗔恨和厌恶，对平静感觉有贪爱和执着。

所以，现在你正在做的是一件非常严肃的工作：觉知呼吸。在觉知呼吸时你没有贪爱，你不会想“我再多吸入点空气吧，我再多吸入点空气吧”，你也不会想“我少呼出点气体吧，少呼出点吧”，你只是如实地觉知而已。同样地，对待你的想法和恐惧、焦虑，你也只是去观察、去觉知，让它按照自己的规律发展变化，不需要去干预和控制，你只需要去觉知而不参与其中。

一开始，静坐 15 分钟是很困难的，你会变得非常焦躁，想尽快结束。不要认为这是障碍，这恰恰是练习的最好时机。你会有种站起来的冲动，这种冲动正是你需要解决的问题，所有的强迫行为都有这样的一种冲动。你有一种马上要去洗手的冲动、马上去检查的冲动、要思考问题的冲动、马上去确定的冲动、马上去分析的冲动，等等。你的目标就是要觉知这种冲动，直到最终能对这种冲动不起任何习性反应。现在，不马上结束练习你会感到很焦躁，很不安，这也正是你需要练习的地方。强迫袭来时，你也会有相似的感受，不去实施强迫行为你就会不安和焦虑，所以利用这个机会来练习稳定你的心，对你是非常必要的。要下决心完成这个体悟练习，不管你遇到什么样的困难，一定要坚持下去。有些人开始动摇：“哦，不，不，我不喜欢这样。这个方法对我没有用，不适合我，我要逃走了。”这个时候，你不要逃走，你需要有坚强的决心去摆脱强迫症，虽然这样做有时并不舒服，但它对你很有好处，所以请你坚定地去完成每天的正念练习。

要摆脱强迫症，首先就要找出强迫症的原因，而这个原因一定是内在的，不是外在的——你对自己头脑里的想法和担心认同了，你认为这些想法和担心是真的，然后你就体验到了恐惧和焦虑，你又对这种恐惧和焦虑产生了嗔恨和厌恶，于是你通过实施逃避行为、强迫行为来缓解这种恐惧和焦虑的情绪。现在你必须向内省视来探查真相，正念练习可以帮助你探讨自己的身心，人们对自己的身心是如此执着，很容易造成紧张和痛苦。人必须在经验层面而不是思维和理智的层面体验到自己身心的本质，然后才可能获得解脱。

从呼吸这个非常实用的工具开始用功。单纯地觉知呼吸是帮助你进入更深的意识层次的一个重要的工具。觉知呼吸对你来说非常重要，通过觉知呼吸你可以了解到身心的内在实相。你对自己的身心只了解一些表面的知识，比如你可以控制你的眼睛，让它睁开就睁开，让它闭上就闭上；你可以控制你的手，让它动鼠标它就动鼠标，让它停下来它就停下来，但你能控制你的内脏器官吗？你能控制你的心脏吗？你能让它停止跳动吗？你能让它跳得快一点儿或者慢一点儿吗？你能控制你的腺体分泌哪种激素或者不分泌哪种激素吗？你能控制你的腺体多分泌一些激素或者少分泌一些激素吗？你不能。当强迫袭来时，你感到恐惧和焦虑。这些情绪本质上就是你体内一些激素的分泌变化，你一直试图扑灭你的焦虑和恐惧，从本质上来看，就是试图控制你的激素分泌。

你看，你一直都在做这么疯狂的事情，你需要去觉知身心的实相。身体每分每秒都在变化，你需要去经历它，而不是控制它或改变它。但是你没有耐心，不愿意经历这些恐惧和焦虑。你一直通过回避行为和强迫行为来缓解你的恐惧和焦虑，这也正是你一直无法摆脱强迫症的原因。你用来缓解恐惧和焦虑的方法恰恰是使恐惧和焦虑持续存在的原因，你用来摆脱强迫的努力恰恰给强迫行为提供了更加汹涌的力量。科学研究和临床实践已经证明，恐惧和焦虑会按照其自身的发展规律慢慢消退，你需要做的只是静静地觉知这种恐惧和焦虑，不要去嗔恨它、厌恶它，不要试着去压制它，不要试着去排除它，你只需要静静地觉知它，如实地觉知它。如果恐惧和焦虑很强烈，你就觉知焦虑和恐惧很强烈；如果恐惧和焦虑很微弱，你就觉知焦虑和恐惧很微弱；如果焦虑和恐惧在增加，你就觉知焦虑和恐惧在增加；如果焦虑和恐惧在减弱，你就觉知焦虑和恐惧在减弱；如果焦虑和恐惧持续的时间很短，你就觉知焦虑和恐惧持续的时间很短；如果焦虑和恐惧持续的时间很长，你就觉知焦虑和恐惧持续的时间很长。你只需要去观察，去觉知，就足够了。强迫症的力量是如此强大，以至于你还无法做到仅仅是觉知你的恐惧和焦虑，所以你需要持续地用功，唯一的方法就是持续不断地用功。正念练习可以帮助你达到目的。

在现实生活中，你的心会不断地跑到未来。做事情之前，你会想到你的强迫症，所以很多时候，你为了避免强迫症状也就放弃了本该去做的事情，这是回避行为。这种担心叫“预期性焦虑”，就是指在你还没有处在恐惧的环境中时就开始出现预期的担心和恐惧。由于强迫观念首先让你焦虑，而最初发展出来用以缓解焦虑的强迫行为最终也会使你变得痛苦，所以在你还没有进入强迫之前就先感到害怕了。预期性焦虑非但无法阻止强迫的发生，反而会使强迫更加严重。你就像临敌的哨兵，由于害怕对方来偷袭，就一直处在防御状态。一阵风吹过树叶的响声就会让你心惊肉跳，兔子从草地跑过的声音，也会让你胆战心惊，就是所谓的“草木皆兵”。如果真的是两军打仗，当然应该如此，可是你的强迫症并不是基于事实，是主观臆想出来的虚、假、空的东西，并不需要严阵以待。你需要把这种防御的态度变为开放的态度，你需要愿意去觉察随时可能出现的强迫观念，需要愿意去经历你的恐惧和焦虑。这绝非易事，但你必须去经历。强迫症让你无处可逃，强迫观念在没有预知的情况下闯入你的大脑，当你意识到它的存在时，就已经是“现在完成时”了。所以此时你愿意经历也好，不愿意经历也罢，都无法改变这个事实，它已经进入了你的大脑，你只能承认它的发生和存在，不会因为你的不愿意去经历，它就不出现或消失。

面对强迫你有三种选择：忍受、接受和愿意去经历。忍受是被动的、无奈的、痛苦的。忍受的时候，你可能自责，可能反抗，可能绝望，可能愤怒，可能流泪，但无论你是何种情绪，已经发生的事实都无法改变。接受是平等的，是抗争无效后的放弃，是麻木的放任自流，因为没有了反抗、愤怒等情绪，你的感受可能比忍受好一点，但这还不是真正的平静，而是无奈的沉默。而愿意去经历是主动的、开放的、允许的、宽容的，也许你会说“不可能，对那些可恶的症状我绝对做不到”！别急，先冷静一下，回头想想前面的文字，你会发现无论你做何选择，已经发生的事实都不会改变。也许你会哭着说：“我真的做不到愿意去经历，我太痛苦了！”你说的是真心话，你此刻的痛苦也很容易理解。让我们一起来看看，就在你流着眼泪哽咽地说这句话时，你的强迫感有没有因此而消失？不，它没有消失，你还是在经历它。既然无论如何选择都是要经历它，那么你是选择哭泣着忍受，无奈地接受，还是微笑着愿意去经历呢？

再举个例子，失恋了，你说：“我不愿意去经历失恋的打击。”请问：会因为你这么说，这个打击就不存在了吗？在你说不愿意去经历的同时，不还是在经历吗？如果你一直这么说，你就需要花更长的时间从痛苦中走出来，如果你微笑着愿意去经历，那么你就能在更短的时间里走出来。心态是可以选择的，当事实无法改变时，你可以选择流泪，可以选择微笑，同样地，你可以选择强迫也可以选择不强迫。如实地觉知呼吸，不贪爱也不嗔恨，这就是在训练你愿意如实地去经历当下一切的能力。

每天一小时的练习时间不是我们的目的，只是提高你的能力和智慧的手段。你不仅需要这一个小时的正规练习，更需要把这一个小时里学到的东西运用到日常生活中去。坐车的时候，排队的时候，等红灯的时候，等电梯的时候，想到过往而后悔自责的时候，担心未来而恐惧焦虑的时候，躺在床上睡不着的时候……你都需要一而再，再而三地把注意力集中到呼吸上，通过呼吸来跳离你的头脑。

如果持续地练习，持续地觉知，迟早有一天你会达到一种状态——没有来由地感到喜悦。在日常生活中，你可能因为某种原因而感到快乐：遇到心中的白雪公主或者白马王子，因此而快乐；发了一笔小财，因此而快乐；考上了理想的高校，因此而快乐；得到了心仪的工作岗位，因此而快乐；买了渴望已久的车，因此而快乐；买了一幢有美丽花园的新房子，因此而快乐……但是，这些快乐并不会长久，它们都是暂时的，不可能持续下去，这些只是快乐，而不是真正的喜悦。

如果你的快乐是由某个外部事物引起的，那么它将是暂时的。但是喜悦不同，持续地修习正念会让你有机会体会到没有来由的喜悦。说不出这喜悦是“因为什么”，这样的喜悦不怎么受到干扰，它就在那儿，一天又一天，你或许年轻，或许年老，你或许健康地活着，或许快要走到生命的尽头……它总是在那儿。当你发现了某种持续的喜悦——环境变化了，但喜悦还在，你的喜悦已不再依赖于任何的条件——那时你就解脱了。

内在的旅程是一个人的旅程，你不可能带任何人去那里，也没有任何人可以带你去那里。强迫症的好转也是如此，你必须自己去达成。下定决心坚持下去！

努力精进！

三、正念觉察想法

1. 练习指导语

坐在一个舒服的位置上，可以在床上、沙发上或者地板上，以舒服的姿势盘上双腿，坐在枕头或垫子上，双膝尽量压低。头、颈、背在一条直线上，但不要僵直，微闭双眼。感觉一下你的身体，哪里紧张就放松下来。调整到一个放松、舒服、确定、清醒而又有尊严的姿态。花点儿时间来觉知你的呼吸，像第二次课程练习的那样。

当你的心相对稳定了，就释放你对呼吸的觉知，使注意力转向头脑中的想法。尽可能将注意力集中到随时产生的想法上，当它们在你的头脑中经过并最终消失的时候，觉知这些想法。没有必要控制想法的产生或消失，就让它们自然产生，自然消失。

有人发现一些方法有助于将注意力集中在想法上，比如想象自己的想法被投影仪投射在了屏幕上。你坐在那里，看着屏幕，有想法（影像）产生时你就觉知它“在屏幕上”，然后消失。每次当你觉知到头脑里有想法升起的时候，就像看电影时读台词一样，在心里把这个想法复述一遍，并在前面加上“脑子里有个想法认为”或“脑子里有个想法在问”。比如出现的想法是“明天还有很多工作要做”，你觉知这个想法并且在心里复述：“脑子里有个想法认为‘明天还有很多工作要做’。”如果出现的想法是“这么做有什么用呢”，你觉知这个想法并且在心里复述：“脑子里的想法在问‘这么做有什么用呢’？”如果出现了“我被污染了，要去洗手”的想法，你觉知这个想法并且在心里复述：“脑子里有个想法认为‘我被污染了，需要去洗手’。”如果出现了“我的签名可能错了”的想法，你觉知这个想法并且在心里复述：“脑子里有个想法认为‘我的签名可能错了’。”

在复述想法之后，给这个想法贴上一个标签。如果你在想的是当下必须做的事情，就贴上“真实的需要”标签；如果你出现了强迫观念，就给它贴“强迫观念”标签。可以根据自己的情况给自己的强迫观念准备一些标签，比如“胡思乱想”“胡说八道”“过度联系”“自我迫害”“不可能的”“大海捞针”“水中捞月”，等等。如果你在想的既不是真实的需要，也不是强迫观念，也可以统统贴上“日常琐事”标签；如果某个想法你不知道贴什么标签，索性就贴个“想法”。

比如你现在想“这么做有什么用呢”，就觉知这个想法并且在心里复述：“脑子里有个想法在问‘这么做有什么用呢’？”你给这个想法贴上“怀疑效果”标签。如果出现的想法是“我被污染了，要去洗手”，你觉知这个想法并且在心里复述：“脑子里有个想法认为‘我被污染了，需要去洗手’。”然后给它贴上“强迫症”标签。如果出现的想法是“我的签名可能错了”，你观察到这个想法并且在心里复述：“脑子里有个想法认为‘我的签名可能错了’。”然后给它贴上“过度担心”或“强迫症”标签。

贴上标签后你可以核查一下，看看贴得是否合适。如果标签贴得合适，那么贴上这个标签后你的心理会有一点微妙的变化。贴标签没有对错之分，你自己感觉合适就可以，对于已经贴上的标签不必纠结是否合适、是否正确。你的目的是觉知想法，而不是分析想法、回答想法。你只是觉知这些不断升起、不断消失的想法，在心里复述并贴上标签，其他的什么都不需要做。

你会不断地被想法带走，不断地去分析、回答、继续思考，这样你就又迷失在想法中了。这个过程会不断重复，这很正常，不代表错误或失败，也不必气馁和沮丧。你只需要在意识到自己被想法带走时，重新把自己拉回到观众席上，继续觉知你的想法，复述它，给它贴上标签就可以了。你只是去觉知而不参与其中。

这个练习没有成功与失败，没有做得对与错，也没有做得好与不好。无论练习的过程中发生了什么，一切都是正常的，不要去判断，你只需要频繁而有规律地练习。持续练习 20 分钟，或者你希望持续的更长时间，每天练习三次。不时提醒自己只要去关注不断产生又消失的想法就可以了。尽可能去做，友善地关注。

2. 应用指导

觉知想法的练习已经进行了两天，你还需要继续用功，一定要珍惜这难得的机会，一定要非常用功。只有不断努力，不断精进，才能收获你想要的结果。这个世界上除了你没有人能拯救你，你必须为你自己的生命负责。我能给你的只是方法，一个非常好的方法。

如果你生病了，去找一个德高望重的医生，你尊敬这位医生并相信他。医生了解病情后给你开了处方，然后你高兴地拿着处方回家了。由于你对这位医生非常信任和尊敬，甚至把他的画像贴到墙上，摆上香案、水果、点心，每天顶礼膜拜，每天虔诚地捧着这位医生开的处方，反复唱诵。你这样唱诵一辈子，病也不会好。要想病痊愈只有一个方法，就是按照医生的处方去治疗，这就是行动。咨询师所能做的是为你开这张处方，接下来要靠你自己，你要按照这个处方去行动，能达到什么样的效果完全取决于你努力的程度。

通过练习觉知想法，现在你渐渐明白：想法不等于事实。虽然很多时候我们认为想法就是事实，但实际上想法和事实根本不是同一回事。想法是我们大脑思维的产物，想法的实质是以概念为基础按语法规则组织起来的语句。你可以认为自己是一匹马，但这并不意味着你真的是一匹马。就算你坚定地相信自己是一匹马，你也仍然不是一匹马。

有这样一个故事：有位精神病患者认为自己是蘑菇，他每天都撑着伞蹲在房间的墙角里，不吃也不喝，像一朵真正的蘑菇一样。心理医生想了个办法，他也撑了把伞蹲坐在患者旁边，患者很奇怪地问："你是谁呀?"医生回答："我也是一朵蘑菇呀。"患者点点头，继续做他的蘑菇。过了一会儿，医生站起来在房间里走来走去，患者就问他："你不是蘑菇么，怎么可以走来走去?"医生回答说："蘑菇当然也可以走来走去啦!"患者觉得有道理，就也站起来走走。又过了一会儿，医生拿出汉堡开始吃，病人又问："咦，你不是蘑菇吗，怎么可以吃东西?"医生理直气壮地回答："蘑菇当然也可以吃东西呀!"患者觉得很对，于是也开始吃东西。几个星期以后，这个精神病患者就能像正常人一样生活了，虽然他还是认为自己是一朵蘑菇。由此你应该了解，你相信想法是真的并不意味着那就是真的。就像故事中的精神病患者相信自己是一朵蘑菇，但这并不意味着他真的就是一朵蘑菇。每次买彩票的时候你可以想"这次我能中一等奖"，但那只是你的想法，你并没有每次都中一等奖。有时候你把事情的结果想得很糟糕，但过后看看其实并没有那么差。

有些想法是客观现实的恰当反映，但有些想法不是客观现实的恰当反映，仅仅是我们大脑的一些妄念罢了。比如，我今天在街上遇到了刚刚提升为经理的同事小王，我和他打招呼他没理我，这时我的大脑里产生了这样的想法："真是狗眼看人低，刚升官就不理人了。有什么了不起的，不就是个破经理嘛!"后来我了解到他儿子突然生病，他正赶去医院，并没有注意到我。我的想法——"他看不起我了"——并不是客观现实的恰当反应，如果我认同了这个想法，就会产生气愤的情绪。再比如丈夫陪妻子买衣服，妻子试穿一件衣服问丈夫好不好看，丈夫回答"好看"，妻子的大脑里产生了这样的想法："他是在敷衍我，他根本不在意我。"可丈夫的真实意思是"我媳妇穿什么都好看"。如果妻子认同了自己的想法，就可能产生气愤、委屈的情绪，和丈夫吵架。

春秋时期，杞国有个人吃不下饭、睡不着觉，整天处在恐惧和焦虑之中，因为他的脑子里有个想法："要是天塌下来怎么办？天上的日月星辰掉下来砸到我怎么办？地陷下去怎么办?"杞国的这个人认同了他脑子里这个天塌地陷的想法，所以一直感到恐惧、焦虑。到现在两千多年过去了，天还没有塌下来，地也没有陷下去，可见杞人的想法仅仅是发生在他头脑里的心理事件而已，并不是事实。天不会因为杞人担心它塌下来就真的塌下来，地也不会因为杞人担心它陷下去就真的陷下去。

如果杞人认同了自己头脑里的想法，并且受到恐惧情绪的支配做出了行动，买很多的钢筋、水泥和砖石来修柱子。他一焦虑就修柱子，一焦虑就修柱子，柱子渐渐修得比世界第一高楼还要高了。我问："你为什么修柱子啊?"他回答："我要修一根足够结实、足够高的柱子，天塌下来的时候柱子可以撑住，我躲在下面就不害怕了。"

你看，杞人的行为是多么疯狂。同样地，你所有的强迫行为也和杞人修柱子的行为一样疯狂！因为你认同了头脑里的想法，并且被恐惧情绪控制了。其实，你不会因为害怕感染疾病就真的感染疾病，你不会因为害怕丢东西就真的丢东西，你不会因为害怕发生不好的事情就真的发生不好的事情。强迫症的第一个问题就是认同了自己头脑里的想法，认为自己头脑里的想法就是客观现实的真实反映，不能客观中立地看清楚自己的想法，成了想法的奴隶。

如果大脑像一条马路，那么想法就是马路上过往的车辆，马路并不会对来来去去的车辆产生贪爱和嗔恨的心，马路不会只允许宝马、奔驰、保时捷、劳斯莱斯在上面行驶，而不允许大卡车、三轮车、垃圾车在上面行驶。马路是开放的，任何车辆都可以在上面行驶。强迫症个体很多时候只允许大脑想到某些想法——美好的、善良的、道德的、孝顺的、符合社会规范的；不允许大脑想到另外一些想法——不好的、丑恶的、淫邪的、不道德的、不孝顺的、不符合社会规范的。你应该已经发现，你根本无法控制大脑里出现哪些想法而不出现另外一些想法，没有人可以控制自己的大脑只想什么而不想什么，追求这种做不到的事情，怎么能不痛苦？把你的大脑想象成一个房间，在房门上写"禁止长相可怕者入内"，那么你就得时刻提防着有长相可怕的人闯进来，你就一直处在防御状态。但这并不能真的把长相可怕的人阻挡在外，他们还是出入自由。一旦他们进来了，你就会感到害怕，并且想尽方法把他们赶出去，根本顾不上做你该做的事情。既然如此，你不如把房门敞开，允许任何人进出，既不邀请也不拒绝。无论什么样的人进来了，你都只是知道一下，然后做你该做的事情就可以了。事实上，想法根本没有好坏之分，想法也没有任何道德判断的价值。想法只是心理事件而已，马路不会因为开过的是保时捷而产生贪爱，也不会因为上面行驶的垃圾车而嗔恨、厌恶。所以你也不要对不同的想法产生分别心，所有的想法都只是我们大脑里所产生的心理事件，要用平等的心来对待。

“门没锁好”“这个问题必须想明白”“这个东西不干净”“我可能得罪了别人，他会报复我的”“我不应该有这样的想法”……我们的大脑每时每刻都会有各种各样的想法，关于过去、关于未来、关于工作、关于生活、关于朋友、关于亲人，让人愉悦的、让人悲伤的、让人激动的、让人消极的、让人充满勇气的、让人感觉无助的，等等。一个想法升起了，停留一段时间又消失了，下一个想法又升起了，停留一段时间又消失了，每一秒钟都有旧的想法消失、新的想法升起，就像流动的河水一刻都不会停歇。这就是想法的本质——变化无常，不断升起又不断消失。

处于强迫状态时，你常常会将头脑里的想法看作事实。现在你需要把自己当成局外人，只是客观地觉知这些想法，而不做出任何习性反应。你只是觉知，带着平等心去觉知不断升起又不断消失的想法，不断地复述它们并贴上标签。

不要试图与想法纠缠，不要与想法作战。不要说“别来了”，不要拒绝你头脑里的任何想法，也不要邀请任何想法，不要谴责也不要赞美，只要保持觉知。看着它们来，就像天上的云飘来；看着它们离去，就像天上的云飘走。不要挡住它们的路，不要理会它们。要是你对抗它们，那你就开始注意它们了，也就不可避免地被打扰。

不要认同，不要分析，不要回答，不要纠缠……迟早你会发现，它们的来去已经慢下来了。迟早将看到，现在它们来，但不是太多；有时往来停止，路上空了。一个念头过去了，另一个念头还没有来，留下一段间隙，你将在此遇到你内在的宁静。

你可以做这些，而且只能做这些：漫不经心，不在意，不纠缠。只要做个旁观者，保持觉知不干涉，想法就会离去。因为假如你不关心，没有任何东西能留住。不要对抗，不要试图消除想法或改变想法，那是在给你的想法提供养料。认同想法、对抗想法都是对想法的注意，你的注意会让那些想法更有生机。看清楚你的想法并不是要去分析它们、去除它们或改变它们，而是要清楚地看到它们的真相。你每时每刻都有很多的想法升起又灭去，“贴标签”是个很好的工具，目的就是让你不被这些想法所控制，不和这些想法纠缠，不和这些想法发生任何关系，从而让我们的心变得宁静、清明。

以前，你非常善于捕捉到你头脑升起的让你害怕的想法，对这些想法信以为真，然后又通过各种方法改变或者消除你的这些想法，或者通过各种行为来缓解和消除这些想法所引起的恐惧和焦虑，于是你的心忙得不得了，你的生活也越来越狭窄。

人类这颗千百万年进化来的精妙绝伦的大脑，恰恰成了你痛苦的根源。大脑会思考、计划、想象、假设、推理、联系，大脑可以离开此时此地去想象彼时彼地。这是人类之外的生物所不具备的，一头猪不可能想到它明天有被宰杀的危险，一匹狼也不可能想到前面有陷阱。只有我们人类会预期未来的风险和威胁，当你把自己大脑里想象的危险等同于现实中的危险时，正常的生活就会受到干扰，因此现在的任务就是要把头脑里想象的危险和现实中的威胁区分开来。我们所用的方法就是觉知想法、复述想法和给想法贴标签，其他的什么都不需要做。因为成千上万次的强迫经历已经告诉你，你的那些强迫的想法从来都不是事实，你担心的事情从未发生，所以你根本不需要去处理那些想法，只需要保持觉知和贴标签。

给想法贴标签可以带来两方面的收益。第一，这种方法可以破除对想法的认同，让我们能够认识到想法只是想法，并不都是客观事实的真实反映。第二，它能够让我们看清楚自己正在想什么。比如在练习中，你试图觉知自己的呼吸，却发现一直在想："明天的工作会非常累。"如果贴标签的方法用在此刻的话，只需要对自己说"我现在头脑里有个想法'明天会很累'，这是个'预期未来'的想法"就够了。就好像你的大脑里站着一只鹦鹉，它逐字逐句地将你头脑中的想法复述出来并贴上标签。

刚开始，这个方法似乎有点儿麻烦，会让你的头脑更加忙碌，你需要花一些时间来掌握。练习的时候，清晰地给每个念头贴上标签。如果你在想以前发生过的事情，贴上"回忆过去"标签；如果你在筹划以后的事情，贴上"计划未来"标签；如果你在幻想一些不着边际的事情，贴上"白日梦"标签；如果你出现了强迫想法，贴上"强迫观念"标签。通过这样的方式可以让你清楚地看到想法的流转，也可以帮助你从被想法控制的思维模式中解脱出来。当你又在某种情况下被强迫侵袭时，你的想法可能是"这很危险"，这时要立刻觉知这个想法，给它贴上"强迫症"标签，"认为这很危险"和"这很危险"是完全不同的。只要持续不断地精进、练习，到了某一个时刻你会发现，再怎么顽固的念头也无法代替真相，无论你感觉多么真实的想法，仍然只是想法而已。

你的大脑就像一条繁忙的交通线，始终处于高峰时段。觉知想法就是要对这条交通线上的每一辆车保持觉知。你观察大脑里的想法就像站在马路边上观察行驶的车辆。不要被任何一辆车所吸引，你只是抱着平等心觉知每一辆车驰过，对任何一辆都不要进行分析和判断。你已经习惯了认同头脑里的想法，你太依赖头脑，觉得只有这样才足够安全。对于头脑里的担心，你认为只有分析清楚了、确定了，排除了风险才能感到安全。但事实上，大脑里冒出来的很多担心是没有理由、没有现实根据的，你却误以为真，对那些不必理会的担心投入了太多的精力。

有时你也想摆脱和这些想法的纠缠，可是每次当你不想理它们的时候，它们都会发出强有力的召唤："不，你不能不理我，我是为你好，如果你不理我你会很危险……"这时你很可能再一次被想法所俘虏，再次认同想法。要知道，你早已习惯了依赖头脑来生活，你想抓住一份绝对的安全感，你认为只有头脑才能给你这份安全感。但事实上，头脑只会让你越陷越深，你认同了它，就等于给它提供养料，它就需要你不断地喂食，不断地提出各种担心，让你不断地认同。每当那个声音说"不，你不能不理我，我是为你好，如果你不理我你会很危险"时，你要知道这是陷阱，这是头脑认为的，这时你只需要复述"我头脑里有个想法认为'我不能不理它，那样我会很危险'"，并贴上"过度担心"标签，以此来破除你对这个想法的认同。

你的头脑认为"你不理它就会很危险"，这不是事实。事实是什么呢？是你判断危险的能力根本没有丧失，你丧失的是判断安全的能力。也就是说，如果真的有危险，你是有能力判断出来的，而且到了真正危险的时候你不会陷入矛盾或抗争，也不会只是焦虑、恐惧而不采取建设性的行动。相反，你是在安全的情况下，无法得出安全的结论，把安全情境错误评估为危险情境。现实中没有危险的信息和线索，你对自己担心的认同没有任何根据，但你却认为有充分的理由来担心。不妨看看你的那些理由："万一……怎么办""如果……怎么办""假如……怎么办"……这些都是你大脑里的推理，是主观臆想出来的东西，没有现实根据，你却对此深信不疑。这些"万一""如果""假如"在逻辑上无懈可击，事实上却是典型的"强迫逻辑"。就像开车一样，在倒车挡上，你越踩油门就离前面的目标越远。

你必须看清楚头脑里的想法，并且选择认同哪些想法，不认同哪些想法。如果你认同了不该认同的想法，或者没有认同该认同的想法，生活都会陷入混乱。还是以买彩票为例，假设你今天买了张彩票，头脑里出现了这样的想法："这次我会中500万。"你认同了这个想法并据此行动：打电话订好饭店请亲朋好友今晚一同庆祝，还去订房、订车、买奢侈品……想想看会怎么样？这就是你认同了不该认同的想法的后果。

你不认同该认同的想法也有后果。比如，早上出门时阴云密布，似乎马上就要下雨，你头脑里出现一个想法："我还是带把雨伞吧。"如果你不认同这个想法，不带雨伞，就很可能被雨淋，甚至因此而患上感冒。那么，应该选择认同什么样的想法而不认同什么样的想法呢？你的标准是：认同那些对你的生活有利的想法、能帮助你过上你想要的生活的想法；不要认同那些对你的生活有破坏作用的想法。如果某个想法让你感受到恐惧、焦虑、自责、后悔、悲伤等负面的情绪，并且没有任何有建设性的行动来应对这个想法，那它就是你不该认同的想法。你需要给它贴上一个适当的标签，然后不予理会。你需要多准备一些标签，比如，强迫症、无中生有、大海捞针、过度联系、胡思乱想、胡说八道、过度道德、自我迫害、不可能的、没意义的，等等。不同的标签带来不同的感受，有些人对"强迫症"这个标签反应好，而有些人对"胡思乱想"这个标签感觉好，你需要经过试验，找到自己感觉好的标签。贴上一个标签之后，如果你感觉到情绪因此而发生了变化，那么这个标签对你来说就是合适的标签。坚持这么做，想法对你的影响就会越来越少。你需要的只是觉知你的想法而不跟随，这叫"念起即觉，觉而不随"。

觉知想法会经历五个阶段。第一阶段：一连串的想法产生了并且已经消失了，你才觉知到，就好像是一群牛在你眼前走过，整个牛群都已经走过了，你才反应过来——刚才走过了一群牛。在牛群经过的时候你完全参与到牛群当中，并没有站在牛群之外来觉知牛群。你被一连串的想法带走了，迷失在想法里，所以无法觉知这些想法。

第二阶段：一个想法产生了并且快要消失了，你才觉知到它，就好像一头牛在你面前走过，眼里只剩牛尾巴的时候，你才觉知到它。当有想法产生的时候，你认同了它，陷入其中，这时你并没有真正觉知想法。当想法快要消失或者完全消失了，你才开始觉知，你才注意到了牛尾巴或者想起刚才有头牛经过了。这个阶段在你眼前走过的是一头牛而不是一群牛了，这已经很不错了，但还不够。

第三阶段：一头牛出现，你看见牛的身体。不是只看到牛尾巴也不是牛已经完全走了过去，而是牛正在走过的时候你看见了牛的身体。你的觉知力增加了，当你觉知到牛的身体的时候，牛尾巴就不会出现了——当一个想法正在发生的时候，你觉知到了这个想法，那么接下来的想法就不会产生了。你清楚地知道后面还有牛尾巴，但牛尾巴不会出现了；你清楚地知道这个想法的下半部分是什么，但下半部分不会再出现了。此时，你已经做得很好了。

第四阶段：牛还没有真正出现，但它即将出现，牛刚刚要露出头部（不是身体也不是尾巴），你就觉知到它，于是牛就不会出现了。一个想法即将产生时，你觉知到它，那么这个想法就不会出现了。但这时你还不是真正的平静，你能感觉到暗流涌动，你知道后面还有一群牛，虽然这群牛没有出现，但你明显地感觉到它们躁动不安。

最后阶段：牛没有出现，也没有牛群要出现，你就能真正感受到内在的宁静了。

一个想法走了，另一个想法还没到来，后面也没有想法要出现，其间便有一个空隙。在空隙中，你会第一次体会没有任何想法的状态。在那些小小的空隙里，天空突然变得晴朗了，阳光普照大地。世界突然之间充满了美丽的色彩，因为所有的障碍都已经扫清，你可以看得非常清晰，你可以透视一切，整个存在变得透明了。

开始的时候，只有很少的几个片刻，间隔的时间很长。但它们会让你对真正的宁静有所体会：它们会出现，它们会消失，但现在你已经知道自己走上了正轨。

一个念头闪过的时候，你要觉知它；一个空隙出现的时候，你要觉知它。现在你没有选择，还不能说“我只喜欢空隙”，因为一旦你只喜欢空隙，就开始了贪爱，决意抵制那些你不喜欢的想法了，这是嗔恨。这样一来，那些空隙就会消失。只有你抱着平等心，如实地觉知并愿意经历当下实相的时候，它们才会发生。你无法去强迫它们发生，它们是自然发生的事。

继续觉知。让想法自由来去，无论它们想去哪里都没错！不要试图操纵它们，不要试图指引它们，让想法完全自由地运转。于是较大的空隙便会出现，有时候几分钟过去了都没有想法出现，你能感受到一种全然的宁静，没有任何打扰。

当较大的空隙出现时，你具备了新的洞察力，不但能够看透世界，还能够看清内在。空隙使你能够看清这个世界：树木葱郁，绵绵无尽的音乐萦绕——一种天籁般的音乐，不可言喻，不可思议，它在你伸手可及的地方，却又超越你之外。有了较大的空隙，这样的清明和洞察也会发生于你的内在。

客观如实地觉知是一种不费吹灰之力便能使想法停止的方法。只要不断修习，会有那么一天，你成功地和你头脑的“动作”分离了，不再混沌；如果需要思考，你就可以启用你的头脑；如果不需要思考，你就可以让它休息。你不再是头脑和想法的奴隶，你成了真正的主人。你能够看清头脑里所有的想法，并且自由地决定是否去认同它们。这时你是自己的主人，而不是想法的奴隶。觉知想法就是要拥有更多的自由和选择，你可以按照某些想法去行动，也可以让某些想法顺其自然地存在和消亡。

继续练习，持续精进地练习，最终你可以夺回生命的主宰权。

努力精进！

四、正念觉察身体感受

1. 练习指导语

坐在一个舒服的位置上，可以是床上、沙发上或者地板上，以舒服的姿势盘上双腿，臀部垫个枕头或垫子，双膝尽量下压，调整高度，直到坐稳、坐舒服了。头、颈、背竖直在一条直线上但不要僵直，微微闭上眼睛。感觉一下你的身体，哪里紧张就放松一下。调整到一个放松、舒服、确定、清醒而又有尊严的姿态。花点儿时间来觉知呼吸，像第二次课程里做的那样。

当你准备好了，就释放对呼吸的觉知，把注意力转移到你额头的左前部大约10平方厘米的部位，注意力集中在从额头左前部到后脑勺这一圆柱形区域，觉知这个区域的感受，包括皮肤表面的感受和内部空间的感受。可能是热的感受、凉的感受、紧绷的感受、涨的感受、麻的感受、疼的感受、跳动的感受……不必去寻找什么特殊的感受，也不必去分析你觉知到的感受是否是真实的，觉知到什么感受就是什么感受，不需要分析和判断。

也许你会觉知到某种无法命名的感受，那就不要给它命名，对那些你叫得出名字的感受也不必去理会它的名称，你只是如实地觉知感受本身而已。

这个练习不是为了获得不同的感受，也不是为了放松或平静，而是为了把注意力按照自己的主观需要依次投放到身体的各个部位。就算你发现在很多部位你觉察不到任何感受，这也很正常，不是什么错误或失败，你就知道“觉知不到任何感受”就可以了。

当你在这个部位觉知到感受之后，就把注意力向右移动，去觉知相邻部位的表面和内部有什么感受。觉知到感受后，再把注意力移到下一个相邻的部位，依次是头部、脖子、右肩膀、右上臂、右胳膊肘、右前臂、右手，左肩膀、左上臂、左胳膊肘、左前臂、左手，然后是胸部、上腹、下腹、盆腔、右大腿、右膝、右小腿、右脚，左大腿、左膝、左小腿、左脚。从头到脚按顺序移动你的注意力，每一部分都包括觉知皮肤表面和内部的感受。不要遗漏身体的任何一个部位，从头到脚觉知一遍，大约 20 分钟的时间。

如果在某个部位你觉知不到任何感受，这很正常，把你的注意力在这个部位停留一会儿，如果你觉知到了感受或者穿透到了对侧，就把注意力移到下一个部位，如果你还是没有觉知到任何感受，也把注意力移动到下一个部位。

从头到脚扫描完一遍之后，把整个身体整体觉知一两分钟，然后再从脚到头反向移动注意力，扫描完一遍之后，再把整个身体整体觉知一两分钟，然后再从头到脚一部分一部分地移动你的注意力……

觉察某个部位时，其他部位有一些感受可能特别明显，比如腰、腿可能会麻木或疼痛，或者脸上的某个地方很痒，你的注意力会反复地被这些明显的感受所吸引，离开了你想要集中的部位。当你意识到注意力被其他部位的感受所吸引，不要去管这些感受，温柔地把你的注意力再一次集中到你正在觉知的部位上来。每当你发现你被其他部位强烈的躯体感觉带走，或是因为其他原因离开了对此刻身体感受的觉知，就温和地把你的注意力再次集中到你正在观察的部位上来，体验此时此刻的感受。

如实地去觉知身体感受的本来样子，而不是你想要的样子。不必寻找什么特殊的感受，也不必分析你觉知到的感受是否是真实的感受，觉知到什么感受就是什么感受，不要去分析和判断。你只是去觉知，而不参与其中。

这个练习没有成功与失败，也没有做得好与不好。无论在练习的过程中发生了什么，都是正常的，不要去判断，你唯一需要做的就是频繁而有规律地练习。持续练习 30 分钟，或者你希望持续的更长时间，每天练习两次。不时提醒自己：只要去关注此刻正在体验的就可以了。

2. 应用指导

你已经练习了两天觉知身体的感受，一定要持续地用功。坚持练习很困难，但你仍要坚持。你的这一颗散乱的、激动不安的心如此浮躁，如此激动，如此不安，野兽般片刻不得安宁。你一开始观察身体的感受，心就跑到其他的事物上，一件接着一件，一个又一个地攀缘。你的心就像一头到处乱撞的野牛，需要一个有智慧的人来训练，持续不断地训练。一旦这头野牛被驯服，就可以用它强大的力量服务于你，它危害的力量就转变成服务的力量了。没有任何东西比你这颗狂乱的心更能伤害你，同样地，也没有任何东西比你训练过的心更能帮助你。

训练一头野牛需要极大的耐心，技巧纯熟的驯兽师不会对这头难以驯服的野牛生气，不会对野牛产生嗔恨，不会对野牛产生愤怒，他会用耐心、毅力来训练这头野牛。你也必须用耐心和毅力来对待你这颗狂乱的心，别打算在一两周之内就驯服它，这是不可能的。如果你因此而感到愤怒——“哦，你看，我已经花了两周的时间了，还是没有办法把心训练好”——你的心就会变得更狂乱，更危险。你必须耐心地用功，非常耐心地，持续不断地用功。最后你一定会赢，一定会把这颗心训练好。

练习的时候，无论你的身心呈现什么样子，你都只是去觉知、容纳并愿意经历，仅仅是保持觉知、容纳并愿意经历，如实地觉知身体所呈现出的本来的样子，而不是你想要的样子。感受是一直都存在的，只是你从未注意，从未觉知。现在通过实际的练习，你的心变得更敏锐了，开始觉知一些感受。人们的身体每时每刻都在发生变化，这种变化细微到细胞、分子、离子的层面。人的身体也因此一直都会呈现出各种感受，只是很多时候这种感受极其细微，你并没有注意到。这些感受一直都在变化着，一种感受升起又消失，另一种感受升起又消失……你不必去追踪任何一种特殊的感受，也不要主动制造任何感受。你只需要如实地觉知并愿意经历就可以了，不做别的。也许是痒的感受，那么你就觉知、容纳并愿意经历这种痒的感受，不对它产生习性的反应。如果痒的感受来时，你升起了习性反应，开始抓痒，那么这就不是平等心了。就像恐惧的感受来时，你升起了习性反应，开始检查、清洗、询问、重复……也是一样的道理。这次课程就是在培养你只是觉知、容纳并愿意经历，而不升起习性反应的能力。通过痒的感受和疼痛的感受来培养这种能力，然后你需要把这种能力运用到应对恐惧的感受上，对待你的恐惧也只是觉知、容纳并愿意去经历，而不升起习性反应。

我们的身体里有一套控制内脏、心血管、平滑肌和腺体等的神经系统，叫

“自主神经系统”，又分为交感神经系统和副交感神经系统，它们常常共同支配一个器官，形成对内脏器官的双重神经支配。也就是说，我们的某些内脏器官既受到交感神经控制又受到副交感神经控制，它们对同一器官的作用既是相互拮抗的，又是统一的。运动时，交感神经系统兴奋增强，副交感神经兴奋减弱，于是出现心跳加快、血压上升、支气管扩张、瞳孔扩大、消化活动受抑制等现象。这表明，此时机体的代谢加强，能量消耗加快，以适应环境的剧烈变化。处于安静或睡眠状态时，副交感神经兴奋加强，交感神经相对抑制，因而出现心跳减慢、血压下降、支气管收缩、瞳孔缩小、消化活动增强等现象，这有利于体力的恢复和能量的储存。在交感和副交感神经相互拮抗又相互统一的作用下，机体得以适应变化，在复杂的环境中生存。

即时的或短期的恐惧被称为“战斗—逃跑反应”，其作用在于帮助机体做好准备，采取攻击的行为或是尽快逃避危险。因此，恐惧最重要的目的是帮助人们应对危险的境况。人类的祖先生活在山洞里的时候，遇到危险时能够马上采取行动是至关重要的，而恐惧能帮助他们立即做出攻击或逃跑的反应。在现代生活中，“战斗—逃跑反应”仍然很重要，比如一个人横穿马路时，一辆按着喇叭的汽车突然朝他冲过来。如果这个人一点也不恐惧，他就很可能被撞死。事实上，这种情境下“战斗—逃跑反应”会即刻启动——他迅速跑开了。恐惧的目的是保护人，而不是伤害人，恐惧意味着适应生存。

当躯体感觉到危险的时候，大脑发送信息到自主神经系统。交感神经系统是“战斗—逃跑系统”，它释放能量并为身体行动（攻击或逃避）做准备。副交感神经系统是能量储存系统，在危险解除时将身体恢复到平常状态。

交感神经系统通过肾上腺释放两种化学物质：肾上腺素、去甲肾上腺素。这两种化学物质轮流用作交感神经系统的递质，以保持躯体激发的状态，一旦开始活动，大多会继续下去并在一定时段内增强。交感神经系统的活动会通过两种方式停止：一是身体里其他化学物质最终破坏了肾上腺素和去甲肾上腺素这两种化学递质；二是副交感神经系统被激活，帮助躯体恢复到放松状态。副交感神经系统是人体内的保护器，它可以防止交感神经系统让躯体失去控制。

肾上腺素和去甲肾上腺素这两种化学递质被完全破坏需要一定的时间，即使交感神经系统停止了反应，紧张感还是会持续一段时间，因为这些化学物质还在人体系统内循环。所以，你不可能在恐惧状态下马上恢复平静，需要一段时间，必须耐心等待。

恐惧是人类自身存活和种族延续所必须具备的功能，偶尔感到恐惧是完全正常的。我们生病、失业、面对升学压力、考试失败、与家人或同事发生冲突时，都会产生类似的情绪体验。所以我们的目标不是消除恐惧，这也是不可能的，我们可以尝试理解恐惧，觉知、容纳并愿意经历恐惧，不把它视为敌人。

正念练习要求你只是觉知、容纳并愿意经历，别的什么都不做。痒的感受升起，让我看看它会持续多久，它会不断增强，然后消退，所有痒的感受都不是永恒存在的。任何感受都不会永远持续，它们迟早会消失，因此你只是静静觉知、容纳并愿意经历正在发生的一切。你的恐惧也不是永恒不变的，也是升起之后又消失的，所以你对恐惧不必升起习性反应，不要通过强迫行为去缓解恐惧，你只需要静静地觉知、容纳并愿意经历恐惧感受的升起、发展、增强，然后减弱，直到消失。

有时候，身体感受到的不是痒，也许是刺痛的感觉、抽动的感觉、轻盈的感觉、压力（张力、扭力）的感觉、一涨一缩的感觉、疼痛的感觉、麻木的感觉、干燥的感觉、潮湿的感觉……你无法要求和选择感受，只能毫无选择地觉知、容纳并愿意经历，按照感受的本来样子去觉知、容纳并愿意经历，而不是把感受变成你想要的样子。你只是觉知、容纳并愿意经历这个感受，而不对它升起习性反应，对不同的感受不要升起不同的态度——“哦，这个感受好舒服，我喜欢这个感受”“哦，不，不，这个感受不舒服，我不喜欢这个感受，它快点消失吧”——不要对不同的感受升起这样的分别心，你只是觉知、容纳并愿意经历这些感受，持续不断地觉知、容纳并愿意经历。

当强迫来袭，恐惧的感受升起，你不喜欢这种感受，试图通过实施强迫行为来重归平静，而这种尝试恰恰就成为强迫症状持续存在的原因。现在你需要借由正念练习来培养愿意经历的能力，不再嗔恨这种恐惧的感受，这些感受只不过是相信了不该相信的想法而产生的身体反应，你只是如实地觉知、容纳并愿意经历这些感受，而不实施强迫行为，这样你就能最终摆脱强迫症。不要刻意寻找特殊的感受，不管身体升起什么样的感受，你只是觉知、容纳并愿意经历它，不要对它升起习性反应，就已经基本达到要求了。有时你可能觉知不到任何感受，不必失望沮丧，只需要把注意力继续集中在那里，静静地保持觉知。有时你也许会觉知到多种感受，有两三种或者更多复杂的感受同时升起，这时你需要去观察那个很细微的感受，因为很明显、很粗重的感受不能培养心的敏锐。去注意那些细微的感受，设法让自己感受那些更加细微的感受，你的心就会越来越敏锐。

当你觉知某个身体部位时，其他部位也会有感受升起，你无法阻止这些感受的升起，不要去注意它们，你只需要关注你正在觉知的区域。你不是以贪爱或嗔恨来应对这些感受，你只是客观地觉知、容纳并愿意经历。同样，当强迫袭来的时候，也需要相同的态度——不要对强迫升起任何习性反应，只需觉知、容纳并愿意经历，客观地觉知、容纳并愿意经历你的想法、情绪和感受，不对它们升起任何的习性反应，这样你才能解脱。

这种对于事物无常变化的体验对你非常有帮助，身体的感受一直在无常地变化着，越深入地觉知就越会发现这一点。这个世界的所有的事物都是在不停变化着，包括物质的和意识的。小到原子、大到整个宇宙都处在不停的变化之中。我们人类社会的科技、文化和意识形态都处在不断发展变化的过程之中，每个独立的生命个体也始终处在发展变化之中，物质交换和新陈代谢一刻都不曾停止。虽然我们不能明显地感觉到这种变化，但想想你的头发、指甲，还有我们每时每刻都在进行的呼吸，你就会明白你的身体是每时每刻都在变化着的。物质是意识的基础，不存在没有脑活动基础的意识活动，我们的大脑每时每刻都处在活动变化中，我们的意识也每时每刻都处在活动变化中，这些变化包括注意力转移、情绪变化、躯体感受变化、兴趣爱好及观念变化，以及思维内容和思维模式的变化，等等。对无常的了知会让你变得更有智慧，因为人生的很多烦恼都源于对不变的追求，你希望现在属于你的一切美好事物永远都属于你。你希望永远健康、永远年轻，你的金钱、权利、地位、名誉、爱情、亲情等永远都属于你，永远都不要变化，一旦变化了你就感到痛苦。同样地，你对“恐惧”的态度也是如此，你不认为“恐惧”有其自身的变化规律，而是认为：如果不实施强迫行为，恐惧感就会一直持续甚至越来越强，直到让你发疯，所以你不断地试图通过强迫行为来把恐惧感受变成平静的感受。事实上这一切都会变化，只有通过正念练习培养起对变化的了知，去觉知变化并且愿意经历变化，你才能更智慧地对待你的人生。

你已经开始学习如何对身体不断升起又消失的变化保持觉知。保持觉知，随着练习的持续和深入，你对这个方法的掌握会越来越纯熟，你会发现你在日常生活中越来越平衡、平稳，逐渐能够时时刻刻对自己的身体保持觉知、容纳并愿意经历。从头到脚去觉知实相，不停地从头到脚去感觉实相，你必须对身体的感受保持觉知、容纳并愿意经历，你才刚刚踏出第一步而已。你必须从头到脚一部分一部分地移动你的注意力，不遗漏任何一个地方，如果不这样做，你的心就难免被那些粗重的、明显的感受所吸引，错过很多细微的感受，这样你的心就还是粗糙的，不够细致的。身体的每个部位，每时每刻都有感受在升起，而很多部位是你早已遗忘，或者从来没有觉知过的，所以你需要让心更加敏锐。

要一部分一部分地移动你的注意力，按照顺序，不要遗漏任何一个地方。如果在你观察一个部位的时候，你身体的其他部位升起了感受，很明显的感受，这时你不要去管它，继续观察你正在观察的部位，继续按原有的顺序移动你的注意力。这一点非常重要，如果你的注意力被其他地方吸引过去了，你的心也就从一个粗重的感受跳到了另一个粗重的感受，从一个地方跳到了另一个地方，这样你就还没有驯服你的心，那么当强迫袭来的时候，你的心就会被它控制，从你正在做的事情上跳到了你的强迫感受上，也就无法按照真实的需要来控制你的心。所以，通过练习来发展对心的掌控能力，帮助你最终摆脱强迫症。

你不仅要了知身心的表层，更要进入到心的最深层。觉知身体的感受时，你就已经开始接触到你深层的心。你深层的心一直对你感觉到的身体感受有着清楚的觉知，而且一直都在升起习性反应，如果察觉到愉悦、舒服的感受就升起贪爱、执着，如果察觉到不愉悦、不舒服的感受就升起嗔恨、厌恶。这已经变成心的习性模式，心一直是这种盲目模式的“囚犯”。在理性层面你知道不应该产生负面情绪，产生负面情绪就失去了内在的安详与和谐。但这种认知层面的了解并不会改变你的心。通过练习，你现在已经可以与你深层的心沟通了，已经开始看到你的深层的心是如何运作的了。整个心现在开始清醒过来，表层的心和深层的心开始连接。所有痛苦和烦恼的根都在这个深层的心里面，都源于这些习性模式，源于你深层的心对身体感受的贪爱和嗔恨。所以，身体的感受对你非常重要，只有通过这种练习你才能驯化你深层的心，对身体感受不升起任何习性反应。深层的心的这些习性反应和你眼睛所看到的、耳朵所听到的、鼻子所闻到的、舌头所尝到的、身体所感受到的、头脑所想到的，都没有任何关系。引起你烦恼、痛苦、恐惧的不是这些外在的事物，这个最深层的心一直都和你的身体感受连通，任何外在的事物和你的眼睛、耳朵、鼻子、舌头、身体、大脑接触了，身体就会产生某种感受。你的心对外物进行了或好或坏的评判，然后你的身体就产生了某种感受，而这个深层次的心只是去感觉、去经历这些身体上的感受，时时刻刻、日日夜夜地对身体上的感受升起习性反应。

在表面的层次上，所有人都会说我痛苦是由于外在的因素：某人说了我不喜欢的话，某地发生了我无法预料的事，某时我想到了一些可怕的情境……因此我觉得痛苦。这些外在的因素虽然是事实，但只是非常表面的事实，如果不了解内在的原因，你就会不断地、尽你所能地去改变外在的事情。然而外在的事物并不完全在你的控制范围之内，人生不如意十之八九，有时候你想要的事情能够如愿发生，但大多数时候发生的事情并非如你所想，你必须面对这些事情，必须进入心的更深层面，去发掘造成痛苦的真正原因。体悟疗法会帮助你进入心的更深层面去发现真正的原因。感官探知的事物存在于外面，痛苦却是来自内在，一定有某些内在的原因造成痛苦，当你越来越深入内心时，你就会慢慢地了解到造成痛苦的深层原因，那就是我们对身体感受的贪爱和嗔恨：如果你贪爱某种身体感受，当这个贪爱不能满足时，你就非常痛苦；如果你嗔恨某种身体感受，当嗔恨的感受出现时，你就会非常痛苦。

你已经开始观察这个根植深处的原因了，当真正的原因被化解，你就获得了更高的智慧，痛苦就不再是痛苦了。你不仅需要在知识上了解，更需要亲身去体会。现在你已经开始这么做了，你会越来越深入内心的实相，现在只是刚开始。刚开始盘坐的时候你会说“因为我坐了这么久所以才会这么痛”，逐渐地，你会明白你之所以这么痛苦是因为你深层的心对这种疼痛的身体感受的嗔恨，如果你学会只是去觉知、容纳和愿意经历痛苦，那么痛苦就会减轻，当你觉知，不断地觉知之后，你就开始脱离痛苦了。为什么周身会有这么多的痛苦呢？这是由于你的贪爱和嗔恨，你希望事情都能如你所愿，但是事实不可能如此，你想要排除一些你不喜欢的事情，但这不可能完全实现，痛苦一定存在。

一生中有无数的苦，比如你坐着练习时，你有一种贪爱，希望身体很舒服，希望时间过得快些，希望能够专注，希望达到某种境界……当这些不被满足时，你就会感到痛苦。同样地，你嗔恨疼痛，嗔恨无聊的烦躁，所以这些出现时你也会很痛苦。无论你贪爱什么身体感受，只要无法满足你的贪爱你就会痛苦；你和你希望接触的人、事、物无法在一起，你必须和它们分开，你会痛苦，感受到极大的痛苦。无论你嗔恨什么身体感受，只要嗔恨的感受一出现你就会痛苦，你和你不希望遭遇的人、事、物碰到一起，跟它们有所接触你就会痛苦，甚至感受到极大的痛苦。

要如何改变这种最深层的心的习性模式呢？那就是培养“愿意经历”的能力，对任何身体感受都保持平等心，不要贪爱某种身体感受，也不要嗔恨某种身体感受，对任何身体感受你都只是去觉知、容纳和愿意经历。正念觉察身体感受的练习就是在培养这种能力。当你具备了这种能力，并且运用到恐惧、焦虑的感受上，那么你就能彻底从强迫症中解脱。生命充满痛苦，生活充满痛苦，世界充满痛苦，每个人都有各种原因产生的各种痛苦，痛苦是普遍存在的，我们不能只是在知识的层面上接受这个事实，还必须学习“觉知并愿意经历痛苦的实相”，当你学会了如何觉知、容纳并愿意经历痛苦后，这种普遍的实相就成了你的智慧。任何人只要能觉知、容纳并愿意去经历，痛苦就只是痛苦，只要不升起任何习性反应，这个人就迟早会解脱。在生活中，你会经常经历各种痛苦，身体上的、心理上的。如何面对这些痛苦呢？你现在就在学习，通过培养愿意经历的能力，来学习面对痛苦。

强迫症也是如此，当某些外在的刺激或者内在的想法、图像、冲动等被你感知到，想法让你信以为真，产生了恐惧的感受，你深层次的心又嗔恨这种恐惧，不愿意去经历这些感受，于是产生了强迫行为和回避行为。体悟疗法要培养你愿意经历的能力，对身体的感受不贪爱也不嗔恨的能力，打破情绪驱动的能力。如果不能培养起愿意经历的能力，那么面对恐惧的情绪就会出现两种情况，一种是强迫行为，你通过强迫行为来缓解恐惧，强迫行为因此受到负强化，所以每当恐惧的感受升起时你都需要通过强迫行为来缓解，这就使得你的强迫症一直没有好转。但这些强迫行为只是饮鸩止渴，从长期来看都只会加重你的症状。慢慢地，这些强迫行为本身也会变得非常痛苦，于是你就陷入了“不实施强迫行为痛苦，实施强迫行为也痛苦”的两难境地。

另一种是回避行为。由于对恐惧的嗔恨，你不愿意去经历你的恐惧，一想到可能出现的强迫就开始焦虑，于是你回避那些可能让你产生强迫行为的情境和事情，这严重影响了你的社会功能。恐惧是由于交感神经系统接收到来自大脑的威胁信息而被激活，分泌肾上腺素和去甲肾上腺素引起的，如果你害怕这种恐惧的感受，对恐惧又产生恐惧，这时恐惧本身成了一个刺激源，你的大脑就会再次发出威胁的警告，这样你的交感神经系统就因为又收到威胁信息而更多地分泌肾上腺素和去甲肾上腺素，你就会感觉到更加恐惧，这种加强了的恐惧又会引起大脑的注意，大脑就再次发出威胁信息，如此循环。

通过练习你了解到一切都是变化的，恐惧也不例外。恐惧肯定会自然地消减，只要你感到害怕，就去觉知、容纳、愿意经历这种害怕，体内的化学物质和副交感神经系统自然会使你恢复平静，你只需等待。能做到这一点，你的强迫症就可以痊愈。

要真正地愿意去经历恐惧是很不容易的，因为恐惧的感受真的让人非常不舒服，没有经过练习的人大多不愿意去经历如此讨厌的感受。但通过正念练习你已经明白：恐惧是身体的正常反应，是因为你相信了那些虚、假、空的想法而产生的，恐惧不等于真的有危险。如果你害怕恐惧并想消除恐惧，那只会使你更加恐惧。当然，你不能一下子做到愿意去经历恐惧，这是很正常的，不必因此而沮丧，但你必须坚持在这个方向上前进，哪怕前进得很慢。只要方向不变。你就已经踏上了正途，只要一直走下去，最终就能获得康复。

努力精进！

五、正念经历情绪

正念经历情绪的练习，借鉴、整合了刘天君教授创立的“移空技术”①，有三种方式。对“愿意经历指数”为 1 的来访者，我们把情绪象征物移空之后不再移回来。对“愿意经历指数”为 2 的来访者，我们把情绪象征物移空之后需要再移回来。对于“愿意经历指数”为 3 的来访者，我们不再向外移动情绪象征物，而是先在身体里融化它，然后连同身体一起移空。

1. 练习指导语 I

坐在一个舒适的位置上，可以在床上、沙发上或地板上，以舒服的姿势盘上双腿，臀部下面垫一个枕头或垫子，双膝尽量往下沉。调整高度，直到坐稳、坐舒服。头、颈、背竖直在一条直线上，但不要僵直，微微闭上眼睛。感觉你的身体，哪里紧张就放松一下。调整到一个放松、舒服、确定、清醒而又有尊严的坐姿。花点时间来觉知你的呼吸，像第二次课程里练习的那样。

当你的心相对稳定了，就释放对呼吸的觉知，然后去回忆一个可以引起你中等程度焦虑的想法、冲动或画面。

---

① 刘天君，本哈德·特林克勒. 移空技术操作手册：一项本土化心身治疗技术［M］. 北京：中国中医药出版社，2019：13-25.

当你开始感觉到焦虑的时候，也许会发现有一种无形的力量开始出来阻挠你，拉着你，不让你去想那些会让你感到焦虑的想法、冲动或画面，这是很正常的，只是这时你不要被这股力量所控制，你只是简单地知道它的存在，然后继续想象那个能引起你中等程度焦虑的想法、冲动或画面。不要逃避你的焦虑，当你觉得焦虑已经达到顶点时，给自己的焦虑程度打个分（0 ~ 10 分），也给对这种焦虑的愿意经历指数打个分（1 ~ 7 分）。然后觉知你的想法、冲动或画面，复述它并贴上标签。

接下来快速觉知你的身体，就像身体扫描练习那样，觉知你的整个身体，看看有什么感受，特别是头部、喉咙、胸口、胃部、腹部等。然后将你的焦虑具象化，想象成一个象征物，依次从几个方面去描述它：它在哪里？是什么形状的？是什么颜色的？有多重？摸起来是什么质地的？闻起来是什么气味的？使这个象征物清晰、具体。

想一个可以把这个象征物装起来的容器。这个容器具体是什么？什么形状？什么颜色？什么材质？有多厚？有多重？是如何封口的？使这个容器清晰、具体。

找一个你觉得合适的工具，以你觉得合适的方式把象征物和容器内外都清理干净。

把那个象征物从你的身体里拿出来放进容器里，如果需要，可以在容器里放一些填充物以使那个象征物放得稳妥一些，直到你满意为止。把容器的口封好，可以用绳子系紧、锁上、用塑料胶带缠上，或者你觉得合适的其他方法，直到完全密封好。

把容器放到你正前方 1 米远的地方，移动到 3 米远的地方，再回到 1 米远的地方，如此反复移动 2 次。

把容器放到你的正前方 5 米远的地方，移动到 10 米远的地方，然后是 20 米，30 米，20 米，10 米，1 米，如此反复 10 次。感觉一下，这个容器在多远的地方就只能看见一个小黑点了，再远就完全看不见了，就把容器放到这个距离的位置。

继续向远处移动容器，移动到无限远，使容器在视野里完全消失。

在无限远处停留 1 ~ 3 分钟，体会宁静、放松、空。

当你感觉可以了，就睁开眼睛结束这个练习。

2. 练习指导语Ⅱ

坐在一个舒适的位置上，可以在床上、沙发上或地板上，以舒服的姿势盘上双腿，臀部下面垫一个枕头或垫子，双膝尽量往下沉。调整高度，直到坐稳、坐舒服。头、颈、背竖直在一条直线上，但不要僵直，微微闭上眼睛。感觉你的身体，哪里紧张就放松一下。调整到一个放松、舒服、确定、清醒而又有尊严的坐姿。花点儿时间来觉知你的呼吸，像第二次课程里练习的那样。

当你的心相对稳定了，就释放你对呼吸的觉知，然后去回忆一个可以引起你中等程度焦虑的想法、冲动或画面。

当你开始感觉到焦虑的时候，也许会发现有一种无形的力量开始出来阻挠你，拉着你，不让你去想那些会让你感到焦虑的想法、冲动或画面，这是很正常的，只是这时你不要被这股力量所控制，你只是简单地知道它的存在，然后继续想象那个能引起你中等程度焦虑的想法、冲动或画面。不要逃避你的焦虑，当你觉得焦虑已经达到顶点时，给自己的焦虑打个分（0 ~ 10 分），也给对这种焦虑的愿意经历指数打个分（1 ~ 7 分）。然后觉知你的想法、冲动或画面，复述它并贴上标签。

接下来快速觉知你的身体，就像身体扫描练习那样，觉知你的整个身体，看看有什么感受，特别是头部、喉咙、胸口、胃部、腹部等。然后将你的焦虑具象化，想象成一个象征物，依次从几个方面去描述它：它在哪里？是什么形状的？是什么颜色的？有多重？摸起来是什么质地的？闻起来是什么气味的？使这个象征物清晰、具体。

想一个可以把这个象征物装起来的容器。这个容器具体是什么？什么形状？什么颜色？什么材质？有多厚？有多重？是如何封口的？使这个容器清晰、具体。

找一个你觉得合适的工具，以你觉得合适的方式把象征物和容器内外都清理干净。

把那个象征物从你的身体里拿出来放进容器里，如果需要，可以在容器里放一些填充物以使那个象征物放得稳妥一些，直到你满意为止。把容器的口封好，可以用绳子系紧、锁上、用塑料胶带缠上，或者你觉得合适的其他方法，直到完全密封好。

把容器放到你的正前方1米远的地方，移动到3米远的地方，再回到1米远的地方，如此反复移动2次。

把容器放到你的正前方5米远的地方，移动到10米远的地方，然后是20米，30米，20米，10米，1米，如此反复10次。感觉一下，这个容器在多远的地方就只能看见一个小黑点了，再远就完全看不见了，就把容器放到这个距离的位置上。

继续向远处移动容器，移动到无限远，使容器在视野里完全消失。

在无限远处停留1~3分钟，体会宁静、放松、空。

从无限远处逐渐移回容器：无限远，1000米，100米，50米，20米，10米，5米，1米，眼前。

打开容器，看看象征物是否还在，如果象征物已经不在了，就把注意力放在你身体中它原来所在的位置，体会它已经不在了的感受。如果它还在，详细描述它现在的样子，再把它温柔地放回你身体中它原来的位置。

再一次给你的焦虑程度打分（0~10分），给对这种焦虑的愿意经历指数打分（1~7分）。

3. 练习指导语Ⅲ

坐在一个舒适的位置上，可以在床上、沙发上或地板上，以舒服的姿势盘上双腿，臀部下面垫一个枕头或垫子，双膝尽量往下沉。调整高度，直到坐稳、坐舒服。头、颈、背竖直在一条直线上，但不要僵直，微微闭上眼睛。感觉你的身体，哪里紧张就放松一下。坐到一个放松、舒服、确定、清醒而又有尊严的姿态。花点儿时间来觉知你的呼吸，像第二次课程里练习的那样。

当你的心相对稳定了，就释放你对呼吸的觉知，然后去回忆一个可以引起你中等程度焦虑的想法、冲动或画面。

当你开始感觉到焦虑的时候，也许会发现有一种无形的力量开始出来阻挠你，拉着你，不让你去想那些会让你感到焦虑的想法、冲动或画面。这是很正常的，只是这时你不要被这股力量所控制，你只是简单地知道它的存在，然后继续想象那个能引起你中等程度焦虑的想法、冲动或画面。不要逃避你的焦虑，当你觉得焦虑已经达到顶点时，给自己的焦虑程度打个分（0~10分），也给对这种焦虑的愿意经历指数打个分（1~7分）。然后觉知你的想法、冲动或画面，复述它并贴上标签。

接下来快速觉知你的身体，就像身体扫描练习那样，觉知你的整个身体，看看有什么感受，特别是头部、喉咙、胸口、胃部、腹部等。将你的焦虑具象化，想象成一个象征物，依次从几个方面去描述它：它在哪里？是什么形状？是什么颜色？有多重？摸起来是什么质地？闻起来是什么气味？使这个象征物清晰、具体。

想一个可以把这个象征物装起来的容器。这个容器具体是什么？什么形状？什么颜色？什么材质？有多厚？有多重？是如何封口的？使这个容器清晰、具体。

找一个你觉得合适的工具，以你觉得合适的方式把象征物和容器内外都清理干净。

把你的身体当成一个容器，想象这个象征物从边缘和表面开始慢慢融化和消散。就像一粒冰糖放在温水里慢慢融化，最后完全溶解在水里一样。

想象这个象征物继续融化和消散，直至它完全融化、消散在你的身体里。

觉察你的整个身体，如果某个部位还有那个象征物的残余或碎片，想象它继续融化和消散，直至它在你的身体里完全消失。

觉察一会儿你的身体，体会宁静、放松。

想象你的整个身体融化消散在整个空间中。

待在这种全然的“空”中，体会这种空。

当你感觉可以了，就睁开眼睛结束这个练习。

4. 应用指导

正念经历情绪的练习已经进行了两天，这个练习非常重要，是我们接下来一切行为训练的基础。从第一次课程开始，对你的身心的“手术”就已经开始了，每一次练习，“手术”都更加深入，痛苦也更加明显。你要在痛苦中成长，但并不是要你去寻找痛苦，相反地，是通过面对痛苦、容纳痛苦、愿意去经历痛苦而最终摆脱痛苦。这并不是让你变得悲观、消极或看破红尘，这是一个非常积极的方法。

一位母亲让小儿子到杂货店去买油，给了他一个空瓶子和 10 元钱。小男孩去买了油，用瓶子装满了，但在回来的路上他跌倒了，瓶子打翻了，洒了半瓶油出来。小男孩捡起半空的油瓶，哭着跑回去对妈妈说：“妈妈，我漏掉了半瓶油，我漏掉了半瓶油。”他很难过。

母亲又给二儿子一个空瓶子和10元钱，让他去买油。二儿子买了油，装满了瓶子。在回来的路上他也跌倒了，漏掉了半瓶油。他捡起油瓶跑回家对妈妈说：“妈妈，我回来的路上摔了一跤。本来一瓶油可能都漏掉的，但我保住了半瓶。你瞧，我保住了半瓶油！”

最后，母亲又让大儿子去买油，他也跌倒了，漏掉了半瓶油。他捡起瓶子回到家里，带着笑容对妈妈说：“妈妈，我保住了半瓶油，也失去了半瓶油。现在我要出去干活赚钱，在天黑前赚到5块钱，把油瓶装满。”他不但乐观，还能看到事实，有踏实的态度，也是精进的态度。你已经在学习解脱的方法，痛苦是有的，你必须承认这一点。半个瓶子是空的，你必须接受这一点。

整个体悟疗法就是让你去如实地觉知你的身心现象，以此培养你的智慧。这是从你自己身心经验中体悟到的智慧，是真正的智慧。觉知身心现象的整个过程让你了解身心现象的本来面目，开始重视身心现象的变化本质，否则你就会一辈子都只重视外在的事物。

不断地觉知身心现象，迟早有一天你会到达一个阶段，你会了解到你贪爱的并不是外界的什么事物，并不是这个东西或者那个东西，你真正贪爱的是你身体某个部位的某种特定的感受。你深层次的心一直和你的身体感受发生联系，你贪爱任何东西的时候你的身体就会升起某种特定的感受，而当你的贪爱满足后，这个感受也就不见了。你还想要这种感受所以你又要贪爱别的东西，一旦你的贪爱得到满足，得到了你想要的东西，那种感受就消失了，那个东西也就变得无趣，你又想要别的东西。

继续练习你就会明白，当我们说某个人上了酒瘾，这其实是错的。从表面上看起来好像是这样，但事实上他是对身体上的某种感受上了瘾，喝酒的时候他的身体就会产生这种感受，他一次又一次地要这种感受，才会一次又一次地喝酒。如果现在有一种饮料，喝了之后能在身体里引发和喝酒同样的感受，那么他就可以不喝酒而喝这种饮料。因为他贪爱的不是酒精而是那种身体上的感受，只要能引发相同的感受，喝什么根本不重要。感受是如此重要，开始学习觉知你的感受，你无法摆脱你任何的瘾头，对酒精上瘾比不上对贪爱的上瘾，比不上对嗔恨的上瘾。心灵有这么多的不净烦恼，你对这所有的不净烦恼上了瘾，你一直在重复，重复，重复，一再地追求这种感受。练习的过程就是在亲身体验这究竟是怎么一回事，以及它是怎么运作的。亲身去体会：想法和情绪是怎么互动的，情绪与行为又是怎么互动的；想法怎么影响情绪，情绪又怎么影响想法；情绪怎么影响行为，行为又怎么影响情绪。

你在体验这一切，你由亲身体验而得的智慧是你自己的智慧，不是因为哪个圣贤这么说，不是因为我这么说，也不是因为书上这么说，这是你自己体悟到的。你练习的这一刻对任何的感受都不升起习性反应，那么旧习就开始浮现，只要你不升起新的习性反应，这个旧的习性反应就会消失。继续练习你会发现，这些过程在你的日常生活中也会变得很清楚：不愉快的事情发生了，这些外在的不愉快的事使你的内在产生了不愉快的感受，你嗔恨这些感受，不愿意容纳这些感受，想尽快消除这些感受，就产生了习性反应——抱怨、发脾气、强迫行为，等等。生活中发生了愉悦的事，你内在产生了很愉悦的感受，你贪爱这些感受，产生习性反应，无限度地执取。如果你对这些感受都不升起习性反应，仅仅是觉知、容纳并愿意经历它们，那么旧有的习性反应就开始浮现出来，然后消失。不断地浮现，然后消失。

旧有的习性浮现出来时会带来感受，比如酒瘾上来时你不喝酒就会烦躁难忍，如果你对这种感受不升起任何习性反应，仅仅是觉知、容纳并愿意经历，最后它消失了，也就是你身体里的某种旧习消失了。旧习性一个一个地浮现，一个一个地消失，你摆脱了它们，不再制造新的痛苦，你就从旧有的痛苦中得到了解脱，你的整个生命也就因此而发生了深刻的变化。

经过练习你会发现，你的恐惧也只不过是身体上某种强烈的感受加上头脑里的一个妄念罢了。处于恐惧中时，你要保持平等心，要不受打扰。以前每当恐惧升起，你就失去了平等心，你就受打扰，你一恐惧，你的大脑就开始摇摆和动摇，开始思考：万一这样怎么办，万一那样怎么办？恐惧就这样把你带入死胡同，你越想越恐惧。就这样你被恐惧所打扰，被恐惧所控制，成了想法和情绪的奴隶。

在恐惧的情况下，要如何才能不受干扰呢？不要去分析引发你恐惧的想法，也不要通过强迫行为改变恐惧的感受，你需要对恐惧有觉知、容纳和愿意经历的能力。真实的你是不会被打扰的，它从来不被打扰，会被打扰的只是你的大脑。

感到恐惧时，你通常选择去处理引发恐惧的事物，这样你对质的是引发恐惧的事物，而不是恐惧本身。你会发现有那么多外在事物或者内在妄念能引发你的恐惧，处理完一个就又来一个，让你疲惫不堪。而我们现在的方法是去对质恐惧本身，而不是去对质引发恐惧的事物，这样你就不会受到干扰。你怎么能知道你在恐惧呢？这说明一定有一个在恐惧之外的东西存在着，如果没有这个东西存在，你和恐惧始终在一起，那你是无法知道自己在恐惧的。既然你知道你在恐惧，那说明恐惧比你“小”，那么你就可以觉知、容纳并愿意经历你的恐惧了。

请抱有一种好奇心，一种“想要发现恐惧是什么”的好奇心。任何时候只要恐惧升起，立刻问自己：“它是个什么东西？”而答案永远都蕴藏在你当下的身体感受之中，恐惧就是你身体上的某种特定的感受，某种强烈的不舒服的感受。治疗强迫症的一个重要任务就是改变你和恐惧的关系，一旦你向恐惧妥协，恐惧就会变得更坚实。通过回避行为来避免恐惧，或者通过强迫行为来缓解恐惧，都会使你的恐惧长期存在。你有哪些恐惧呢？怕被污染、怕生病、怕丢东西、怕签名、怕扔东西、怕出错、怕发生意外、怕不对称、怕不完美、怕自己的某些想法或画面、怕做出可怕或尴尬的事、怕负责任，怕影响他人……这其中最强烈的恐惧，可能就是恐惧本身了，也就是你对恐惧的恐惧。怀着想要消除恐惧的期望来对质恐惧，引起的是“恐惧的刺激”而不是恐惧本身，这样恐惧问题是无法解决的。要知道所有的恐惧本质上都是相同的，仅仅是由于我们的交感神经系统接收到来自大脑的威胁信号，从而多分泌了一些肾上腺素和去甲肾上腺素而已。恐惧并不分中国人的恐惧、俄罗斯人的恐惧、马来西亚人的恐惧、澳洲人的恐惧、法国人的恐惧、美国人的恐惧，也不分对猫的恐惧、对狗的恐惧、对疾病的恐惧、对丢东西的恐惧、对不完善的恐惧、对神灵的恐惧……所有的恐惧本质都是一样的，都是身体上的一些强烈感受而已，不同的只是恐惧的程度。所以你需要解决的是恐惧本身，而不是引起恐惧的外在事物或者内在的妄念。

和其他任何情绪都一样，恐惧可以分成两个部分：想法和身体感受。对于想法，你已经练习过复述、贴标签；对待身体的感受就是觉知、容纳并愿意经历。每当你问自己“它是个什么东西”的时候，就会听见脑子里出现惊恐的呐喊：“我做不到！接下来会发生什么？可能真的有危险！”接着你开始体验身体上的恐惧感，其中包括各种不舒服的感受：胃部和胸部的扰动感、心跳加快、肌肉紧绷、觉知力窄化、肩膀紧张、嘴部僵硬、喉咙阻塞、反胃及无力……

每一次恐惧袭来的时候，你都需要通过下面的问题把它具体化、形象化：

恐惧在哪里？恐惧是什么形状的？恐惧是什么颜色的？恐惧有多重？恐惧摸起来是什么质地的？你可能从来都没有这么做过，开始的时候会感觉无所适从，你需要耐心地、慢慢地具体化、形象化你的恐惧感受。这样做的时候，你就已经跳离了大脑里那些让你恐惧的胡思乱想，打断了大脑里的假设推理，你已经开始和你的恐惧进行接触，你需要找个容器把这个东西装起来，在你的正前方由近及远、由远及近地反复移动，直到它完全消失，达到“空”的状态。

这个容器就是你的内在力量，你的内在资源，这是好转的基础。你能够移动它，就说明你有能力驾驭它，可以不因它的驱使而去实施强迫行为和回避行为。一旦你可以移动它、驾驭它，它将不再可怕。

用容器把它装起来，来回移动直至它消失，这并不是让你去嗔恨恐惧、抗拒恐惧，也不是让你消除恐惧，这一点很重要——“想要消除它”的想法会让你受制于它。把它装到容器里是在提高你的容纳能力，来回移动它是在提高你的驾驭能力，目的是让你不再怕它，不再受控于它。最后再把容器移回来，看看它还在不在，如果它不在了，那很好，你应该体悟到可以不通过强迫行为来缓解焦虑和恐惧，通过容纳它、移动它就可以改变它。如果它还在，那也很好，因为我们的目的并不是要消灭它，仅仅是可以容纳它、驾驭它、愿意经历它，此时你可以通过容纳它、移动它来看看你的愿意经历指数是否有变化。

“愿意经历”可以分为七个层次。第一个层次是完全不愿意经历。哪怕是忍耐片刻都无法做到，必须马上通过强迫行为或逃避行为来消除恐惧。根本没有办法做其他事情。

第二个层次是很不愿意经历。恐惧来的时候，只能忍受很短的时间，比如几分钟到十几分钟，之后还是通过强迫行为或逃避行为来消除恐惧。恐惧感受没有改变之前，你无法做其他事情。

第三个层次是不愿意经历。面对恐惧可以忍受较长的一段时间，比如一两个小时，在这段时间内很难去做该做的事情。如果一两个小时之后恐惧还在，就还要通过强迫行为来消除恐惧。

第四个层次是勉强愿意经历。还是希望恐惧最好不存在，但明白通过强迫行为和回避行为来消除恐惧是行不通的，只会越来越严重。可以不通过强迫行为或逃避行为来消除恐惧，可以带着恐惧勉强地做一些事情，但受恐惧的影响很大。

第五个层次是有点愿意经历。虽然觉得这种情绪不好，但允许它存在，知道正确的方向，可以不通过强迫行为或逃避行为来消除恐惧，做自己该做的事情，受恐惧的影响中等。

第六个层次是愿意经历。认识到这种情绪是建立在错误想法认同的基础上的，并且是会变化的；允许其存在，等待其按自身的规律发展变化，不通过强迫行为或逃避行为来消除恐惧，而是做自己该做的事情。受恐惧的影响很小。

第七个层次是完全愿意经历。可以允许这种情绪自由来去或停留，可以友善地关注，温柔地包容，在经历这种情绪的同时可以做自己该做的事，不受这种情绪的影响。

你的第一个目标就是要达到第四个层次：可以不通过强迫行为和回避行为来消除你的恐惧。你只要愿意将恐惧包容进来，并且将它看成如实存在的身心感受而不是外在的事实，它就失去了力量。你会发现，即使你感到非常恐惧，身体也没有遭受到真正的危险。与其惊慌失措地对抗和排斥，不如反过来拥抱它、容纳它，就此放下对恐惧的害怕和抗拒。勇气并不是恐惧的反面，只有愿意去经历恐惧，才能培养出勇气。你对恐惧的执着松动了，跟自己的真心也重新联结起来。

传说中，国王有三个儿子，老大英俊潇洒讨人喜欢，当他长到 21 岁的时候，父亲在城里为他建了一座宫殿；老二聪明伶俐人见人爱，他 21 岁的时候，父亲也在城里为他建了一座宫殿；老三既不英俊也不聪明，而且待人不友好，当他 21 岁的时候，国王的谋士们说："城里已经没有空地了，把小王子的宫殿建在城外吧。您可以把它修建得非常坚固，派士兵去保卫它，这足以抵御那些住在城墙外的无赖们的袭击。"于是，国王就在城外为小王子建了宫殿并且派驻士兵。一年后，小王子送信给他的父亲说："我不能住在这里了，无赖们太强悍了。"谋士们说："那就在离城里和无赖们 20 英里远的地方建一座更大、更坚固的宫殿吧，派更多的士兵去那里，应该足以抵御游牧民族的袭击。"国王就又建了这样一座宫殿，派 100 名士兵去保卫它。一年以后，小王子又送信来："我不能住在这里，这里的游牧民族太强大了。"这次谋士们又说："建一座城堡吧，离这里 100 英里，大到能驻扎 500 名士兵，坚固到能抵御边境游牧部落的袭击。"国王依言建了城堡，并派了 500 名士兵守卫。一年后，小王子又送信给他的父亲："爸爸，邻国的进攻太猛烈了，他们已经攻打城堡两次了，如果他们发动第三次进攻，我怕我和士兵们的性命就留在这里了。"这次，国王对谋士们说："让他回家吧。他可以住在我的宫殿里，与其倾力逃避他、远离他，还不如让我学会去爱他。”

你就是这个国王，那些好的、让你愉悦的想法和感受就是大王子和二王子，而恐惧就是你的第三个儿子，你派去守卫城堡的士兵就是你本该用在生活上的精力。在过去很长一段时间里，你把恐惧远远推开，为此花费了大量的精力，以至于正常生活都无法继续。如果你愿意将恐惧容纳进来，就不用花那么多精力来对付它了，士兵们就可以留在正确的地方发挥正确的作用了。

刚开始你无法一下子做到将恐惧容纳进来，做不到愿意经历恐惧而不升起习性反应，还是会想逃跑或者将恐惧推开。但会有那么几个刹那，你能够面对恐惧，能够只是觉知、容纳并愿意经历它而不升起任何习性反应，这几个刹那就是星星之火。接着你会发现：恐惧其实不存在，所谓的恐惧只不过是强烈的身体感受和自己的妄念罢了。

不要认为你能做到客观地觉知、容纳并愿意经历恐惧，恐惧就会消失，不要把体悟疗法当成消灭恐惧的手段。当你能觉知、容纳并愿意经历恐惧了，恐惧虽然还在，你却不再感到害怕了，也就不会再升起任何的习性反应。当恐惧升起时，与其说“哦，不”，倒不如说：“它又来了，不知道这回它是什么模样？让我来看看它，这次它在哪里？让我来看看它是什么形状的？让我来看看它是什么颜色的？让我来看看它有多重？让我来看看这回它是什么质地的？让我来把它容纳进来，移动移动。”每一次都把你的恐惧具体化，觉知、容纳并愿意经历，它的力量就会逐渐消散。

如果你愿意与恐惧共处，你的觉知范围就会拓宽，这时你就可以允许恐惧的念头和身体感受在你的头脑和身体里自由流动了。如果你能按照恐惧的本来面目去觉知、容纳并愿意经历你的恐惧，你就会发现它并不是那么难以忍受。只要你能真的安驻于身体的恐惧感受上，就有可能体会到一种深沉而宽阔的宁静安详。那时恐惧会变得很小，而你却很大，伴随着无边的宁静！在生活中，每一次恐惧都给你提供了一次修行的机会、智慧增长的机会。

利用恐惧来检查你自己卡在哪里了。你是否能看到对成就的追求中有多少恐惧的成分？你是否在借着成就来逃避那份无价值感？你是否经常躲避那份被拒绝的恐惧，或者是害怕自己不被对方欣赏及喜爱？如果你真的想体会恐惧的滋味，绝不可同时希望它消失。你甚至不能称之为恐惧，“恐惧”这个词只是我们赋予感受的一个名称而已。

恐惧不会从此消失，但你可以自由地与之相处。每当恐惧升起，你可能仍有一丝想排除它的欲望，没关系，这很正常。只是此时你需要立刻觉知自己的这个想排除的欲望，但是不要用行动顺应它，转而只是觉知、容纳并愿意经历，如此而已。

持续地练习！持续地练习！把恐惧融化在身体里，把身体融化在空间里，那就是天人合一的状态了。不仅仅是恐惧，任何负面情绪都可以这样去应对，这样就没有任何的情绪可以打扰你了。

努力精进！

下 篇

体悟疗法典型应用

第 13 章　体悟疗法干预清洗类强迫症

一、清洗类强迫症的表现

清洗类强迫症的特征是害怕疾病的传染、害怕“脏”的传播，为了保持健康、干净需要进行各种清洗，反复洗手是最常见、最有代表性的行为。其他类型的强迫症也会有清洗行为，比如忌讳类强迫症遇到和逝者相关的东西也需要进行清洗，这一类将放在忌讳类强迫症中进行分析。

1. 常见的触发情境

触发情境是指，强迫症个体处于这类情境时会不自主地冒出强迫观念。清洗类强迫症常见的触发情境要素有：身体的排泄物和分泌物，主要是大小便，也包括痰；和排泄物、分泌物密切相关的东西，如阴毛、用过的卫生纸、安全套等；动物，如狗、猫、老鼠、蝙蝠、鸡、鸭、蚊虫、苍蝇等（害怕它们传播疾病或认为它们脏）；黏稠状或湿漉漉的东西，如胶水、糊状物、油腻的物品等；某些公共场所和公共物品，如公共厕所、医院、商场、公交车上的把手、垃圾桶、采血车、拖把、钱等；红色的东西，如用过的针头等；某些特殊的人，如艾滋病患者、癌症患者、乙肝患者、皮肤病患者、妓女、吸毒者、警察、特定地区或特定肤色的人、流浪汉、乞丐、清洁工等；某些金属粉末；某些有毒、有害物，如农药、灭鼠药、蟑螂药、洁厕剂、发霉的食品、药品、某些化学制品等；与放射性相关的东西，如石棉、变电站、电信基站、手机、电脑等；看到或听到某些字词，如艾滋病、癌症、乙肝、性病等；听到某些声音，如他人排便的声音、冲马桶声、狗叫声等；看到或想到某些和疾病或粪便相关的画面，等等。

2. 常见的强迫观念

强迫观念是指那些反复的、持续性的、侵入性的和不必要的想法、冲动或意向，会引起强迫症个体显著的焦虑或痛苦。强迫观念有两个特点：闯入性、能够引发焦虑。闯入性是指当强迫症个体遇到诱发因素时不是主动思考这些想法的，而是这些想法自己冒出来的。比如一个怕狂犬病的强迫症个体看到狗时，他不是主动地想“我看见狗了，我得想一想狗是不是咬到我了”，而是脑子里直接就冒出了“狗可能咬到我了”这个想法，并且因为这样的想法而感到恐惧、焦虑、痛苦或恶心。

判断一个想法是不是强迫观念就根据以上这两点。清洗类强迫症较常见的强迫观念有：“××有病毒或细菌，我可能碰到了，我会因此被传染××疾病”“××有病毒或细菌，我可能碰到了，我会把疾病传染给家人或其他人”“××不干净，我可能碰到了，我会把其他干净的东西或者地方污染”“××有辐射，会损害我的健康”“××有毒，我可能接触了，会损害我的健康”……

清洗类强迫症的强迫观念聚焦于有毒有害、“脏”或“不干净”这两大类。他们首先认为某个物品、某个场合有病毒、细菌，有毒害，或是脏的、不干净的。然后他们会想到自己被这些东西或场所接触传染、污染了，自己会因此得病，传染给家人，自己沾染的脏东西会污染干净的东西、干净的场所。

这类强迫症的强迫观念有一个特点是“层层污染”。比如，我看到同事 A 去上厕所了，他出来的时候好像没洗手；他去接水时他的手碰到了饮水机的按钮，这个按钮就被他污染了；同事 B 又去接水，也碰了饮水机的按钮，同事 B 的手就被饮水机的按钮污染了；同事 B 用手递给我一个文件，这个文件就被他的手污染了；我接了这个文件，我的手就被文件污染了；我又摸了手机，手机就被污染了；回到家我把手机放在沙发上，沙发就被污染了；我爱人坐了沙发，她的裤子就被污染了；她转身又坐到了床上，床就被污染了……

类似的强迫观念里有一种类似的错觉或者幻觉，比如一个怕垃圾桶的人，垃圾桶离他还有 5 米远，但他会觉得自己可能碰到垃圾桶了，或者认为自己刚才打喷嚏的时候主动跑过去碰了垃圾桶，或者刚才自己在和别人说话，没注意就跑过去碰了垃圾桶。他手里拿着一瓶饮料，边喝边走过去，明明离垃圾桶还有 5 米远，但他会觉得自己喝的这瓶饮料不是自己买的那瓶了，而是从垃圾桶里捡出来的。类似情况在若干类强迫症中都能见到，这不是幻觉，是强迫观念以及强迫观念带来的不确定感。

3. 常见的强迫行为

强迫行为是指那些（不必要的）重复行为（如洗手、核对、排序等）或重复的精神活动（如祈祷、计数、反复默诵等）。个体感到这些重复行为（或精神活动）是为了应对强迫观念或某种严格的规定而必须执行的，目的是防止或减少焦虑或痛苦。强迫行为也有两个特点：主动去实施，能够（暂时）缓解焦虑。和强迫观念的闯入性正相反，所有的强迫行为都是个体主动去实施的，目的是缓解焦虑。外显的强迫行为很容易判断，内隐的强迫行为（以思维形式进行的强迫“行为”）却容易被误认为是强迫观念。根据上面两个特点可以判断一个想法是强迫观念还是强迫行为，比如拿着饮料经过垃圾桶的例子，在这个场景下他想到“这饮料可能是我刚刚去垃圾桶里捡出来的”，这个想法不是他主动要去想的，是“自己冒出来的”，并且出现这个想法后他很焦虑，所以这个想法是强迫观念。他为了缓解这种焦虑，就必须做点什么来确定这瓶饮料到底是不是从垃圾桶里捡出来的，所以他在脑子里想：“刚刚我离垃圾桶还有很远的距离，我并没有跑过去在垃圾桶里找东西，所以这瓶饮料不是从垃圾桶里捡的。垃圾桶里不会这么巧刚好就有一瓶这个品牌的饮料，所以我的饮料不是从垃圾桶里捡的。这瓶饮料还有半瓶没有喝完，也不会有人恰好买一瓶同样的饮料喝一半就扔进垃圾桶，所以我这瓶饮料不是从垃圾桶里捡的。”上面这一系列想法都是以思维的形式在头脑里进行的，但这些想法是他主动要去想的，是他自己决定要这么想的，这样想的目的是缓解焦虑，所以这些想法是强迫行为，不是强迫观念。在其他类型的强迫症中也经常出现这种以思维的形式进行的强迫行为。咨询师需要教会来访者用这两个特点来区分强迫观念和强迫行为，因为我们对两者的干预方向是不同的。

清洗类强迫症常见的强迫行为包括洗手、洗澡、洗衣服、用湿纸巾或者酒精棉球擦东西、扔掉“被污染”的东西、清洗新买回来的东西、回忆自己有没有碰到害怕的东西、询问别人自己有没有碰到害怕的东西、检查身上或衣服上有没有沾到脏东西、抖衣服或拍打衣服、检查身上是否有伤口，等等。检查是否有伤口和恐惧艾滋病、恐惧狂犬病相关，他们会检查自己身上是否有小的伤口，或者被抓的痕迹，严重者可能会拿放大镜检查身上有没有微小的伤口。

清洗行为可能同时伴有数数的行为，清洗行为的次数和顺序，必须严格地、完整地执行，如果过程中被打断或被干扰（包括被自己的想法干扰），都需要从头再来。强迫行为耗时不等，从几分钟到几小时，极端情况下洗个澡甚至需要十几个小时。对清洁用品的需求也随之升级，从清水到用香皂、洗手液、肥皂、酒精、84 消毒液等。数数这个行为是个更加深远的话题，我们在不同的人（包括非强迫症患者）身上都能发现对数数、次数和固定的程序的关注。

4. 常见的回避行为

所有的触发情境都是这类强迫症所回避的。不使用公共厕所，因此在出门前必须要先去卫生间；不敢去医院，正常的体检、探望病人都无法做到；看见垃圾桶、采血车、红色的东西、狗、猫、清洁工等，都要绕着走；避免和别人握手，避免接触自认为被污染过的东西，开门、按电梯、冲马桶都需要用纸巾垫着或者戴手套；避免直接接触快递；家里如果有“被污染”的东西，必须隔离存放，长时间不使用也不触碰；扔掉“被污染”的衣服、鞋子，等等。

5. 对家人的要求

所有自己回避的东西都要求家人也回避，如果认为家人可能接触了自己害怕的东西，就要求家人必须进行清洗。要求家人进门必须洗手或洗澡。自己实施强迫行为时要求家人保持安静。通过询问家人、让家人证实的方式，保证自己没有接触到害怕的东西。在家里设置隔离区，专门存放在外面穿过的衣服、从外面带回来的东西，家人也必须这样做。一般来说，卧室（尤其是自己的床）是这类强迫症个体的最后堡垒，是他们保护得最严格的地方：不准家人随便进入自己的卧室，尤其是不能坐在自己的床上；如果是已婚人士，配偶在上床之前必须先把自己清洁干净。

6. 发病的诱因

初始发病有两种情况，一种是缓慢起病，自己也想不起来是因为发生了什么事情而开始的。从小或者从初中、高中开始，慢慢地感觉某些东西不干净，洗手增多，后来越来越严重。这类情况往往和长期、慢性的压力有关，或者是对新环境的适应不良造成的。另外一种情况是有明确的应激事件，此后就明显感觉到和以前不一样了。每个人的应激事件都不同，可以是公共卫生事件（如“非典”），可以是听说周围的人生病或死于某种疾病，可以是看到某些新闻，可以是一次考试发挥得不好、一次人际冲突、一次生病，也可以是升学、转学或搬家，等等。

7. 所恐惧的后果

对于任何类型的强迫症，都需要了解其所恐惧的后果，据此探知他们的核心自我，暴露练习也是针对这些恐惧的后果的。清洗类强迫症恐惧的后果只有两种，一种关于身体健康，害怕自己或家人被传染疾病，害怕辐射、有毒有害物等影响健康。最常见的就是恐惧艾滋病和狂犬病，其次是恐惧各种性病、乙肝、癌症等。另一种是知道不会对健康有什么影响，但无法忍受恶心和难受的感觉。

二、体悟疗法干预清洗类强迫症

1. 摄入性会谈

上面提到的这些内容都是摄入性会谈中需要收集的信息。同时需要评估来访者对其强迫观念的信念强度、自杀风险以及其他的共病。

咨询师：能和我说说在什么时候你会想要去洗手吗？（询问触发情境）

来访者：这样的时候太多了，碰到很多东西我都需要去洗手。

咨询师：可以举个比较常见的例子吗？

来访者：比如我办公室的电话，每次用完我都得去洗一下手。

咨询师：当时你想到了什么才要去洗手呢？（询问强迫观念）

来访者：因为听说一个同事有乙肝，有一次我看到他用办公室的电话。从那之后我就害怕这个电话了，每次用了之后都需要洗手。（这里他并没有

说出具体的强迫观念）

咨询师：哦，你害怕通过这种方式传染上乙肝。（这是他恐惧的后果）

来访者：是的。

咨询师：我能明白你的害怕，能说说每次你使用电话时头脑里具体想到些什么吗？（继续询问强迫观念）

来访者：他有乙肝，我用了他接触过的电话我就可能被传染上乙肝。（这是一个强迫观念）

咨询师：嗯，如果你用了他用过的电话之后不洗手，被传染乙肝的可能性有多大？0是根本不可能被传染，100%是肯定会被传染，50%是有一半的可能会被传染。你觉得这个可能性大概是百分之多少？（评估对强迫观念的信念强度）

来访者：我查过很多乙肝传播途径的资料，都说通过这种途径传染的可能性不大，我猜30%左右吧，但我还是害怕。（信念强度不高）

咨询师：你能够知道可能性不大，这是一个很好的资源。再和我说说你去洗手是怎么样洗的。（了解强迫行为）

来访者：我用手背打开水龙头，把手指一直到手腕都弄湿，打洗手液，边洗边在心理数数，从1数到6，数3遍之后冲掉洗手液。然后这样打3次洗手液，冲干净之后再捧水冲水龙头6次，最后用手背关水龙头。如果这个过程中有水从洗手池溅到我手上，就会重洗。

按照摄入性会谈的三张地图把来访者的信息收集全面，然后用来访者目前最典型的症状进行案例的概念化，初步讨论咨询目标。

2. 第1次咨询

第1次咨询的主题是“认识强迫症”；中心思想是“一切强迫症都是虚、假、空的或者明显过度的”“强迫症是危害生活的”“强迫症说的都不要信，强迫症让我做的都不要做”。

首先回顾二阶段理论假设，明确来访者已经清楚地知道问题出在想法认同和情绪驱动上，咨询的方向就是打破想法认同和情绪驱动。然后和来访者一起评估九种能力，画成雷达图。接下来教会来访者从情境、想法、情绪、身体感受和行为五个方面来清晰地描述一次完整的强迫经历。

咨询师：和我说说最近一次你记忆深刻的强迫经历。

来访者：昨天晚上下班回家，进小区的时候刚好碰见一辆垃圾车收完垃圾开出去。我当时就懵了，感觉垃圾飘到我身上了，非常焦虑！到家门口我不敢穿着衣服进屋，在门口先把外套和鞋子脱掉，不敢拿进屋里，就放在门口了。进屋后我直接进卫生间洗澡，洗了四个多小时。放在门口的衣服和鞋我犹豫了很久最后还是都扔掉了，我自己也不敢扔，让我老公扔的。

咨询师：确实是一次高焦虑的经历。为了以后我们讨论起来方便，我们需要从情境、想法、情绪、身体感受和行为这五个方面来描述强迫症状。比如这次经历：情境是遇到垃圾车，想法是“垃圾可能弄到我身上了”，情绪是焦虑，你当时的身体感受是什么样子的呢？

来访者：全身起鸡皮疙瘩，发抖，心跳很快。裸露在外面的皮肤、朝向垃圾车那边的脸和手都感觉黏糊糊的。

咨询师：就是这样，能这样清晰地描述你的身体感受很好。所以你当时的身体感受就是起鸡皮疙瘩、发抖、心跳加快、脸和手感觉黏糊糊的。你的行为是在门口脱外套和鞋、长时间洗澡和让老公扔掉你的外套和鞋。以后我们描述强迫症状的时候都从这五个方面入手，现在再想另外一个例子，试试看能不能从这五个方面描述清楚。

接下来和来访者一起详细回顾患强迫症之后生活的变化，目的是帮助来访者体会到强迫症的负面影响，从而增加改变的动机。可以用“小秘书”的隐喻开始。希望来访者能体悟到“强迫症是危害生活的”，至少是坏处远远多于好处的，然后得出今后的应对原则：“强迫症说的都不要信，强迫症让我做的都不要做”。

如果来访者恐惧的是被传染可怕的疾病，那么在讨论强迫症造成的负面影响时可能会遇到问题。他们可能会认为：虽然强迫症占用了大量的时间，使其生活得很痛苦，但是自己还活着啊，没有得那些可怕的疾病啊，忍受这些坏处也都是值得的。遇到这种情况，需要帮助来访者从其他人的经验中学习，最好是那些比来访者年纪大的长辈，因为他们生活的时间更长，没有做那些强迫行为，也没有因此患上他所担心的那些疾病。

咨询师：你的话听起来也有一定的道理。现在我们来看看你家里人是怎么样的，说说你的父母。他们也像你这样整天清洗吗？

来访者：他们根本想不到这些，还整天说我不应该这样。

咨询师：嗯，就是说他们并没有像你这样清洗，对吧？

来访者：是的。

咨询师：他们是否因为没有清洗就被传染艾滋病或者乙肝了呢？

来访者：那倒没有。

咨询师：你们生活的环境基本上是一样的，对吗？你并没有生活在一个比他们更危险的环境中，是吗？

来访者：是的。

咨询师：那你怎么看你和他们生活的环境一样，他们并没有像你这样清洗也没有得病这件事呢？

来访者：嗯……也许我不清洗也不会得病吧。

如果至此来访者仍然认为清洗是必要的，可以考虑从价值观切入：你想要的生活是什么样的？生活的目的就是避免疾病吗？之后需要和来访者说明为什么干预强迫症要练习八段锦，所有的练习和作业都需要向来访者说明其目的和重要性，这样来访者才愿意去练习。

咨询师：前面我们提到过，强迫症主要是因为我们相信了自己头脑里的想法，然后陷在想法里出不来。需要一种强有力的方式帮助我们从大脑的想法里跳出来，所以我们选择了八段锦的练习。八段锦可以给我们带来很明显、很强烈的躯体感受，通过把注意力放在练习中产生的躯体感受上，就可以把我们从头脑的想法里拉出来。练习的重点是尽可能地把注意力集中在身体感受上，比如那些明显的拉伸感、紧绷感、酸痛感、松弛感等。你愿意试着去练习吗？

八段锦是一种健身气功，如果有人对气功比较排斥的话，可以告诉来访者我们并不强调气功的部分，就把八段锦当成一套广播体操，重点练习对身体感受的觉察。最后布置家庭作业，并详细说明具体怎样完成。

3. 第 2 次咨询

第 2 次咨询聚焦于想法，重点讨论强迫观念，目标是使来访者认识到“想法不等于事实”。强迫观念一般由两部分构成：“不确定的过去”“可怕的未来”。不确定的过去是指“刚刚有没有接触到‘病毒源’或者‘脏东西’”，对于害怕传染疾病的强迫症个体来说，可怕的未来就是自己被传染上了所害怕的疾病，或者把这种疾病传染给家人。对于仅仅是怕脏的个体来说，可怕的未来是把自己“干净的世界”全部污染成“脏的世界”，没有容身之所。

如果来访者看清想法的能力在 4 分以上，这部分的工作可以简化，直接和来访者讨论标签即可。如果来访者看清想法的能力比较弱，需要先通过认知技术使来访者认识到其强迫观念的过度与不合理。关于强迫观念的第一部分“自己是否接触到了‘病毒源’或者‘脏东西’”，可以通过心理教育来进行。

> 咨询师：我们来看看你得了强迫症之后都有哪些功能发生了变化，你的视力是不是在得了强迫症之后变差了？
>
> 来访者：没有啊。
>
> 咨询师：嗯，得了强迫症之后你的触觉是不是变差了呢？
>
> 来访者：也没有啊。
>
> 咨询师：那你的胆量是不是比之前变大了，之前不敢做的事情得了强迫症之后都敢去做了？
>
> 来访者：也没有啊，相反原来敢做的很多事情现在都不敢做了。
>
> 咨询师：你看，你的视觉、触觉都没有变差，所以你不可能看不见你害怕的东西，也不可能接触了它们却没有感觉。你的胆量也没有变大，你也不会主动去碰你不敢碰的东西。实际上你得了强迫症之后仅仅是头脑里多出一个怀疑而已。所以，你那些“不确定是否碰了（病毒、脏东西）”的想法实际上都是可以明确否定的。
>
> 来访者：听你这么说，好像应该是这样的。
>
> 咨询师：我们现在来给这个想法找个标签，以后当你的头脑里出现“我刚才可能碰到了垃圾桶”这类想法时，你觉得贴上什么标签合适呢？
>
> 来访者（思考一会儿）：“过度怀疑”？
>
> 咨询师：你现在在头脑里想想这个不确定的想法，然后贴上“过度怀疑”的标签，体会一下你的感觉发生了什么变化。

如果标签合适的话，来访者给想法贴上标签后能感觉到整个身体有一种微妙的变化，好像在说：“哦，对，就是这样的。”

关于强迫症思维的第二部分“我会因此被传染上疾病”，通常来说，来访者已经通过各种途径查过大量资料，来研究他所害怕的疾病的传播途径，或者询问过相关领域的医生、专家，大体上知道自己通过这种方式被传染的可能性很小，但他们要求百分之百的确定，他们会思考各种细节和“万一”，想到这些细节和“万一”时，就无法获得百分之百的确定感，所以还是会焦虑，还是会去实施强迫行为。这一部分的工作需要分三步：第一步帮助其坚定地相信科学，第二步探讨“万一”的思维模式，第三步找到合适的标签。来访者可能会问很多细节和“万一”方面的问题，涉及的医学知识可能已经超出了咨询师的知识储备。咨询师有必要对强迫症所担心的典型疾病的传播方式有基本的了解，但要避免和来访者陷入具体的、“万一”式的辩论中，因为这类强迫症的想法和推理过程是很难从逻辑上加以辩驳的。咨询师需要帮助来访者认识到：传染病学、流行病学对传染病有专门的研究，我们要充分相信科学。加之来访者与咨询师逐渐建立的信任关系，这一部分的工作可以在相当程度上缓解来访者的焦虑。

接下来重点讨论来访者过度关注细节、“万一”的思维模式，帮助来访者认识到这种思维模式是强迫症的典型模式。需要结合来访者的发病史，追溯他们是由于哪些因素开始这样思考问题的，进行再归因：这个想法的产生不是因为现实中确实存在着这样的危险，而是因为历史原因产生的一种过度担心。体悟疗法称之为“纯逻辑思维”，即这些担心只存在于逻辑推理里，不存在于现实世界中，用一个成语来说就是“大海捞针”。我在太平洋里扔下一根针，然后让你下去捞，从逻辑上这根针总是可以被捞上来的，但在现实中你是不可能捞上来的。然后和来访者讨论一个合适的标签，以后再出现这些想法就贴上这个标签。

对于那些不害怕传染疾病，仅仅是无法忍受情绪上的难受的清洗类强迫症，其中的想法通常是“这个东西脏，我必须保证自己不要碰到它”，或者“这个东西脏，如果碰到了我必须进行清洗”。这个想法的前半句没什么问题，他们害怕的大便、小便、垃圾等，普通人也不会认为是干净的。问题出在后半句“我必须保证自己不要碰到它”。正常人也认为这些东西不干净，但不会如此关注这个问题，时时刻刻绝对保证自己不要碰到。“碰到了必须进行清洗”也没什么问题，一般人手碰到了大便也需要进行清洗，强迫症的问题是清洗过度，一般人只是正常洗一下就可以了，强迫症花在清洗上的时间和认真程度都远远超出了正常的范围。相应的调整方向是：在碰到（“脏东西”）之前不必如此小心翼翼，碰到之后只需要正常洗一下即可。

最后 15 分钟，带领来访者进行正念呼吸练习，并布置作业。

4. 第 3 次咨询到第 6 次咨询

接下来的咨询分别是讨论情绪、行为选择、澄清价值观和制订行为训练计划表。具体过程见本书第 12 章的相关内容。对于清洗类强迫症来说，就是讨论“焦虑不等于会传染疾病”“焦虑不等于必须进行清洗”。行为选择是尽可能减少清洗行为和回避行为。如果他们的价值系统里身体健康是最重要的，就需要和来访者讨论哪些行为是真正有利于身体健康的，帮助来访者认识到他的强迫行为实际上是在“做无用功”，对身体健康起不到保护和促进作用。

5. 第 7 次咨询到第 20 次咨询

第 6 次咨询已经完成了行为练习计划表，从第 7 次咨询开始就按照这个表（表 13－1）逐级练习。

表 13－1　某来访者行为训练计划表

进程	靶症状	练习过程	目标	价值行为
第 7 次	拆快递	提前准备一个快递包裹，咨询时在咨询师的远程视频指导下拆开快递，焦虑时做“正念经历情绪”练习	不用湿纸巾擦快递的外包装，拆完快递后不洗手直接碰触干净的东西	继续做该做的事情
第 8 次	经过垃圾桶	咨询师与来访者一起，正常地走过一个垃圾桶。来访者有想法和情绪时，按照“正念经历情绪”的步骤处理，之后用手触碰干净的东西，如手机、头发和脸	不绕行，不洗手	正常走路
第 9 次	洗澡	先讨论好洗澡过程中哪些强迫行为是需要去除的；有哪些困难，如何处理。然后在咨询时请家人监督进行洗澡的练习，如果条件不便就进行想象洗澡练习	洗澡时间不超过 30 分钟	把节省下来的时间用来练习书法
第 10 次	接触钱	现场咨询，在咨询师的演示、带领下接触钱，焦虑时做“正念经历情绪”练习	不洗手直接碰触干净的东西	继续做该做的事情

续表

进程	靶症状	练习过程	目标	价值行为
第 11 次	手接触裤脚	现场咨询，在咨询师的演示、带领下接触裤脚，焦虑时做“正念经历情绪”练习	不洗手直接碰触干净的东西	继续做该做的事情
第 12 次	手机掉地上	现场咨询，在咨询师的演示、带领下把手机放地上再拿起来，焦虑时做“正念经历情绪”练习	拿起手机后不用湿纸巾擦，并正常使用	继续做该做的事情
第 13 次	经过狗屎	现场咨询，在咨询师的演示、带领下近距离地经过狗屎，焦虑时做“正念经历情绪”练习	事后不要扔鞋子，也不要洗鞋	节省下来的时间做家务
第 14 次	近距离观察狗	现场咨询，和咨询师一起近距离观察狗，焦虑时做“正念经历情绪”练习	不回避，不检查身上是否有伤口，不打狂犬疫苗	节省下来的时间陪家人聊天
第 15 次	接触血液	现场咨询，在咨询师的演示、带领下接触血液的痕迹，焦虑时做“正念经历情绪”练习	接触血液后不洗手，不洗澡	节省下来的时间做运动
第 16 次	去医院体检，包括抽血	咨询过程中，对去医院体检和抽血进行想象练习，然后自己去医院，焦虑时做“正念经历情绪”练习	正常地去医院，回家后正常洗手、洗澡	节省下来的时间陪孩子
第 17 次	使用公共厕所	视频咨询，咨询过程中去一次公共厕所，然后按照要求清水洗手后回家。回家后在咨询师的远程视频指导下接触自己的床，用“正念经历情绪”来处理想法和焦虑情绪	不刻意检查衣服是否沾上粪便；清水洗手，不超过 30 秒；回家不洗衣服、不洗澡直接坐到床上	节省下来的时间陪孩子
第 18 次	接触卫生间门把手	现场咨询，在咨询师的演示或指导下用手直接接触卫生间的门把手，焦虑时做“正念经历情绪”练习	不洗手可以直接碰干净的东西	继续做该做的事情
第 19 次	接触马桶的冲水按钮	现场咨询或视频咨询，在咨询师的演示、指导下用手直接接触马桶的冲水按钮。焦虑时做“正念经历情绪”练习	不洗手可以直接碰干净的东西	继续做该做的事情
第 20 次	接触卫生间的废纸篓	现场咨询或视频咨询，在咨询师的演示或指导下用手直接扔卫生间废纸篓里的垃圾	清水洗手，不超过 30 秒；碰触家里干净的东西	继续做该做的事情

行为训练的先后顺序应根据来访者的实际需要安排，每个咨询目标都需要和来访者一起协商确定，很多清洗类强迫症来访者的咨询目标都希望保留一些清洗的行为。协商咨询目标时，需要讨论他们保留的这些清洗行为对实际生活和工作有什么样的影响，如果保留一辈子他们能接受吗？家人能接受吗？经过充分讨论后，以来访者自己认可的目标为咨询目标。

针对靶症状进行练习时，需要一个从易到难的渐进过程。比如练习经过垃圾桶时，先从来访者相对容易接受的距离开始，如先在距垃圾桶10米处反复经过几次，再缩短到5米，2米，1米，50厘米，20厘米，10厘米。在接触“脏东西”后进行“正念经历情绪”练习，然后再去接触干净的东西，之后再进行“正念经历情绪”练习。

对清洗类强迫症，现场咨询和视频咨询同样重要，尤其是涉及污染来访者的床或者其他要保持干净的东西时，视频咨询比现场咨询效果更好。对某些来访者在视频情况下不容易完成的项目，现场咨询效果更好。接下来我们各举一例。

现场咨询以近距离经过狗屎为例。需要咨询师和来访者一起离开咨询室去寻找狗屎，幸运的是在我的咨询室楼下找到狗屎并不困难。第一个体验对象是时间比较长、已经干了的狗屎，第二个体验对象是“新鲜”的狗屎。

（咨询师和来访者一起在楼下找到一坨干了的狗屎）

咨询师：看起来我们今天走狗屎运了，没花多少时间就找到了狗屎。

来访者（笑）：嗯，好恶心。

咨询师：对你来说，恶心是正常的，如果你不感到恶心我们也不必做这个练习了。你觉得现在离它多远经过，你会比较焦虑但能承受？

来访者：嗯……20厘米吧，应该可以。

咨询师：好，跟在我后面走，我会在距狗屎约20厘米处经过，我离狗屎多远你就离多远，不要躲也不要故意不看狗屎。

来访者：有点害怕，不过我想我能做到。

（咨询师在前面，来访者在后面，在距离狗屎约20厘米处经过）

咨询师：很好！现在感觉怎么样？

来访者：还好，没有想象的那么可怕。

咨询师：好，我们继续这样来回走几次。

（反复练习几次）

咨询师：现在我们拉近这个距离，你觉得现在你能接受的最近距离是多少？

来访者：我想想……5 厘米吧，试试看。

咨询师：非常有勇气！好，跟在我后面走。

（咨询师在前，来访者在后，在距狗屎约 5 厘米处经过）

咨询师：做得很好！现在感觉怎么样？

来访者：很焦虑，感觉我踩到狗屎了，恶心。

咨询师：嗯，对现在的焦虑和恶心，你的愿意经历指数有多少？

来访者：……我感觉最多 4 分。

咨询师：还不错，下面是我们之前说好了的终极目标，先看着我怎么做。

（咨询师站到离狗屎约 5 厘米的地方，脚尖正对着狗屎，然后抬起一只脚在狗屎上方几厘米处来回晃动）

咨询师：看我这样做有什么感觉？

来访者：太可怕了，我不敢做！恶心死了！

咨询师：理解。你判断一下，刚才这样我的鞋底碰到狗屎了吗？

来访者：应该没碰到，你一会儿结束咨询会把这双鞋扔掉吗？

咨询师：不会，下次咨询我还穿这双鞋给你看看。再看我做几次，同时体会你的感觉。

（咨询师反复做上述动作）

咨询师：现在什么感觉？

来访者：好一点儿，没刚才那么恶心了。

咨询师：很好，现在愿意试试像我这样做吗？

来访者（犹豫了一会儿）：我还是不敢。

咨询师：嗯，理解。觉察一下是什么想法阻止你去做呢？

来访者：我的鞋可能会碰到狗屎，然后我穿回家就把家里弄得到处都是狗屎了。

咨询师：嗯，这个想法可以贴个什么标签呢？

来访者："胡说八道"吧。

咨询师：好，现在觉察一下这个想法，复述它，然后贴上"胡说八道"的标签。

来访者（花一点儿时间做这个过程）：好了，做完了。

咨询师：现在什么感觉？

来访者：没那么害怕了，感觉像你这样做应该碰不到狗屎。

咨询师：很好！那像我那样做一次试试。

（来访者犹犹豫豫、小心翼翼地像咨询师那样做了一遍。然后马上跑开，站在一边，大声干呕，过了一会儿才平静下来）

咨询师：非常勇敢的行为！你做到了！现在什么感觉？

来访者：太恶心了！刚才差点吐出来！（又干呕了几声）

咨询师：看到了，对你来说确实不容易。现在觉察你的想法，看看什么想法让你这么恶心。

接下来带领来访者一起做正念经历情绪练习（见本书第 12 章）。反复进行几次这个练习，然后练习正常走着从狗屎上跨过去，进行正念经历情绪练习，之后讨论回家后要不要处理鞋，目标是不对这双鞋做任何处理，就和平时没碰到狗屎一样。作业是每天自己找狗屎进行这样的练习。

视频咨询以扔家里卫生间垃圾桶里的垃圾为例。卫生间垃圾桶里套着垃圾袋，正常扔垃圾是用手从垃圾桶的外边缘把垃圾袋翻上来，这个过程手是接触不到垃圾袋里面用过的卫生纸的，也碰不到垃圾袋的内侧。来访者也知道碰不到，她定的目标是这样扔完垃圾之后清水洗手不超过 30 秒，不要用洗手液、香皂。

咨询师：按照咱们的咨询计划，今天我们要练习的是扔卫生间里的垃圾，然后清水洗手不超过 30 秒，之后你的手可以碰你的手机、头发、脸，还有你的床。现在我们开始做这个练习，你有什么困难吗？

来访者：想想都害怕，我已经有很多年没有自己扔过垃圾了。平时上厕所都非常小心地不要碰到垃圾桶，现在让我用手去扔垃圾，真的害怕！

咨询师：嗯，对你来说这的确很困难，我们之前确定咨询计划和目标的时候，之所以把这个项目放进来正是因为这种害怕影响了你的生活，并且你自己希望能有所改善。想想前面那么多次的练习，虽然每次你都很害怕，但最后每次你都做到了，之后感觉到的是轻松和信心。相信这次你也可以做到。

来访者（犹豫一会儿）：好吧，我试试。

咨询师：好！按我们说好的方式去把垃圾扔掉，然后回来。

来访者：好的。

（来访者自己去扔垃圾，因为她不能单手完成这个过程，所以这时没有让她拿着手机视频连线给咨询师看，但有些练习是需要咨询师全程视频监督和指导的）

来访者：好了，扔完了。

咨询师：做得很好！现在什么感觉？

来访者：很焦虑，感觉手、裤子都碰到垃圾了，想洗手、洗裤子。

咨询师：嗯，明白。根据咱们的目标，现在你可以清水洗手不超过30秒，但不可以洗裤子。现在去清水洗手，不要超过30秒，我给你计时。

来访者：好的。

（来访者去洗手，25秒后回来）

咨询师：很好，用了25秒。现在什么感觉？

来访者：比刚才好一点儿，但我觉得手没有洗干净，裤子还是脏的。

咨询师：好的，现在坐好，像做正念练习时那样……

（带领来访者做正念经历情绪练习，练习结束后在视频中向来访者示范用手摸脸的动作）

咨询师：好，现在像我这样，用你的手像洗脸一样接触你的脸。

来访者：天哪！这太疯狂了！

咨询师：是的。跟着我一起做！

（来访者战战兢兢地做到了）

咨询师：非常棒！现在感觉怎么样？

来访者：有点焦虑。

（再次带领来访者进行正念经历情绪练习）

咨询师：现在用你的手摸摸你的床单、枕头、被子，让我在镜头里看到你做这些动作。

来访者：真的要这么做吗？这太可怕了！

咨询师：是的。现在行动吧！

（来访者在视频通话中去摸自己的床，她只用指尖碰床的边缘，有意避开晚上睡觉会躺的地方，咨询师指导她要用整个手掌全方位地接触床，必须要接触到她睡觉会躺的地方）

咨询师：很好，做得非常好！现在什么感觉？

来访者：感觉整个床都粘上大便了，非常难受。恶心！焦虑！

（咨询师再次带领来访者做正念经历情绪练习）

咨询师：现在感觉怎么样？

来访者：感觉好多了，没那么难受了。但担心一会儿咨询结束，晚上睡觉前我会想换床单、枕头套和被罩。

咨询师：确实有这种可能。现在关掉视频对话，换上晚上睡觉的衣服，躺到床上去，想象今天晚上你不换床单、枕头套和被罩，就这样躺在床上睡觉。想象这一切都被你“污染”了，但你就得这样睡觉。当焦虑达到顶峰的时候，你可以躺在床上做正念经历情绪练习，直到你的愿意经历指数达到5分，你感觉晚上可以不用处理就能睡觉了，然后起床穿好衣服，发视频通话请求给我。

来访者：好的。

（十几分钟后来访者完成这个过程，发起视频通话）

来访者：做完了。

咨询师：感觉怎么样？

来访者：感觉晚上应该不会换床上用品了。

咨询师：非常好！对今天这个练习你有什么可以分享的吗？

来访者：我感到很高兴！做了也就做了，我已经很多年没有这样做过了！人一下子轻松了很多！

这次的作业是自己每天进行一次这样的练习。

对于清洗类强迫症，有些练习是没有办法在现场或者视频状态下进行的，比如去医院体检，这种情况下需要进行想象练习。对于害怕某种传染病的强迫症个体，也需要进行想象练习，想象自己已经得上了这种病。对其他一些现场练习难度太大的情况，也需要在现场练习之前先进行想象练习。

一般来说，想象练习时的焦虑程度达不到现场练习时的焦虑程度，这也是正常的，想象时的焦虑能达到现实中焦虑的一半强度就可以了。提高想象练习时焦虑水平的一个有效办法就是提前写好剧本，要写得非常详细，充分调动五种感官：当时看到了什么，听到了什么，闻到了什么，尝到了什么，身体感觉到了什么，等等。就像导演要拍一个体检的场景，剧本不能只写一句“某某人去医院体检”，这样导演是没办法拍的。要写清楚是什么时间去体检，冬天还是夏天，上午还是下午，晴天还是下雨；体检的人穿着什么衣服，背着什么包；医院的环境是什么样的，医院里都有哪些人，他们都在干什么；体检时听到别人都在说什么，闻到了医院里有什么气味，皮肤表面感觉到了什么，脑子里都想到了什么，等等。剧本写得越详细、越逼真就越容易调动起来访者的焦虑情绪，练习效果就越好。这个想象练习非常重要，在后面的其他类型强迫症的治疗里，也会经常用到想象练习。

对清洗类强迫症进行咨询，有些时候需要咨询师的创意。比如练习接触血液痕迹，我经常会提前到菜市场，在摊主杀鸡时弄几滴鸡血到纸巾上，晾干之后当成咨询道具。练习近距离观察狗的时候，我会提前到办公室附近的宠物店，和老板沟通好，想带个人来接触狗（需要注意保密原则，先和来访者沟通好，再找一个适当的理由和宠物店的老板沟通）。一般宠物店的老板都自己养狗，并且是打过疫苗的狗。在咨询的时候，请宠物店的老板带出自己养的狗，咨询师和来访者不要躲避，近距离观察老板和狗互动，至于来访者是否需要和狗互动甚至用手摸摸狗，这个要根据咨询目标和现场实际情况来决定。

第 14 章　体悟疗法干预检查类强迫症

一、检查类强迫症的基本表现

检查类强迫症的主要特征是：怀疑某些事情没做好、没做正确、没做到位，需要进行检查、核对或回忆。“怀疑”在其他类型的强迫症中也是一个比较明显的主题，比如在清洗类强迫症中，来访者也会怀疑自己接触了脏东西；在与性相关类强迫症中，来访者也会怀疑自己的性取向是否正常。但检查类强迫症的怀疑与其他类型强迫症的怀疑不一样，这个怀疑大都指向某个动作本身，怀疑这个动作没有做到位，没有达到这个动作本身应该达到的目的或功能。他们需要通过检查、核对、回忆或者询问等强迫行为来确认动作已经做好，已经达到了想要达到的目的或功能。怀疑会丢东西的检查类强迫症，怀疑的是“离开”这一行为没有使自己的随身物品也同时离开，被遗留在了原地。怀疑丢失的物品是他们自我的一部分，即物质自我当中的躯体外自我。

1. 常见的触发情境

检查类强迫症的触发情境通常都是要执行或完成某个动作，如关门、关窗、关灯、关煤气、关水龙头、拔下电源的插头、锁车门、关车窗、离开一个地方或到达一个地方、签名、写考号、花钱、收钱、ATM 机取款、说话（是否说清楚）、听人说话（是否听清楚）、阅读、做题、计算、写文件、医生看病历和检查结果、医生对患者进行检查、检查各种账单、付款时输入对方的卡号、发邮件时写对方的邮箱地址、打开电脑里的文档、打开某个软件或应用程序、登录

QQ 和微信等通信工具、发信息给别人、发朋友圈、检查自己的工作文件、关电脑、关手机，等等。

2. 常见的强迫观念

检查类强迫症的强迫观念就是怀疑动作没做好，没有达到目的或效果。做完关门、关窗、关灯、关水龙头、关煤气、拔掉电源插头等动作后，他们的强迫观念是“门可能没关好”“窗可能没关好”“灯可能没关”“水龙头可能没关好”“煤气可能没关好”“电源插头可能没拔下来”……离开一个地方时，他们的强迫观念是“我可能落东西了”。尤其是离开一个以后可能不会再来的地方时，他们的焦虑程度会更高。学生经常在读题、背题和做作业的时候有“我没看清”“我没理解”“我遗漏了条件”“我没记准”“我计算错误”“我有漏题”等强迫观念。写姓名和考号的时候会想：“我可能写错了。”有人在花钱或者收钱时的强迫观念是“我可能多给别人钱了”“别人少找给我钱了”。在 ATM 机取款后会出现“银行卡没有取出来”的强迫观念。

有人说话时要反复说，或者听别人说话时要反复问，他们的强迫观念是“我可能没说清楚”“我可能没听清楚对方说的话”。医生查体或者看各种检查报告的时候会有“我可能漏看了什么指标”“我查得还不够仔细，可能疏忽了某些疾病的迹象”这样的强迫观念。律师在写法律文件时可能会想：“我这里可能有某些地方写的不够准确。”会计在看报表、做报表时想到“我可能没看清楚”“我可能计算错了或写错了”。老师批改试卷或誊分数时会想：“我可能批错了”“我可能誊错了”。汇款时常冒出的强迫观念是“对方卡号我可能写错了”“我可能把汇款数额写错了”。发邮件时会想：“对方的邮箱地址写错了”“我在邮件里可能说了不该说的话”。打开文档、网页或者某个程序时，可能有的强迫观念是“我可能点错了，现在打开的这个文档不是我想要的那个”。发信息给别人时会想到“我发错人了”“我发的内容里有不该说的话”。用钥匙开门后会想到“钥匙可能还在门上没拔下来”。有的人在离开一个地方之后会觉得“我还没有离开刚才那个地方”。有的人在到达一个地方时会想：“我现在到达的地方并不是我要到的地方。”也有人会怀疑自己的孩子由于某些原因被“调包”了，她们的强迫观念通常是“现在这个孩子不是我原来的孩子了”。

3. 常见的强迫行为

检查类强迫症常见的强迫行为主要有反复检查、反复核对、反复回忆、反复询问、盯着看、重复进行某一个动作，等等。如通过反复推拉来检查门窗有没有关好，对关门的检查还可能对检查本身产生强迫想法，会想到“刚才门已经关好了，在我检查的时候又给弄开了”。检查煤气、电源等一般是盯着看，也可能会有某个参照物或者某个标准对比着看，比如开关旋钮和某个参照物的相对角度等。对题目、作业等的检查通常是反复阅读。怀疑银行卡号、汇款金额、邮箱地址等错误的时候会反复核对。怀疑打开的文档、网页和程序不是自己想打开的，一次又一次地关掉再重新打开。有些没法返回检查的，就仔细回忆自己当时的动作过程，询问、核对别人刚才说的话或者反复说自己说过的话。

所有强迫行为都可能同时伴有数数，或者遵循固定的次数、固定的程序。有的人害怕自己说错话或者写了不该写的东西，会采取录音、拍照、在本子上记录等强迫行为。怕丢东西的可能会在出门前仔细检查自己出门所带的物品，出门后再返回检查。怀疑自己没有离开某个地方（或没有到达某个地方）的强迫行为是记住离开（或到达）的过程，或者必须按照固定的方式离开或到达，或者返回去重新离开或到达。比如我到办公室了，这明明是我的办公室，但我不记得路上是怎么走的了，就需要重新回家，再重复一次从家里到办公室的过程。怀疑孩子被人“调包”的强迫行为是不断地和孩子以前的情况进行对比，比如对比照片、对比孩子的某些身体特征（如胎记），等等。

4. 常见的回避行为

检查类强迫症常见的回避行为有以下几种。怀疑门和电源没关好的，会避免最后一个离开办公室或家，尤其是周末、长假，或者要外出几天不回家的时候。检查煤气或者电源的，可能自己不去检查而是让家人代劳。怕丢东西的可能会出门时不带任何东西，或者穿不带口袋的衣服。害怕发邮件、发信息时会说不该说的话的，就会避免发邮件和信息。担心打开的程序、文档不对的，会避免使用电脑或手机。离开家之前难以控制自己反反复复检查门窗、水电的，可能会避免外出。害怕签名出错的，会不敢去银行办理业务。害怕花钱过程中出错的，会避免买东西。

5. 对家人的要求

检查类强迫症对家人的要求一般都是让家人帮自己进行检查、确认，而不是像清洗类强迫症那样限制家人的活动范围。比如每天晚上睡觉前让家人去厨房替自己检查煤气开关、水龙头，或者替自己检查门是否关好。自己因为强迫行为而不敢做的事情让家人代劳，比如自己不敢去银行取钱，让家人去取。

6. 发病的诱因

从小家庭比较拮据、父母经常强调节俭、遇到一些特殊事件，都可能成为触发检查类强迫症的因素。小时候不小心打碎了碗被父母批评过，丢了钢笔、丢了几块钱被父母责骂或者惩罚过，这些事件都可能为日后的强迫症埋下伏笔，在其他压力事件的刺激下发展出检查类强迫症。有的人在六七岁这个阶段玩过一些和性相关的游戏、性探索类的游戏，或者受到过亲戚、邻居的猥亵甚至性侵，当时并不明白这件事意味着什么，到了青春期慢慢地有所了解后，就可能觉得“自己不干净了”“自己是个不道德的人”，老是担心自己会把这件事泄露出去、通过短信发出去、通过电话跟别人说、通过写东西被别人知道，等等。这些特殊的事件都可能成为检查类强迫症的诱因。大众传媒经常报道一些电信诈骗或者私人信息泄露的事件，也可能成为某些检查类强迫症个体的发病诱因，不断地担心自己的信息泄露出去，被不法分子利用去恶意消费或贷款。

7. 所恐惧的后果

检查类强迫症所恐惧的后果因人而异，常见的有以下几种。

检查门窗、检查车门车窗、离开一个地方怕丢东西、反复核对银行账号，这一类强迫症所恐惧的后果是财务的损失，这属于物质自我的一部分。

反复检查煤气、电源，这一类强迫症所恐惧的后果是发生煤气中毒或者火灾造成自己或他人死亡。怀疑自己会开车撞到人，或者伤害到缺乏自我保护能力的人，尤其害怕伤害小孩和老人。担心火灾的人，他们恐惧的后果是因此而坐牢，失去人身自由。在担心火灾和伤害别人这部分检查类强迫症中，有一部分人不担心自己死亡，也不担心自己会因坐牢失去人身自由，他们恐惧的后果是“成为一个不负责任的人”，因为自己的不负责任给别人带来伤害。这属于精神自我的一部分。

那些怕泄露隐私、怕自己说出脏话或色情话的人，恐惧的后果是“成为不道德的人”。学习上的检查类强迫症恐惧的后果是考试成绩不理想、考不上理想的学校；工作中的检查类强迫症恐惧的后果是被辞退、影响他人或承担法律责任等。

二、体悟疗法干预检查类强迫症

1. 摄入性会谈到第6次咨询

这7次咨询的基本框架参照本书第11章相关内容。在“看清想法”这一环节，可以和来访者一起从他的检查行为中学习经验。

咨询师：你这样（过度）检查有几年了？

来访者：7年多了。

咨询师：平均每天检查多少次呢？

来访者：至少十几次吧。

咨询师：就算一天检查10次，一年365天，7年一共检查了10×365×7=25550次，在这两万多次的检查里，有多少次你发现真的出错了？

来访者：一次都没有。

咨询师：体会一下此刻的感受，你能从中学到些什么？

来访者：那个担心是多余的。

有一部分来访者确实发生过疏忽，这时需要和来访者一起探讨：发生疏忽的后果是什么？之后是怎么处理的？结果可以承受吗？愿意用接下来一辈子的强迫行为去防止下一次疏忽吗？

咨询师：就算一天检查10次，一年365天，7年里你一共检查了10×

$365 \times 7 = 25550$ 次，在这两万多次的检查里，有多少次你发现真的出错了？

来访者：有过两三次吧。有一次确实丢了钱包和钥匙。

咨询师：那后来怎么办了？

来访者：去我妈家取钥匙再配钥匙，去派出所挂失身份证、补办身份证，去银行挂失银行卡、补办银行卡。

咨询师：是比较麻烦，办好这一切一共用了多长时间？

来访者：不算等新的身份证和银行卡的话，办理一共用了半天的时间吧。

咨询师：就算你一共用了 5 个小时，你现在每天的检查时间加起来有多长？

来访者：3 个多小时吧。

咨询师：那么你一年用在检查上的时间就是 $3 \times 365 = 1095$ 个小时，就算你一年丢 5 次身份证和银行卡，去挂失、补办一共也就需要 25 个小时，哪个更划算？

来访者：挂失、补办要划算多了。

有的来访者虽然以往的检查都没有发现错误，但他们会认为过去不等于未来，就算前面检查几万次都没有发现错误，也并不代表下一次不会发生错误。这时有两个讨论方向，一是在目标设定上，可以设定为对某些事情进行正常的、不过度的检查，比如关煤气、锁门等可以检查一次；二是和价值观相结合，我们并不能保证以后所有的事情都能做到万无一失，但可以选择把精力和时间放在预防“万一”上，还是投入到有价值、有意义的活动上。

有些检查类强迫症无法忍受不确定感，如果他们确定丢了什么东西的话，并不会那么焦虑，让他们焦虑的是“在不知道的情况下丢了不知道的东西”。有的人不能根据结果进行判断，明明看见钥匙在手上但不能得出“钥匙已经拔下来”的结论，必须看钥匙孔里是否有钥匙。房间黑了不能确定灯关了，必须看开关的状态才行。

有人认为这部分强迫症的原因是记忆受损，但相关研究并不支持这种假设，也不符合观察到的事实。检查类强迫症的这种怀疑有高度的选择性，他们症状主题之外的记忆良好，就算是强迫的主题中他们也可以非常清楚地记得那些“危险”的动作，他们只是不记得那些“安全”的动作，比如他们可以非常清楚地记得插上电源这一动作，却好像不记得拔下电源这一动作。

2. 第 7 次咨询到第 20 次咨询

检查类强迫症的行为训练有些比较好操作，有些比较困难。比如离开一个地方担心丢东西，离开家时检查门是否锁好，这一类比较容易在咨询时模拟真实的场景进行练习。但有一些症状只发生在工作场景下，咨询中难以模拟相应的情境，只能通过想象进行练习。

表 14－1　检查类强迫症的行为训练计划表

进程	靶症状	练习过程	目标	价值行为
第 7 次	进厨房就要检查煤气	视频咨询，在咨询师的监督下走进厨房再走出来	不检查煤气	节省下来的时间学外语
第 8 次	离开时检查是否丢东西	现场咨询，到咨询室外找个位置坐一会，然后收好东西离开	不检查是否掉落东西	做接下来该做的事
第 9 次	网上汇款时检查	现场咨询，在咨询师的指导下完成汇款	账号和金额只核对一次	节省下来的时间学习企业管理
第 10 次	睡前检查手机是否在充电	现场咨询或视频咨询，进行想象暴露练习，想象睡前不检查手机是否在充电就直接睡觉，焦虑时做正念经历情绪练习	不检查手机是否在充电	躺在床上做正念练习
第 11 次	下车时检查是否掉东西	现场咨询，在咨询师的指导下下车后直接离开，焦虑时做正念经历情绪练习	不检查车门下是否掉东西	继续做该做的事
第 12 次	付款时检查钱	现场咨询，在咨询师的陪同下买东西，用现金付款后，直接离开。焦虑时做正念经历情绪练习	不检查付出去的钱和找回来的钱	继续做该做的事
第 13 次	离开家时检查水龙头	视频咨询，在咨询师的指导下洗手，关掉水龙头后离开家，焦虑时做正念经历情绪练习	不检查	继续做该做的事
第 14 次	离开宾馆时检查是否落东西	现场咨询，在咨询师的指导下去宾馆开房、退房，焦虑时做正念经历情绪练习	检查一遍，两分钟内完成	去赶火车或赶飞机

续表

进程	靶症状	练习过程	目标	价值行为
第 15 次	ATM 机取款时检查银行卡	现场咨询，在咨询师的陪同下练习 ATM 机取款	取款后立即离开，不检查	继续做该做的事
第 16 次	离家时检查煤气	视频咨询，在咨询师的监督下离开家	不检查煤气	继续做该做的事
第 17 次	离家时检查所有房间的窗户	视频咨询，在咨询师的监督下离开家	不检查窗户	继续做该做的事
第 18 次	睡前检查煤气	现场或视频咨询，想象练习睡前流程	检查一次煤气，不超过三秒	躺在床上做正念练习
第 19 次	离家时检查所有房间的电源	视频咨询，在咨询师的监督下离开家	不检查电源	继续做该做的事
第 20 次	离开家时锁门	视频咨询，在咨询师的监督下离开家	锁门后只检查一次	继续做该做的事

下面以第 8 次咨询为例，说明如何进行基于正念的暴露练习。

请来访者带一个背包，里面装有钱包、手机、钥匙等物品。和来访者一起离开咨询室，到街边找一个长凳坐下来。

咨询师：现在把包里的东西拿出来放在凳子上。

（来访者把钱包、手机、钥匙拿出来）

咨询师：把钱包打开，把里面的银行卡和钱拿出来放在凳子上。

（来访者把银行卡和钱都拿出来放到凳子上）

咨询师：按我们之前商定的目标，现在把银行卡和钱放回钱包，把钱包、手机、钥匙放回包里。然后我们直接站起来离开这里，不要检查是否有东西落下了，也不要回头看。

来访者：那万一真的落了东西怎么办？

咨询师：觉察“万一真的落了东西”这个想法，看看贴什么标签合适。

来访者（觉察了一会儿）：“强迫症”。

咨询师：好，现在把东西都装起来，咱们走。

（来访者把东西都装好，和咨询师一起离开，换另一个长凳坐下）

咨询师：刚刚没有检查，做的很好。现在是什么情绪？

来访者：非常焦虑！想回去检查！

咨询师：现在评估一下你的焦虑水平有多高。

来访者：8 分吧。

咨询师：再评估一下你对这 8 分程度焦虑的愿意经历指数有几分。

来访者：2 分吧，不愿意经历。

咨询师：现在坐好，闭上眼睛，觉察一下是什么想法使你感到焦虑。

来访者：在刚才那个地方可能落东西了。

咨询师：觉察这个想法，复述它并贴标签。

来访者（觉察了一会儿）：脑子里有个想法认为“刚才那个地方可能落东西了”，强迫症。

咨询师：现在你的焦虑指数和愿意经历指数都是几分？

来访者：焦虑降低了一点儿，现在 7 分吧，愿意经历指数还是 2 分。

咨询师：现在把注意力放在身体上，觉察下焦虑在你身体的什么部位？

接下来按照“正念经历情绪”的步骤进行练习，5 分钟后来访者的愿意经历指数提高到了 5 分，焦虑指数下降到了 2 分。咨询师带领来访者重复上面的过程，之后咨询师离开来访者一段距离，让来访者自己重复上面的练习。其他的项目也都按这个流程进行，如果过程中遇到困难，要和来访者探讨是哪种能力的缺失导致了障碍，并重点提高其缺失的能力。

有些来访者的强迫行为已经非常自动化，比如站起身的一瞬间就用眼睛检查了一遍是否有落东西，这个动作进行得非常快，往往来访者自己都还没有觉察到就已经完成了。这样的来访者需要多做正念练习，以提高其觉察能力。

第 15 章 体悟疗法干预穷思竭虑类强迫症

一、穷思竭虑类强迫症的表现

穷思竭虑类强迫症最明显的特征就是无法停止思考问题。他们可能会在一段时间里只想一个问题，在另一段时间里只想另外一个问题，也可能在一段时间里想各种各样的问题，遇到什么问题就想什么问题。他们有时会想明白一个问题，但过不了多久就会觉得答案不够完美，还要继续想。想明白一个问题之后，又会出现其他的问题需要想。其中有一部分人明知道自己思考的这些问题没有意义，但就是无法停止思考，因此感到痛苦。另外一部分人认为自己思考的问题有意义、有必要，因为想不出满意的答案而痛苦。

1. 常见的触发情境

一部分人会因情境而触发其思考，比如下雨天可以引发其思考“天为什么会下雨”；买地铁票时会思考“地铁票为什么叫单程票”“一天要卖多少票”“上海一共有多少段地铁”之类的问题；听到某个词时会想“这个词是什么意思”“为什么在这个地方用呢”“用另外一个意思相近的词行不行”；看书、看新闻时遇到某句话、某个词，也会去思考到底是什么意思；在学习中反复思考某个语法、某个公式、某个定理为什么是这样的，等等。对于那些在一段时间内只思考某一个问题的人来说，可能在没有什么诱发因素的情况下，头脑里也会毫无预兆地冒出那个问题。

2. 常见的强迫观念

穷思竭虑类强迫症个体思考的问题如：1 +1 为什么等于 2？人生的意义是什么？人为什么会说话？人是怎么记住东西的？我是怎么听懂别人说话的？碗为什么是瓷做的？真理是否就是对的？英语和法语的区别是什么？以及其他依据现实情境随时产生的各种问题。

3. 常见的强迫行为

很多人认为穷思竭虑类强迫症属于单纯的强迫观念，实际上并非如此。很多时候，穷思竭虑类强迫症不只是单纯的强迫观念，还存在强迫行为，尤其是内隐式的强迫行为（它们容易被误认为是强迫观念）。前面我们提到过强迫观念的两个特点是闯入性、能够引发焦虑；强迫行为的两个特点是主动实施、能够缓解焦虑。比如对一个反复思考“1 +1 为什么等于 2”的强迫症个体，“1 +1 为什么等于 2”这个问题是自己冒出来的，不是他主动要想的，而且这个问题一出现他就感到难受，这时“1 +1 为什么等于 2”就是他的强迫观念。接下来他要在脑子里思考“1 +1 为什么等于 2”，这个寻找答案的思考是他主动去想的，目的是缓解焦虑，那么这个思考“1 +1 为什么等于 2”的认知操作就是他的强迫行为。

举个例子，穷思竭虑的过程就像是在做一张永远无法完成的数学试卷，每一道题目本身就相当于强迫观念，解题的过程就相当于强迫行为。有些人把某一道题目做出来了，接下来就会思考下一道题目。有些人看了一道题目不会做，于是一直思考这道题目要怎么做，这个思考的过程也是强迫行为。其他常见的强迫行为是请教别人或者不断地在网上搜索“答案”，这些是外显的强迫行为。

4. 常见的回避行为

因为很多时候问题是在没有刺激因素的情况下冒出来的，所以这类强迫症的回避行为并不明显。对于由某些外部线索而产生的穷思竭虑，也能够看到个体对这些外部情境的回避。比如来访者在商店里看到了一件衬衫，要价 300 元。他说："260 元卖不卖啊？"商家说："你得先告诉我你是不是肯定买，如果你肯定买我就给你优惠。"他说："你得先告诉我是否能优惠，你优惠了我就买。"这引发了来访者的穷思竭虑，心里一直想："到底他应该先告诉我是否优惠呢？还是我先告诉他买不买呢？他说的有道理，但我说的也没错啊。"这样的情形下，回避行为就可能是避免买东西。有些学生会对学习的内容产生穷思竭虑，他们的回避行为就可能是避免学习。

5. 对家人的要求

穷思竭虑类强迫症对家人的要求不是控制和要求代劳，比较常见的是自己想不通时会不断地问家人，并要求家人按照自己的要求进行回答。

6. 发病的诱因

穷思竭虑类强迫症的诱因主要有两种：一种情况是莫名其妙地开始思考某个问题，这常常和长期慢性压力相关，另外一种情况是有明确的刺激事件，在此事件后开始"想问题"。可能是某次考试的失利、上课偶尔的走神、某一次的争吵，等等。在刺激事件之后的几天或者是睡了一觉醒来，就开始陷入对某个问题的思考。

7. 所恐惧的后果

穷思竭虑类强迫症所恐惧的后果有两种，一种仅仅是无法接受情绪上的难受，另外一种是认为：如果想不明白某个问题，就会有难以接受的事情发生。第一种情况可能和人类的进化有关，不确定的、不能掌控的东西可能意味着危险，因此会引起焦虑。为了消除焦虑，人们本能地追求确定感、掌控感，如果想不出满意的答案，这种不确定感所带来的焦虑就会一直存在。也可能不是明显的焦虑而是一种弥散性的不适，有点儿类似"舌尖现象"带来的感受。第二种情况因具体问题的不同而有不同的恐惧后果，比如思考"人是怎么记住东西的"这个问题的来访者，他恐惧的后果可能是"如果我想不明白这个问题，那我记住的东西就有可能在考试的时候想不起来”。思考“人活着是为什么”这个问题的来访者，恐惧的后果可能是“如果我想不明白这个问题，那我的人生就是没有意义的”。还有的是害怕自己变笨、变傻，或者比别人笨、比别人傻等——“这么简单的问题别人都知道，而我却不知道，那我就比别人差一等，我就比别人笨”，他恐惧的后果是自己不如别人。也有的人害怕自己出丑，比如思考“人为什么能听懂别人说话”这个问题的人，他恐惧的后果可能是：“如果我想不明白这个问题，那在某一场合跟别人说话的时候，我突然听不懂对方说的话，像傻子一样愣在那里怎么办？”

二、体悟疗法干预穷思竭虑类强迫症

1. 摄入性会谈到第 6 次咨询

摄入性会谈时需要了解清楚来访者具体思考的问题是什么，思考这些问题是否有明确的刺激线索，恐惧的后果是什么，具体的强迫行为是什么。尤其要询问他们的信念强度，即他们是否认为思考这个问题是必要的。有的来访者自己知道没有必要思考这个问题，但是无法停止思考，这样的来访者需要重点提高他们离开想法的能力。如果他们认为有必要思考这个问题，那首先需要提高他们看清想法的能力。

心理教育阶段有必要对来访者所思考的问题进行一些有干预意义的解释和讨论，这部分的工作要避免和来访者一同去寻找答案，而是要帮助来访者体悟到“这个问题不需要以这种方式继续思考下去”。首先肯定来访者思考的问题是有意义的，他们思考的问题我们大多数人也都想过，尤其是在四五岁的时候。他们思考的问题也是很多哲学家、科学家思考的问题。然后引导来访者想一想：“他们思考问题和哲学家或科学家思考相同的问题的区别在哪里？”即为什么他们想这些问题是强迫症状，而哲学家和科学家思考这些问题是学术活动。可以从“是问题做主还是自己做主”“正确的解决问题步骤”两个方面进行。

咨询师：我觉得你思考的这个问题确实很重要也很有意义，我也知道有很多科学家都曾经研究过或正在研究这个问题。了解一下你们之间的区别也许会对你有帮助，下面我们一起就这个问题讨论一下。

来访者：好的。

咨询师：关于“人是怎么记住东西的”这个问题是我们心理学、认知科学以及脑神经科学等领域里很重要的问题。专业人士研究这个问题和你研究这个问题有一个显著的区别就是“谁做主”：专业人士是自己做主的，自己决定什么时候开始思考这个问题，什么时候停止思考这个问题。比如该吃饭了，该睡觉了，或者有其他的事情需要做的时候，他们可以暂时停止思考这个问题，工作的时候他们可以决定何时开始思考这个问题。你自己可以按照实际需要开始或者停止思考这个问题吗?

来访者：我做不到，很多时候我想停止思考不去想这个问题，但根本停止不了，因此很痛苦。

咨询师：所以，对你来说是“问题做主”，你失去了对这个问题的主动权和掌控权，无法决定想还是不想、什么时候想什么时候不想，你完全被问题控制了，“问题让你想”，这就不是正常的思考问题而是强迫症的症状了。

来访者：是的。

咨询师：另外，专业人士思考这个问题是有一定的方法和步骤的。他们需要查阅大量文献，了解到目前为止有哪些人研究过这个问题，都研究到什么程度了，现有的研究成果是否已经解决了这个问题。如果已经解决了，他们只需要了解别人的研究成果，不需要自己继续研究。如果目前这个问题仍然没有被解决，他们就会设计自己的研究思路和方案，然后一步一步地推进研究工作。而你完全不是这样的，从这个角度来看，你思考这个问题也是强迫症的症状。

这部分工作的目的是使来访者意识到自己这样思考问题是强迫症的表现，从而愿意停止思考。如果来访者本来就明确认为没有必要思考这个问题，那上面这部分工作就不需要进行。如果来访者表示也想按科学家的方式来研究这个问题，那就回到第一点的讨论——是问题做主还是自己做主。

价值观的探讨对穷思竭虑类来访者也很重要，和他们一起谈论和明确价值观，然后讨论他们所思考的问题和他们的价值观之间的关系。某些人可能会认为他们所思考的问题正是为了帮助自己过上符合价值观的生活，所以必须要把这个问题想明白。需要让来访者意识到“想清楚这个问题和他的价值观没有关系”，或者就算有关系也不应该以这种方式进行，而是要像哲学家或者科学家那样思考和处理。

咨询师：现在拿吃东西来举个例子。为了保证身体的正常运作，我们每天都需要吃东西，到目前为止我并不完全了解我的身体是如何消化和吸收食物的：在口腔里具体发生了什么，唾液具体起到哪些作用，等等。我也不确定哪些成分是在胃里被消化和吸收的，哪些成分是在小肠里被消化和吸收的……虽然我不清楚这些，但并不影响我每天吃东西以及我吃的东西被有效利用。同样，虽然你思考的问题很重要，但你不知道问题的答案也并不会影响你过想要的生活。

来访者：如果我就是想把这个问题研究明白呢？

咨询师：很好，如果是这样，那你的价值观就是要在这个领域有所成就和贡献。还是用消化来举例子，如果你的人生理想是成为医学家、生理学家，你这辈子就是想研究明白食物到底是如何在不同的器官里以不同的方式被消化和吸收的，那你思考这个问题是完全可以的，也是非常有意义的。所以你现在需要认真思考一下：这到底是不是你的人生方向？

来访者：不是的。

穷思竭虑类强迫症一般不太容易划分出焦虑等级，所以在制订行为训练计划表的时候可将停止思考（这个问题）的时间长度作为分级标准。前面的咨询要达到的一个目标就是使来访者停止思考一小会儿，接下来的行为训练就是帮助来访者实现停止思考。首先测定一个基准线，就是到目前为止，来访者靠自己的努力可以做到不思考的平均时长，然后和来访者讨论每周能将这个时长延长多少。比如，来访者现在可以做到在问题冒出来的时候，5 分钟内不思考这个问题，接下来的目标是每周把这个“不思考的时间”延长 5 分钟，一次一次地延长，直到最终可以不想这个问题。

2. 第 7 次咨询到第 20 次咨询

根据前面设定好的基准线和每次延长时间制订行为训练计划表（表 15－1）。

表 15－1　穷思竭虑类强迫症行为训练计划表

进程	靶症状	练习过程	目标	价值行为
第 7 次	1＋1 为什么等于 2	创造问题情境，然后不思考，做正念、八段锦练习	5 分钟不思考	正念练习
第 8 次	1＋1 为什么等于 2	创造问题情境，然后不思考，做正念、八段锦练习	10 分钟不思考	正念练习
第 9 次	1＋1 为什么等于 2	创造问题情境，然后不思考，做正念、八段锦练习	15 分钟不思考	正念练习
第 10 次	1＋1 为什么等于 2	创造问题情境，然后不思考，做正念、八段锦练习	20 分钟不思考	正念练习
第 11 次	1＋1 为什么等于 2	创造问题情境，然后不思考，做正念、八段锦练习	25 分钟不思考	正念练习
第 12 次	1＋1 为什么等于 2	创造问题情境，然后不思考，做正念、八段锦练习	30 分钟不思考	正念练习
第 13 次	1＋1 为什么等于 2	创造问题情境，然后不思考，正念觉察一个手部动作	10 分钟不思考	正念练习
第 14 次	1＋1 为什么等于 2	创造问题情境，然后不思考，正念觉察一个手部动作	20 分钟不思考	正念练习
第 15 次	1＋1 为什么等于 2	创造问题情境，然后不思考，正念觉察一个手部动作	30 分钟不思考	正念练习
第 16 次	1＋1 为什么等于 2	创造问题情境，然后不思考，正念觉察呼吸	10 分钟不思考	正念练习
第 17 次	1＋1 为什么等于 2	创造问题情境，然后不思考，正念觉察呼吸	20 分钟不思考	正念练习
第 18 次	1＋1 为什么等于 2	创造问题情境，然后不思考，正念觉察呼吸	30 分钟不思考	正念练习
第 19 次	1＋1 为什么等于 2	创造问题情境，然后不思考，做价值行为库里的某个行为（如学习、运动、练书法等）	20 分钟不思考	前面选择的价值行为
第 20 次	1＋1 为什么等于 2	创造问题情境，然后不思考，做价值行为库里的某个行为（如学习、运动、练书法等）	30 分钟不思考	前面选择的价值行为

这个行为训练计划表里每次增加的不思考的时间长度，以及最终达到不思考的时间长度，都需要根据来访者的实际情况来确定，并根据咨询的进展及时调整。第一步是把注意力集中于明显的、强烈的躯体感受上，以此来帮助来访者停止思考。这一阶段我们选择的工具是八段锦，这是基于下面这个理论假设的：人类的注意资源整体是有限的，假设整体的注意资源有 100 份，如果某一件事情占用了我们所有 100 份注意资源的话，那么其他的任务就得不到加工，就无法同时做其他事情；如果一个任务仅仅需要我们 30 份注意资源，那我们就有 70 份注意资源可以用来做别的事情，这时我们就可以同时做两件事；如果第一个任务占用了 30 份注意资源，第二个任务也占用了 30 份注意资源，我们就还有 40 份注意资源可以用来做别的事情，这时我们就可以同时做三件事。比如你刚刚拿到驾照，第一次自己开车上路，这时你的手机响了你是没有办法接这个电话的，因为你的所有注意资源都被开车这一任务占据了，没有多余的注意资源用来接电话。随着你开车越来越熟练，所需要的注意资源逐渐减少，你就可以在开车的时候接电话了（注意遵守交通法规）。但如果这个电话是让你解一道高等数学题的话，那你就不可能在开车的时候同时解题了。

前面的正念练习是训练我们能够主动地把所有的注意资源全部集中于一个任务上。第二步是把注意集中到一个相对不那么明显的躯体感受上，可以选择一个简单的手部动作来进行注意，比如伸手握拳这个动作。第三步是选择呼吸这个相对更微弱的目标进行注意。这一步达成之后，选择来访者认为有价值的其他行为，以正念的方式进行这些活动，比如做家务、学习、练书法、和家人聊天等。根据来访者实际的离开想法的能力以及前面正念练习的效果，也可以直接从第三步正念觉察呼吸开始。咨询方式可以选择面询也可以选择视频咨询。

咨询师：现在坐好，闭上眼睛，想你要思考的问题，当你觉得进入了强迫思考的状态时告诉我一下。

来访者（几分钟之后）：现在进入那种状态了。

咨询师：复述一下你这个问题，贴上合适的标签。

来访者：脑子里有个想法在问“1 +1 为什么等于 2”，“强迫症”。

咨询师：好，现在尽可能地把注意力集中到呼吸上。

咨询师（五分钟后）：可以了，刚才这 5 分钟有想那个问题吗？

来访者：没有想，就是在觉察呼吸。（如果来访者无法做到五分钟不想那个问题，就缩短正念觉察呼吸的时间，可以缩短到 1 分钟，甚至 5 秒钟）

咨询师：很好！现在再去想那个问题，当进入强迫状态时告诉我。

（重复上面的步骤）

一般来说，来访者能够做到在一定的时间内不思考那个问题，但是会感到焦虑或难受，这时候按照正念经历情绪的步骤来处理情绪。也可以让来访者把思考的问题写在纸上，然后反复大声朗读这个问题。也可以把他们思考的问题录到手机里，在做事情的时候一直听这个录音。目的是练习对问题不做反应。对于那些有具体恐惧后果的来访者，需要针对他们所恐惧的后果进行想象暴露练习，按照正念经历情绪的步骤进行。

自助或者咨询的过程中，有些其他类型的来访者，可能会对理论或方法本身产生穷思竭虑。比如接触森田疗法之后会不断思考“我这样做是顺其自然吗”“到底怎么做才是正确的顺其自然呢”“体悟疗法里给想法贴标签是不是强迫行为呢”“我这个标签贴得到底对不对”“精神分析疗法和认知行为疗法哪一个对强迫症的解释是对的呢”，等等。这部分来访者害怕的是：如果自己的理论或方法有错误的话，那自己的病就好不了了。

对这部分来访者的干预，关键是咨询关系的建立。需要使来访者充分信任咨询师的专业度，在此基础上对来访者进行心理教育。不需要讲太专业的心理学理论，只需要让他们愿意尝试按咨询师的建议进行练习，然后帮助他们从实际练习经验中获得体悟。体验到了真实的进步后，他们对理论和疗法的顾虑自然会减少。

第 16 章 体悟疗法干预忌讳类强迫症

一、忌讳类强迫症的表现

忌讳类强迫症的主要特征是把逻辑上没有因果关系或事实上没有因果关系的事情认为有因果关系，因为接触了所谓的“因”而害怕“果”的发生，感到恐惧和焦虑，需要通过回避行为来避免接触到“因”，或者通过实施强迫行为来阻止“果”的发生。他们所担心的“果”都是负性的事件。这类强迫症和风俗、习俗等文化因素关系很大，很多时候来访者会用习俗来合理化自己的想法和行为。

1. 常见的触发情境

最常见的触发情境是和死亡相关的刺激，其中以数字“4”最为常见，其他一切和死亡、葬礼和祭祀相关的东西都可能是刺激因素，如接触过尸体和参加过葬礼的人、戴孝的人、疑似骨灰盒的物体、花圈等丧葬用品、丧葬用品店、地上遗留的烧过纸钱的痕迹、太平间、殡仪馆、火葬场、死者的名字、遗物，等等；某些颜色，如黑色、红色、蓝色，等等；某些字词，如“死”“癌症”“晦气”“倒霉”“霉”“煤”，等等；某些特殊的人，如侏儒、智力障碍人士、残障人士、学习不好的人、品行不端的人，等等；某些日期、时间点等；数字“2”“3”“11”“30”等。

2. 常见的强迫观念

忌讳类强迫症常见的思维模式是：如果我碰到（或看到、听到）××，我或我的家人就会死亡（或倒霉、晦气、不顺利）。如，我看到数字“4”就会倒霉；听到“死”字我就会死亡；碰到戴孝的人我就会不顺利；在星期四买股票就会赔钱；接电话看到“4”就会发生不好的事；看到数字“2”我就有可能变傻；看到数字“3”我就可能成为第三者；看到数字“11”我就可能一直单身；接触了学习不好的人我的智商就可能被“吸走”；看见侏儒我就可能变矮；看见红色我就可能出车祸或者发生血光之灾；如果想到“4”，手里正在做的事情就会沾上晦气；买东西的价格如果包含数字“4”，那这个东西就不吉利了，等等。有些人会对看到的数字进行运算，结果里含有“4”也不行，比如某个车牌尾号是666，通常被认为是很吉利的数字，但有些强迫症个体看到这个也会焦虑，因为$6\times6+6=42$，结果中含有数字“4”。这类强迫观念有很多变体，其共同特点是把没有因果关系的事件认为有因果关系，虽然这种因果关系在逻辑和事实上都不成立。

关于数字的强迫观念可以嵌入其他任何类型的强迫行为中。如清洗类强迫症洗手的遍数不能是“4”，如果是洗4遍就没洗干净。检查类强迫症中检查的遍数不能是“4”，如果检查4遍就没检查好。每个人都可能根据个人独特的经历为不同的数字赋予不同的意义，发展出一系列让自己感到害怕的数字。数字在人类进化史上有着非常重要的心理意义，类似“3”“7”“9”“13”“19”这些“特殊”的数字及其意义，可能已经积淀到人类深层的心理结构之中了。

3. 常见的强迫行为

忌讳类强迫症常见的强迫行为主要有清洗，重复正在做的事情，替换、覆盖某些行为或信息，以及其他个体化的强迫行为。强迫式的清洗行为（洗手、洗澡和洗衣服）最常出现在和死亡相关的忌讳类强迫症中。比如看到数字“4”需要清洗；担心自己的智商或能力会被不如自己的人吸走的强迫症个体也会有清洗行为，如衣服的某个部位被成绩差的人碰到了，就需要清洗这个部位；碰到了成绩差的同学碰过的东西就需要洗手，等等。如果做某件事情时，看到、听到或想到了自己害怕的内容，就需要重新做这件事，直到在过程中完全没有看到、听到或想到自己害怕的内容为止。比如电脑开机时想到“死”字，则需要关机重新开机；开手机屏幕的时候显示的时间是15:04，则要关闭屏幕等过了这个时间再打开；在吃饭时想到“晦气”，就要把这口饭吐出来，否则会担心把晦气吃进肚子里从而吸收到身体里，导致整个身体都充满了晦气，要等到脑子里不想“晦气”这个词时再继续吃饭；出门时刚好看到某个车牌含有数字“4”，则要回家重新出门。替换、覆盖行为也是这类强迫症比较常见的强迫行为，看到或想到“死”，就要用“活”来替换、覆盖；看到数字“2”要在脑子里想象爱因斯坦的照片来替换、覆盖，因为“2”代表“傻乎乎的”，而爱因斯坦是最聪明的人；看到侏儒要在脑子里想象姚明来替换、覆盖。个人化的强迫行为更是五花八门，有的人看到数字“3”就要唱48遍“你是我的小呀小苹果”；有的人想到品行不好的人就要用手拍脑袋，目的是把这个人从脑袋里“拍出去”；有的人看到烧纸钱的痕迹就要原地跳9次；有的人看到黑色就要扔掉自己穿的衣服……

4. 常见的回避行为

回避行为在忌讳类强迫症中非常常见，所有可以引发症状的触发情境都是这类强迫症所回避的。他们回避和死亡相关的人、事、物、数字、字词等，不去医院，不参加葬礼，不参与任何祭祀活动。他们回避所有害怕的数字，在恐惧的数字相关的日期和时间点不能做任何事情，比如周四不能买股票、签合同，每个月的4号不能做任何重要的事情，有“4”的时间点有人来电话不能接，买东西结账时金额含有“4”就需要再多买东西或者少买东西，以避免金额中出现“4”。避免经过特殊教育学校，因为这类学校里都是有某种障碍的学生。避免接触学习不好的同学或品行不好的同学。

5. 对家人的要求

忌讳类强迫症中，有和死亡相关强迫症状的来访者在强迫行为和回避行为上对家人都有要求，要求家人也要回避他们害怕的刺激。如果家人接触了他们害怕的刺激，就需要实施清洗行为。其他类型的忌讳类强迫症对家人的要求更多地体现在言语方面，要求家人说话时注意不能提到他们害怕的数字、字词等。

6. 发病的诱因

在忌讳类强迫症中，我们经常能发现文化、习俗、传言、忌讳行为的影响。

对数字“4”的恐惧很明显具有文化特色。习俗的影响也很明显，如果小孩子长期哭闹不止，家人可能会在门上贴咒文：“天皇皇，地皇皇，我家有个夜哭郎。行人君子念三遍，一觉睡到大天亮。”有人久病不愈，认为是被过世的亲人“附体”，巫医会拿鸡蛋立在碗的边缘上，或把筷子立在水碗里来确定是哪位先人来附体了。不能去墓地祭祖的人会在地上画个有缺口的圈，在圈里烧纸钱，有些地方的习俗认为这样的圈是不能踩的，如果踩到了要原地跳三下。发生某些意外伤亡事故后，也经常会有一些传言，认为事故发生前的某些反常现象是一种预兆。类似情况在忌讳类强迫症个体的成长经历中经常见到，他们在以后的生活中遇到某些超出其应对范围的压力事件时，就有可能诱发忌讳类强迫症。“笔仙”“碟仙”之类的游戏也可能成为诱发因素，某些影视作品或书籍也会成为诱发因素，在笔者的咨询经验中，《秘密》这本书对某些忌讳类强迫症个体有很大的影响。

7. 所恐惧的后果

常见的恐惧后果是死亡、生病、倒霉、晦气、出意外、做事不顺利等。不顺利可以涉及所有自认为重要的事情，如出国签证办不下来、买的股票大跌、考试失利、生意失败、合同谈不成、考不上公务员、晋升失败，等等。

二、体悟疗法干预忌讳类强迫症

1. 摄入性会谈到第 6 次咨询

和其他类型的强迫症相比，对忌讳类强迫症的摄入性会谈尤其需要了解其成长经历中和忌讳相关的内容，这可能是他们信念、规则和行为习得的源头。

有些来访者可能会用一些大众习俗来合理化自己的担心，所以在第 1 次咨询中需要让来访者意识到自己的行为是强迫症的症状，不同于一般的忌讳和习俗。

来访者：如果你选手机号码时，一个号码里含有好几个“4”，另一个号码里含有好几个“6”而不含“4”，你会选哪个号码?

咨询师：我会选含有“6”而不含“4”的那个号码。

来访者：就是啊，你看大家都避免选择“4”啊，那为什么我就不能避免选择“4”呢？

咨询师：非常好的问题！我理解你的困惑，你觉得既然大家都不喜欢“4”，所以你对“4”的害怕也是正常的。现在想一想，你每天的生活和那些虽然也不喜欢“4”但没有强迫症的人有什么不同吗？

来访者：应该不一样，我每天都很焦虑，活得提心吊胆，怕突然看到“4”。昨天我去买衣服，选了很久才买到一件非常喜欢的。但在回来的路上遇到第一个红绿灯的时候，我抬头一看红灯的剩余时间是14秒，当时就崩溃了，觉得这件衣服不能穿了，沾上晦气了。回家后我把衣服放在门口，现在还没有拿进屋，还在犹豫是不是要扔掉。但这件衣服我真的很喜欢，你知道如果我买的是一包餐巾纸，两个星期就用完了，我不会这么焦虑的。但这件衣服得穿好几年，所以我就非常焦虑，其他人应该不会像我这样的。

咨询师：你能觉察到你和其他正常的不喜欢数字“4”的人群的不同，这很好，这也是问题的关键所在。在我们的文化里，大家对“4”有着普遍的忌讳，和强迫症不同的是其影响程度。虽然其他人也忌讳“4”，但他们主观上并不会像你这样痛苦、焦虑，对他们的学习、工作、生活也没有这么大的影响。强迫症的问题是“过度”，并且自己主观上感到痛苦，就像你说的每天提心吊胆；客观上给自己的生活造成了很大的影响，就像你买的这件衣服，虽然很喜欢却想扔掉它。所以，区分强迫症和忌讳、习俗的一个关键点就是看是否过度了，看主观的痛苦程度和客观上对现实生活的影响。想想你每天的生活，你觉得自己的忌讳和担心是否过度了呢？

来访者：是过度了。但是，如果“4”和死亡、晦气等没有关系的话，为什么大家都忌讳“4”呢？这说明它们之间有一定关系啊！

咨询师：因为大家都忌讳“4”，所以你认为“4”确实不好，这个可以理解。但是，大家都忌讳或者都遵从某种习俗，并不能说明其在逻辑或事实上是有某种因果联系的。举个例子，结婚的时候都要贴红色的双喜字，你觉得贴红色的双喜字就一定可以让结婚的人婚姻幸福，白头偕老，一辈子不离婚吗？如果可以的话，为什么每年还有那么多人离婚呢？他们结婚的时候也贴了红色的双喜字啊。

来访者：贴红色的双喜字和离不离婚之间应该没有什么关系。

咨询师：很好！如果我结婚的时候贴了白色的双喜字，是不是我的婚姻生活就一定不如贴红色的双喜字的人们幸福呢？

来访者：也不是。

咨询师：对呀，所以无论是贴红色的双喜字、白色的双喜字或绿色的双喜字都和婚姻是否幸福无关。但是却没有人结婚的时候贴白色的双喜字或绿色的双喜字，大家都还是贴红色的双喜字，这是一种风俗，但这并不能说明贴红色双喜字真的对婚姻生活有什么影响。

来访者：嗯，这个我能明白。

咨询师：好，我们再回到数字“4”。相同的道理，虽然大家都忌讳“4”，但这不能说明“4”这个数字本身有什么不好，或者会导致不好的事情。只是因为在汉语里“4”和“死”是谐音，容易让人产生联想。如果数字“4”本身能导致不好的事情发生的话，那么无论对谁都是一样的，可以让中国人发生不好的事，也可以让美国人发生不好的事，也可以让欧洲人发生不好的事。但在其他的语言里“4”和“死”的发音差距很大，所以他们并不害怕“4”，他们也没有因为数字“4”发生了什么不好的事情。

来访者：你说的有道理。

第一次咨询的主要目的是让来访者明确认识到自己的表现是强迫症的症状，然后按照第一次咨询的要点（“强迫症是损害生活的，强迫症说的都不要信，强迫症让我做的都不要做”）来应对症状。

在第二次咨询中讨论想法的时候，和清洗类、检查类强迫症不同的是，我们需要和来访者从逻辑层面或事实层面进行讨论。对于清洗类强迫症、检查类强迫症，强迫观念是存在逻辑上的可能性的，所以不要和他们进行逻辑上的讨论。与忌讳类强迫症个体的这种讨论可以是心理教育也可以是认知重构，但最终的落脚点仍然是给强迫观念找到一个合适的标签，这是体悟疗法的特点之一。

第三次咨询讨论“焦虑不等于危险”，重点讨论情绪是否可以改变因果关系。如果有因果关系，这种关系是客观存在的，不会因为我们的情绪而变成不存在。如果没有因果关系，也不会因为我们害怕的情绪就变成有因果关系。

（第 4 次至第 6 次咨询内容略）

2. 第 7 次咨询到第 20 次咨询

某位来访者的行为训练计划见表 16－1。

表 16 – 1　忌讳类强迫症行为训练计划表

进程	靶症状	练习过程	目标	价值行为
第 7 次	在有“4”的时间点不敢接电话	请家属配合，在咨询中遇到“4”的时间点打电话给来访者，让来访者接听	在有“4”的时间点可以接电话	正常接电话
第 8 次	在有“4”的时间点不敢打电话	在咨询中有“4”的时间点给其他人打电话	在有“4”的时间点可以打电话	正常打电话
第 9 次	遇到含有“4”的东西不敢用	陪同来访者去超市买东西，有意买价格含有“4”的物品，并让来访者正常使用	价格含有“4”的物品可以正常用	正常使用物品
第 10 次	喝水、吃饭时不能想到“4”	咨询时在水杯上写个“4”，让来访者用这个水杯喝水；在咨询室中看着数字“4”吃零食	想到“4”也可以正常喝水、吃饭	正常喝水、吃饭
第 11 次	看到数字“2”要想象爱因斯坦的照片	咨询时一直看数字“2”，不想爱因斯坦的照片	看到数字“2”不想爱因斯坦的照片	继续做该做的事
第 12 次	看到侏儒要想姚明	咨询时在网上搜索侏儒的照片看，不要在脑子里想姚明的照片	看到侏儒不想姚明	继续做该做的事
第 13 次	看到乞丐要洗澡，否则生意会失败	咨询时搜索乞丐的照片看，看后不去洗澡	看到乞丐后可以不洗澡	陪家人逛街
第 14 次	看到数字“3”要唱 48 遍《小苹果》	咨询时主动看数字“3”，不唱歌	看到“3”不唱歌	做家务
第 15 次	想到某个品行不好的人要拍脑袋	咨询时主动想象那个人，不拍脑袋，继续学习	不拍脑袋	学习
第 16 次	不敢和参加过葬礼的人接触	咨询时想象练习和参加过葬礼的人接触，然后不洗澡	可以正常接触后不洗澡	正常人际接触
第 17 次	看到纸钱、花圈等要洗澡	咨询时带来访者从殡葬用品店门前经过，看店里的花圈、纸钱等物品，进店和老板说话	不洗澡	学习

续表

进程	靶症状	练习过程	目标	价值行为
第 18 次	不能碰成绩差的同学以及他的物品	提前准备纸巾，用纸巾接触那个同学的座椅，然后密封好带回家。咨询时接触这张纸巾，之后不洗手、不洗澡。想象练习接触那个同学	可以正常和那个同学接触	正常和同学接触
第 19 次	看到“死”字需要用“活”字替换	咨询中主动让来访者看“死”字，不替换	不用“活”字替换	继续做该做的事
第 20 次	看到红色的东西不敢开车	咨询时有意让来访者看到红色的东西，然后让来访者开车出去 20 分钟	可以正常开车	正常开车

表中的案例经过改编，用于帮助大家体会、掌握咨询思路和原则，从而灵活地运用到实际咨询中。实际咨询中遇到的来访者可能和表中的例子不太一样。下面以第 10 次咨询为例，介绍行为训练的过程。

咨询师：根据我们的咨询计划，今天我们练习看到“4”或者想到“4”的同时能正常喝水、吃东西。我们先练习喝水。我在这个一次性水杯上写上数字“4”，然后你用这个水杯喝水，即使很焦虑也不要把水吐出来。

来访者：那我不是把“4”咽进了胃里，吸收到血液里，搞得我身体里到处都有“4”了吗?

咨询师：所以你现在害怕做这个练习。觉察一下你这个想法，看看贴个什么标签合适。

来访者：“胡说八道”。

咨询师：体会一下，“胡说八道”这个标签合适吗?

来访者（体会一会儿）：不太合适，“不可能的”感觉更好一点儿。

咨询师：体会一下这个“不可能的”标签。

来访者（体会一会儿）：嗯，合适，就是“不可能的”。

咨询师：好，我们现在就练习吧。

来访者：还是有点害怕，不敢做。

咨询师：理解你的害怕，也正是因为害怕，我们才需要做这个练习。现在我在我的水杯上也写了“4”，我先用这个杯子喝水你看看，然后你跟着我做。

来访者：好吧。

（咨询师用写了“4”的杯子喝了口水）

来访者：老师，你不害怕吗？

咨询师：我不怕，你现在也试着喝一口水。

来访者：好的。

（来访者举起杯子喝了一口水，不敢咽下去，含在嘴里）

咨询师：很勇敢的行为！不要相信强迫症说的，你的那些强迫观念都是“不可能的”，现在把这口水咽下去。

（来访者努力几次，很困难地把水咽了下去）

咨询师：非常好！现在感觉怎么样？

来访者：很焦虑！

咨询师：焦虑程度有几分？

来访者：有 8 分。

咨询师：嗯，对这 8 分的焦虑的愿意经历指数有几分？

来访者：2 分，不愿意经历。

咨询师：好的，现在坐好闭上眼睛……

（做正念经历情绪的练习）

当来访者的愿意经历指数达到 5 分后，讨论在这次练习中获得的体悟。然后重复上面的练习，直到来访者可以比较自然地喝水，然后再以相同的方式练习吃东西。作业就是在吃饭、喝水时主动地在头脑里想象数字“4”。其他项目的练习也都类似。

我们都无法避免在生活中遇到不顺利的事情，如果在咨询过程中来访者遇到了什么不顺利的事情，他可能会归因于没有做强迫行为、回避行为。这种情况有可能导致强迫症状出现一定程度的反复，同时这也是一个夯实基础的好机会，可以利用认知行为疗法里的“饼图”技术来讨论事情不顺利的原因，目的是使来访者认识到事情不顺利和有没有做强迫行为没有关系，并且继续进行行为训练。

忌讳类强迫症的强迫观念还有一个特点是“事后联系”。现实中，如果存在客观的因果关系，那么只要“因”发生，就可以推断“果”一定发生，哪怕“果”暂时没有发生，也可以推断以后必然会发生。忌讳类强迫症恰恰相反，必须要等到“果”真正发生之后才主观认定一个“因”。

如果毒药的毒性是半小时致人身亡，而我五分钟前喝了毒药，虽然现在没有什么表现，但可以推断半小时后我会毒发身亡——这是直接的因果推断。如果我没喝毒药，还是死了，而且是死于中毒，那就需要排查我喝的水是否有毒，我吃的菜是否有毒，我吃的饭是否有毒，我是否用手接触了有毒的东西，我呼吸的空气是否有毒……必须经过科学的排查、研究后才能找到“因”。

但忌讳类强迫症不是这样，它必须等到“果”发生之后，再回过头去寻找他所害怕的那个刺激，把那个刺激定为“因”，并且在以后的生活中更加害怕这个“因”。比如，忌讳类强迫症个体今天摔了个跟头，立刻想：“我今天摔跟头之前想到‘倒霉’两个字了吗？没有。昨天想到‘倒霉’了吗？没有。前天想到‘倒霉’了吗？没有……”后来想到摔跟头前的三天想到了“倒霉”，所以终于找到“因”了——肯定是因为我三天前想到了“倒霉”，所以今天才摔跟头的。

按照这样的逻辑，我们可以在“果”发生之后随意给它找个“因”。比如上面的例子，某人今天摔跤了，他认为是三天前想到“倒霉”导致的，那我同样可以认为，是他每天早上都吃油条而今天早上没有吃油条导致的；可以认为是他今天穿了一双平时很少穿的鞋导致的；可以认为是他今天走了经过太平间的路导致的；可以认为是今天父母批评了他导致的；可以认为是他今天突然忘记了银行卡密码导致的……按照这个逻辑，我们可以把发生在摔跤之前的任何事情都认作摔跤的“因”，很明显这是不合理的。

这部分内容可以在心理教育阶段与来访者讨论。

第 17 章　体悟疗法干预意向类强迫症

一、意向类强迫症的表现

意向类强迫症又称强迫意向，主要体现为有一种想做某种事情的内在冲动和内驱力，而想做的这些事情是违背自身意愿、社会习俗、道德法律的。个体害怕这种冲动会真的成为行动，因此非常焦虑，想方设法避免把这种冲动付诸实施。

1. 意向类强迫症常见的触发情境

意向类强迫症的这种冲动绝大多数都和外部环境有关，身处某些情境中才会产生所在情境不允许的行为冲动。例如，站在高处时产生跳下去的冲动；看到尖锐物品时产生伤害自己或他人的冲动；看到自己的孩子产生伤害孩子的冲动；开车时产生撞树、撞人的冲动；开会时产生骂领导或用水杯砸领导的冲动；等地铁时产生跳下轨道的冲动；在银行产生偷钱或抢银行的冲动；在马路边产生冲到马路中间被车撞的冲动；在公共场合产生脱裤子的冲动；在商场、超市产生偷东西的冲动；在人际交往中产生骂对方的冲动；在异性面前产生骚扰行为的冲动，等等。

2. 常见的强迫观念

意向类强迫症的强迫观念，就是想做当前环境所不允许的某些事情的那种冲动或内驱力。问题的关键出在个体对这种内驱力的认知评价上，这类强迫症个体认为有这种内驱力就会真的做出这样的行为，并且他们认同了自己的这种认知（想法认同）。

3. 意向类强迫症常见的强迫行为

意向类强迫症基本上没有明显的强迫行为，最常见的是对这种冲动的控制，这种控制很难描述为具体的行为过程或思维过程，更像是一种意志上的博弈。在极少数来访者身上可以见到为了消除焦虑、获得安全感而进行的“安全测试行为”。这种“安全测试行为”看起来很像是把冲动付诸实施，当事人也会因此更加恐惧。比如，有的来访者的冲动是掐死自己的孩子，她报告说有几次真的用手扣住了孩子的脖子；有的来访者的冲动是偷东西，她报告说有一次真的拿起了水果摊的一个苹果。针对这种情况，需要详细评估这些行为的功能，以及实施这些行为的动机。通过询问我们了解到，来访者实施的这些行为并不是那些冲动的直接实现，他们这些行为的目的是“试试看我是否会真的那么做”，希望得到的答案是“你看，我是不会那样做的”。或者，行为的目的是“试试看我这样做到底会有什么后果”，希望得到的答案是“我真的做了也没有什么严重的后果”。如果能得到这个答案，他们的恐惧就能大大缓解。因此，这些行为本质上是一种行为试验。

实施这些行为的动机不是冲动本身，而是想确定自己究竟会不会屈服于冲动。在这个基础上，经过对情境的评估形成了去验证的动机，这个行为并不是冲动的实施，而是有清晰完整的“需要——动机——行为”的内部过程。

4. 意向类强迫症常见的回避行为

几乎所有的意向类强迫症都有非常明显的回避行为。有从高处跳下来冲动的，会回避站在高处，自己的住所或者住宾馆都必须是一楼；有伤害自己孩子冲动的，会回避和孩子接触，严重的会把孩子送到别处抚养；开车有撞人冲动的，会回避开车；有抢银行冲动的，会回避去银行办理业务；有用尖锐物品伤害他人冲动的，会远离这些物品；在超市有偷东西冲动的，会回避去超市……所有能引起他们强迫症冲动的情境都是他们极力回避的。行为训练的内容就是逐级面对他们所回避的情境。

5. 意向类强迫症对家人的要求

意向类强迫症对家人的要求不明显。

6. 意向类强迫症发病的诱因

正常人偶尔也会出现一些不合时宜的冲动，而强迫症的问题在于：在某些特殊的内外部条件下，他们对这些正常人也会有的冲动投入了过多的关注，进行了错误的认知评价，在此基础上拼命地想控制或消除这种冲动，由此发展成意向类强迫症。这些特殊的内外部条件因人而异，可能是人际矛盾，可能是身体不适，也可能是遇到挫折，等等。

7. 所恐惧的后果

意向类强迫症所恐惧的后果可以分为两大类，一类是把冲动付诸实施造成的直接后果，比如从高处跳下去的直接后果是伤残或死亡；用尖锐物伤人的直接后果是自己或他人的受伤或死亡；抢银行的直接后果是坐牢……几乎所有的意向类强迫症都害怕这个直接后果。第二类是除了对这种直接后果的害怕之外，更害怕冲动实施后别人会对自己产生负面评价。如果我在开会的时候用水杯砸了领导，那别人不会认为我是精神病吗？如果我在和别人说话时突然骂了对方，那别人不会觉得我精神有问题吗？如果我伤害了自己的孩子，那我就不是一个称职的母亲。如果我摸了异性的屁股，那我就是一个龌龊的人。

二、体悟疗法干预意向类强迫症

1. 摄入性会谈到第6次咨询

对意向类强迫症进行干预时，心理教育非常重要，尤其是关于需要、动机和行为之间关系的心理教育。

咨询师：我们人类的任何行为都有一定的原因，心理学上把这些原因叫作动机。动机是在需要的基础上产生的。要想形成动机首先我们要有需要，没有需要就无法形成动机，没有动机就不会产生行为。当需要在强度上达到一定水平，并且有满足需要的对象存在时，才能引起动机。仅仅有冲动或内驱力是不足以产生相应的行为的。站在高处时，你感到有种跳下去的冲动，你很害怕做出这样的行为，前面说了一个行为之所以会被实施，其前提是要有需要，你有这种自伤或者自杀的需要吗？

来访者：我没有这个需要，但我真的有跳下去的冲动。

咨询师：你有这种冲动，你认为这种冲动会让你真的跳下去，所以你非常害怕。你认为仅仅有这种冲动就足以导致行为，实际上你的这种冲动是无根之木、无源之水，因为你没有这种需要。人是不会去做没有需要的事情的。

来访者：虽然我没有这种需要，但这个冲动是真实存在的啊。

咨询师：是的，这个冲动是真实存在的，但冲动和行为之间并不是简单直接的因果关系。我们的大脑是一套复杂完整的系统，就像汽车不仅有油门，还有刹车、雷达探测系统、档位控制系统等，仅仅踩油门并不会让汽车向前移动，同时还要释放刹车，并且档位不能在停车档或空档。大脑就像司令部，当有人向司令部提出行动要求时，司令部不会直接下达命令让部队开始行动而是会综合评估各方面的因素——现在是否有采取行动的需要？行动时机是否合适？行动环境是否合适？现在行动会有什么结果？这个结果对我方是否有益？如果是负面的结果我们是否能够承受……只有这些因素全部经过评估，并且评估的结果都支持现在采取行动，司令部才会下达命令让部队开始行动。很多时候，大脑的这种评估过程是需要我们有意识地去执行的，比如我现在是否要买入某只股票，或者是否参加某个志愿者团队等，也有很多时候，这种评估过程是自动化的，不需要意识的参与。强迫意向就属于后面这种情况，因为这种冲动不符合我们的需要，时间不合适，环境不合适，其后果无法承受。这些都是显而易见的，几乎不需要有意识地思考和判断，所以大脑不会下达命令到运动中枢付诸行动的。

来访者：听起来很有道理，但为什么还有人抢银行、偷东西呢？

咨询师：非常好的问题！我们拿抢银行来举例，犯罪分子并不是因为突然产生了抢银行的冲动然后就直接抢银行的。他们首先有对钱的需要，然后有意识地进行了评估：抢哪个银行合适，什么时间抢合适，怎么保证抢劫成功，怎么逃跑，怎么应对警察的追击，等等。经过评估之后，觉得各个环节没问题才实施行动，只不过他们往往低估了警察的水平。你这个问题恰好说明了人是不会仅仅因为有冲动就行动的。

来访者：但我怎么能相信自己真的不会去做呢？

咨询师：你现在无法相信也是正常的，我们后面的行为训练就是为了帮助你慢慢体悟到这个事实。

强迫意向的这个冲动或内驱力不是想法，所以在给想法贴标签这个环节，重点在于给这个冲动贴标签。常用的标签有两个，一个是通用标签“强迫症”，另一个是“仅仅是冲动”这个标签，就是如实描述冲动本身：冲动就是冲动，冲动不等于行为。在觉察情绪的部分，重点也放在对冲动本身的觉察上，即把“正念经历情绪”里面的“情绪”换成“冲动”。

2. 第 7 次咨询到第 20 次咨询

有些意向类强迫症的冲动只有一种，比如只有想从高处跳下去的冲动，这类来访者的行为训练就是逐级靠近高处，同时避免做出回避行为。有些来访者有多种冲动，可以按照恐惧等级进行排序，也可以按照来访者去除症状的迫切程度排序（表 17－1）。

表 17－1　意向类强迫症行为训练计划表

进程	靶症状	练习过程	目标	价值行为
第 7 次	站在高处时有跳下去的冲动	咨询时，咨询师陪来访者站在 2 楼，距窗口 2 米的地方	不回避，不控制	正念练习
第 8 次	站在高处时有跳下去的冲动	咨询时，咨询师陪来访者站在 2 楼，距窗口 1 米的地方	不回避，不控制	正念练习
第 9 次	站在高处时有跳下去的冲动	咨询时，咨询师陪来访者站在 2 楼，距窗口 50 厘米的地方	不回避，不控制	正念练习
第 10 次	站在高处时有跳下去的冲动	咨询时，咨询师陪来访者站在 2 楼，距窗口 20 厘米的地方	不回避，不控制	正念练习

续表

进程	靶症状	练习过程	目标	价值行为
第 11 次	站在高处时有跳下去的冲动	咨询时，咨询师陪来访者站在 2 楼窗口	不回避，不控制	正念练习
第 12 次	站在高处时有跳下去的冲动	咨询时，咨询师陪来访者站在 3 楼，距窗口 2 米的地方	不回避，不控制	正念练习
第 13 次	站在高处时有跳下去的冲动	咨询时，咨询师陪来访者站在 3 楼，距窗口 1 米的地方	不回避，不控制	正念练习
第 14 次	站在高处时有跳下去的冲动	咨询时，咨询师陪来访者站在 3 楼，距窗口 50 厘米的地方	不回避，不控制	正念练习
第 15 次	站在高处时有跳下去的冲动	咨询时，咨询师陪来访者站在 3 楼，距窗口 20 厘米的地方	不回避，不控制	正念练习
第 16 次	站在高处时有跳下去的冲动	咨询时，咨询师陪来访者站在 3 楼窗口	不回避，不控制	正念练习
第 17 次	看到尖锐物品时怕伤害自己	咨询时，从 50 厘米远处看剪刀、菜刀（塑胶模型）	不回避，不控制	做该做的事
第 18 次	看见尖锐物品时怕伤害自己	咨询时，把剪刀、菜刀（塑胶模型）放在来访者面前	不回避，不控制	做该做的事
第 19 次	看见尖锐物品时怕伤害他人	咨询时，携带剪刀、菜刀（塑胶模型）到人多的地方行走	不回避，不控制	做该做的事
第 20 次	在银行有抢劫的冲动	咨询时，陪来访者去银行	不回避，不控制	正常办理业务

意向类强迫症的行为训练需要特别注意的是，咨询师要有足够的专业知识和丰富的咨询经验，能根据来访者的实际情况做出专业判断，必须保证行为训练的安全性。对于有伤害冲动的来访者，需要以面询的方式进行，以便咨询师在现场判断和控制形势。有些冲动类型可以通过视频进行咨询和训练，比如经过银行门口有抢银行冲动的来访者，就可以通过视频进行行为训练。

第 7 次至第 16 次咨询是针对同一冲动的逐级训练计划，如果来访者的冲动类型比较多，这一部分可以跨度大一点，比如 2 楼只安排一次直接靠近窗口的练习，然后 3 楼、4 楼这样逐级提高，也可以从 3 楼开始，然后 8 楼、15 楼这样递进，这些都需要和来访者协商，根据来访者的准备情况和耐受情况进行设定。

很多来访者认为，这么多年以来他们之所以没有将冲动付诸实施，都是努力控制的结果，如果不控制早就去做了。因为有控制，这个想法就无法得到检验，也因为有控制，这个想法会不断被加固。控制使他们失去了体会“不控制也不会去做”的机会。回避和控制是相同的道理，回避让他们认为如果不回避就真的会去做，回避使得他们失去了体悟到“不回避也不会去做”的机会。所以，意向类强迫症最重要的就是解除回避和控制，这是行为训练的重点。下面以在高处有跳下去的冲动为例，介绍行为训练的过程。

某来访者有在高处想跳下去的冲动，所以一直避免站在高处或靠近高楼层的窗口，为此特意卖掉了在6楼的房子，买了1楼的房子居住。当时我们的咨询室在17楼，有一间咨询室的窗子可以完全打开，正好是来访者恐惧的情境，某次咨询我们就利用这个窗口进行行为训练。

咨询师：现在看着这个窗口你有什么感觉？

来访者：还好，恐惧不严重，窗户关着，我离窗户也有距离（约3米）。

咨询师：如果我现在把窗户打开，你觉得可以承受吗？

来访者：可以试试。

咨询师（把窗户打开）：现在感觉怎么样？

来访者：比刚才稍微焦虑一点，不过也还好。

咨询师：现在咱俩并排往窗口走，当你觉得那种冲动很强烈、你很害怕、不敢继续往前走的时候告诉我。

（来访者和咨询师一起往窗口走，距窗口50厘米左右时停住了）

来访者：我不敢再往前走了，跳下去的冲动很强烈，我很害怕。

咨询师：好，我们先站在这里。觉察一下你现在冲动的强烈程度有多少，你对这个冲动的愿意经历指数有多少？

来访者：强烈程度有8分，愿意经历指数有2分。

咨询师：嗯，觉察一下你的冲动，复述它并贴上标签。

来访者：我有一种想从窗户跳下去的冲动，这“仅仅是冲动”。

咨询师：好，现在不要控制这个冲动，仅仅是去觉察它，像正念躯体扫描那样，觉察你的身体，看看这个冲动在什么部位？

来访者（觉察了一会儿）：好像在腿上……不对……应该是在脚上，尤其是脚后跟的地方。

咨询师：好，觉察它的形状。

来访者（觉察了一会儿）：就好像卖鞋时鞋里放着的那个梭子形状的

东西。

咨询师：很好，感觉一下它有多重？

来访者（觉察了一会儿）：感觉每个有半斤重吧。

咨询师：好，它是什么质地的呢？

来访者：好像是木头的。

咨询师：再感觉感觉它是什么颜色的。

来访者：就是木头色的。

咨询师：如果用手摸摸，它是什么质地的呢？

来访者：硬硬的。

咨询师：很好，现在不要控制它，也不要想消灭它，而是带着一颗好奇的心来探索它，带着一颗温柔的心来允许它，去感觉它，经历它。

来访者（过了大概3分钟）：它好像消失了。

咨询师：现在还可以继续往前走吗？

来访者：可以。

（来访者和咨询师继续往前走，一直走到窗口）

来访者：现在又害怕了，跳下去的冲动很强烈。

咨询师引导来访者重复前面的正念觉察冲动的步骤，大约5分钟后这种冲动消失。咨询师慢慢后退，让来访者独自留在窗口，并重复正念觉察冲动的步骤。

对于其他类型的冲动，也采取相同的思路和原则。比如对于害怕尖锐物的来访者，在咨询时我们会准备一把逼真的塑胶菜刀模型，来访者看不出这是一把假菜刀。把菜刀放在来访者面前，让他体会想拿起刀砍我的冲动以及恐惧，不回避也不控制，仅仅是正念地觉察。

强迫症还有一种典型症状表现叫“强迫情绪”，它和强迫意向有重叠，也有不同。强迫情绪主要是强迫性地担心自己会失控、发疯等，和强迫意向重叠的部分是他们也害怕自己会做出什么可怕的事情，但他们并没有那种想去做的冲动或内驱力。害怕自己会发疯、害怕自己会精神分裂、害怕自己会做出不合时宜的行为等，都可以归为这一类。这类强迫症在本书中并没有单独的章节。读者可以参考本章内容，结合其他章节的理论和案例进行干预。

对于以强迫情绪为主的强迫症，心理教育也同样重要。正如本章前面提到的“冲动不等于会行动”“怕自己会做什么也不等于真的会去做什么”。相反，恐惧恰恰是阻止我们去行动的有力屏障。这类强迫症中有相当一部分是害怕自己会发疯、会精神分裂，这需要咨询师对精神分裂症相关知识有一定的了解，以便在心理教育阶段和来访者讨论、界定清楚。行为训练的重点还是正念经历情绪，和其他类型的强迫症行为训练一致。对有明显的刺激线索的来访者，可以设计一些真实的情境，比如因为害怕自己会发疯而不敢看“疯”这个字或有关发疯、精神分裂症新闻报道的来访者，咨询时可以安排他主动看“疯”字，或者搜索“精神分裂症”的新闻，同时进行正念经历情绪练习。有些仅仅是害怕自己会从高处跳下去的来访者，也可以参照本章的内容进行分等级的暴露练习。有些强迫情绪不太容易创造出真实的情境进行暴露练习，就以心理教育和想象暴露练习为主。

很多强迫症个体都会担心自己是精神分裂症患者或者会发展成精神分裂症，这和强迫情绪不一样。强迫症和精神分裂症是不同的，强迫症不会发展成精神分裂症。精神分裂症患者有时（尤其是发病初期）也会出现强迫症状，但此症状通常不突出，也缺乏持续性，而是以妄想、幻觉以及思维、情感、行为意向的不协调和脱离现实环境为主要特点。

第 18 章　体悟疗法干预与性相关类强迫症

一、与性相关类强迫症的表现

与性相关类强迫症的特征就是其主题都和性有关，大多是害怕自己的性取向异常或性目标异常。在症状表现上和其他类型的强迫症有所重合，尤其是在强迫行为上和检查类强迫症很相似。部分来访者在童年有过一些自认为“不光彩、不道德”的性经历，长大后总是担心自己通过各种途径把这个隐私泄露出去，这一类更符合检查类强迫症的症状特征，咨询方案可以参照本书第 14 章。

1. 常见的触发情境

外部情境主要是特定的人，如父母、小孩、老人、乞丐、残疾人、长得丑的人、同性的人等，在和这些人相处或者看见这些人的时候会冒出与性相关的想法、图像或身体感觉，某些和性相关的字、词、图片、影视文学作品，或者某些动物，等等。内部情境主要是身体上的某些感觉，尤其是阴部和胸口的感觉。

2. 常见的强迫观念

与性相关类强迫症常见的强迫观念包括图像和想法两类。图像是头脑里冒出来的和性相关的图像，想法主要是“我可能有乱伦倾向”“我可能是同性恋”“我可能是恋童癖”“我可能是恋兽癖”“我可能是性变态”，等等。

3. 常见的强迫行为

心理回顾。回顾自己今天说的话、发出的信息、写的字等是否含有“我是同性恋”这句话。严重者可能会随身携带录音笔，把自己说的话都录下来，在回忆无法确定时，可以听录音来确定自己到底有没有说“我是同性恋”。但通常他们不会真的去听录音，录音只是为了心安。还有一种心理回顾是对小时候或者以前的某些事件进行反复回忆、分析。比如某人担心自己是同性恋，他小时候和某个同性有过性探索活动，现在就反复回忆当时的情况，分析自己当时为什么会有这样的行为，是不是因为自己对同性有兴趣？是不是为了满足性欲？当时是不是清楚地知道这个行为的意义？这样的回顾分析是为了确定自己不是同性恋，却往往无法得到确定的答案，越分析越混乱，越混乱越焦虑。

身体检查。当遇到外部线索时，为了确认自己是不是“变态”，会检查身体上是否有某些轻微的类似于性冲动的感觉。男性会检查生殖器是否有轻微的勃起，女性会体会一下阴部的感觉，有的也会检查内裤上是否有分泌物增多的现象。除了身体感觉上的检查，也会检查情绪反应：是否感到愉悦、兴奋、舒服或恶心、厌恶？他们希望得到的是恶心和厌恶的反应，但结果往往不是恶心和厌恶，而是好像有点愉悦和兴奋。有这些情绪就说明他们对这个“异常的性对象”真的有性欲望，那就说明他们是“性变态”。这些检查也都是无法得到确定答案的，越检查越觉得像性反应，就越焦虑。

想象验证。想象某个场景，然后像前面提到的那样检查自己的身体感觉和情绪，以此来判断自己是不是“性变态”。担心自己是同性恋的人会想象自己和同性有性接触，然后检查自己身体和情绪上是否有性唤起。担心自己是恋兽癖的人会想象自己和某种动物有性接触，然后检查自己身体和情绪上是否有性唤起。有些人会想象出一些现实中并不存在的人或物，想象自己和这些想象出来的“组合物”或“怪物”有性接触，并检查自己身体和情绪上是否有性唤起。有些人会把自己想象成异性，然后想象这个“异性的自己”和同性或异性有性接触，并检查自己身体和情绪上是否有性唤起。这些检查的结果基本都是“事与愿违”的，他们会发现自己好像真的对那些假想的性对象有性反应，或者真的有点喜欢他们。

少数来访者也会有询问的强迫行为，他们会询问了解自己情况，自己又信赖的人："我到底是不是同性恋?""我是不是恋童癖?""我是不是变态?"通过别人的回答来确认自己不是同性恋、恋童癖、变态，从而获得暂时的安慰。

与性相关类强迫症所有的强迫行为都是为了证明自己在性方面是正常的，不是变态的。当然，和所有的强迫行为一样，也都是受情绪驱动的。

4. 常见的回避行为

受乱伦恐惧困扰的强迫症个体会回避让他有乱伦联想的对象，如母亲、父亲、奶奶等，甚至不能一起聊天、吃饭；受恋童恐惧困扰的人会回避和小孩接触，甚至不能给小孩洗澡、换尿不湿，过马路的时候都不能牵着小孩的手；受同性恋恐惧困扰的人会回避和同性接触，尤其是肢体接触，也会回避某些文字、照片、图像等，比如同性模特的照片；害怕自己是恋兽癖的人会回避动物，回避某些性相关事件的人或场所。

5. 对家人的要求

与性相关类强迫症一般对家人没有什么过度的要求。

6. 发病的诱因

与性相关类强迫症一般都是在缺乏性知识或有错误性观念的情况下，遇到某些随机事件而发病的。这些随机事件是正常人偶尔也会遇到的，但由于个体持有错误的性观念或性知识，对这些正常情况或反应进行了错误的认知评价，导致自我不协调，产生焦虑，倾注更多的注意力，进而发展成强迫症。

另外，小时候正常的性探索游戏、被性骚扰或者性侵害的经历、父母不适当的性教育，都可能成为这类强迫症的发病诱因。

7. 所恐惧的后果

与性相关类强迫症所恐惧的后果有两种，一种是害怕自己是"不道德的人"，这是害怕乱伦的人所恐惧的后果，另外一种是害怕自己是"性变态"。

二、体悟疗法干预与性相关类强迫症

1. 摄入性会谈到第 6 次咨询

对与性相关类强迫症，有针对性地进行关于性观念和性知识的心理教育非常重要，这也需要咨询师具备相对全面的性知识。《性学三论》《性心理学》《裸猿》《亲密行为》《海蒂性学报告》《人类性幻想》等都是很好的参考书籍，DSM－5 对性心理障碍的诊断标准也是需要掌握的。

在认知强迫症的第 1 次咨询中，需要帮来访者厘清他是如何发展为强迫症的，目的是使来访者认识到那些闯入性的想法、图像和身体感觉不是问题，问题出在他们自身对这些现象的错误认知评价，以及过度的关注和压抑上。来访者的咨询目标通常是彻底消除这些想法、图像和身体感觉，让这些东西以后再也不出现。需要让他们认识到：这种“想消除××”的愿望和努力，才是使他从正常人发展成强迫症的最大原因，咨询的方向和重点是不带评判地觉知和接纳这些想法、图像和身体感觉。

第 1 次咨询还需要让来访者明白，他们的问题不是性变态而是强迫症。来访者通常会问：“如果我不是性变态，为什么我会有这么多感觉呢？别人都没有我这些感觉啊。”咨询师首先应该肯定现在来访者的感觉确实较多，然后询问其最开始出现症状时的情况，重点了解最开始出现这种感觉时他的认知评价和态度，是不是错误的认知评价以及排斥、压抑的态度。

然后通过心理教育让来访者认识到普通人也都可能偶尔出现类似的感觉，但不会很在意这种感觉，更不会赋予这种感觉特殊的意义，也没有进行排斥和压抑，所以没有发展成强迫症。正是他们的错误认知评价和排斥、压抑的态度，才导致了这种感觉的不断强化，以至于现在他们的相关感觉比其他人多。所以，这种“比别人多的感觉”不是因为他们是性变态。只有认可了这一点，来访者才会愿意去改变自身的认知评价和排斥、压抑的态度。

这部分咨询工作中，可以带领来访者做“白熊实验”练习。先让来访者看一张白熊的照片，在接下来的五分钟里闭上眼睛，尽最大努力不去想这头白熊，五分钟后解除这种控制，随便想什么都可以，同样计时五分钟。其间只要想到了白熊就报告一次，并分别统计两个 5 分钟里想到白熊的次数。第二次是看完白熊的照片后不做任何控制，顺其自然地爱想什么想什么，也是在两个 5 分钟里分别报告和记录想到白熊的次数。

这个实验的结果可以帮助来访者体悟到对白熊的压抑会导致白熊在脑海里更加频繁地出现。相关的实验内容参见《白熊实验：如何战胜强迫性思维》一书，以及本书第 5 章的内容。在这类强迫症中，个体第一次出现和性相关的想法、图像和身体感觉就相当于看到了“白熊的照片”，接下来的应对方式导致两种完全不同的发展方向。采取控制、压抑策略的人最终发展成强迫症，采取顺其自然策略的人则保持正常。

某个想法和图像的出现，并不代表我们是什么样的人，也不能说明我们真的想要做什么。和性相关的想法和图像也是这样，只是出于我们的记忆，以及这些记忆在某些情境下产生的联系、改装和组合，不能代表我们的性取向和道德水平。

视觉、触觉、听觉对身体感受的影响大于理性的分析和选择，在性相关的领域更是如此。即使是纯粹的异性恋者，也会在某些情境下对常规取向以外的人或物产生类似于性兴奋的感觉或者真正的性兴奋。这是人类正常的性反应，并不说明一个人的性取向和道德水平。性相关类强迫症不允许身体上出现任何不是指向“正确的性对象”的性唤起，认为只要出现这种感觉就说明自己性取向和道德有问题。

咨询中，讨论想法分两部分进行。第一部分通过心理教育打破这个想法前半部分和后半部分之间的因果关系。通过专业讲解让来访者明白：这些想法、图像、身体感觉是正常的，是任何人都可能有的，并不能说明我们是什么样的人。然后如实地给这些想法、图像和身体感觉贴上描述标签，想法就贴“想法”，图像就贴“图像”，身体感觉就贴“感觉”。第二部分是给这个错误的认知评价贴标签，比如“强迫症”“过度解读”“过度联系”“莫须有”“胡说八道”“乱下结论”，等等。

与性相关类强迫症中情绪的规律及意义不是重点，重点是讨论来访者对这些想法、图像和身体感觉的态度；愿意经历的对象不是情绪，而是这些想法、图像和身体感觉；身体扫描的练习对这类强迫症相当重要，培养来访者对身体感觉（无论是哪个部位的感觉，也不论是什么样的感觉）不进行任何评判，仅仅是如实地觉知和经历。

2. 第7次咨询到第20次咨询

表18－1列出了与性相关类强迫症的三种常见类型，其他类型也是相同的思路和原则。可以根据来访者的实际情况把某几次的咨询合并成一次咨询，或者把一次咨询分解为几次咨询。这类强迫症的暴露练习并不是让他们真的去做他们所害怕的性活动，只是让他们暴露于自己内部的想法、图像和身体感觉中，不对这些感觉进行错误的认知评价，也不进行任何心理回顾、分析、检查、询问等强迫行为，减少回避行为。

表18－1　某来访者行为训练计划表

进程	靶症状	练习过程	目标	价值行为
第7次	乱伦恐惧	看妈妈的照片，正念觉察想法和感觉	不回避，不控制，不压抑	正念练习
第8次	乱伦恐惧	与妈妈聊天，把性的想法和感觉当成背景噪声	正常聊天	和妈妈聊天
第9次	乱伦恐惧	与妈妈聊天时有正常的眼神交流，把性的想法和感觉当成背景噪声	正常聊天	和妈妈聊天
第10次	同性恋恐惧	看“同性恋”三个字	不回避，不自我安慰	正念练习
第11次	同性恋恐惧	看“我是同性恋”这句话	不回避，不自我安慰	正念练习
第12次	同性恋恐惧	读“我是同性恋”这句话	不回避，不自我安慰	正念练习
第13次	同性恋恐惧	写“我是同性恋”这句话	不回避，不自我安慰	正念练习
第14次	同性恋恐惧	看漂亮、帅气的同性的照片	不回避，不自我检查身体感觉，不分析	正念练习
第15次	同性恋恐惧	看同性模特比较暴露的照片	不回避，不自我检查身体感觉，不分析	正念练习
第16次	同性恋恐惧	看同性的色情照片或影视作品	不回避，不自我检查身体感觉，不分析	正常地观看
第17次	同性恋恐惧	和同性有正常的身体接触，比如男性可以把手搭在男性肩膀上，女性可以和女性挽着胳膊逛街	不回避，不自我检查身体感觉，不分析	正常人际交往
第18次	恋童恐惧	牵小孩的手走路	不回避，不自我检查身体感觉，不分析	陪伴孩子
第19次	恋童恐惧	正常地抱孩子、亲吻孩子	不回避，不自我检查身体感觉，不分析	陪伴孩子
第20次	恋童恐惧	如果需要，可以正常地给孩子洗澡和换尿不湿	不回避，不自我检查身体感觉，不分析	照顾孩子

对某些咨询师来说，对这类强迫症进行咨询存在一定的挑战，如果发现自己不能自由地和来访者讨论性的话题，就需要及时寻求督导或安排转介。

3. 第 7 次咨询片段

来访者（看妈妈的照片）：脑子里有不好的想法。痛苦，不想再看了。

咨询师：确实很有挑战，觉察一下你脑子里的想法，看看是什么想法让你如此痛苦。

来访者：我不应该有这样的想法，别人都不会像我这样，我不想有这个想法，我是一个渴望乱伦的、恶心的人。

咨询师：能理解你的感受。你有这样痛苦的感受，以及对这个想法的排斥和抵触，恰恰说明你并不渴望乱伦，也不是一个恶心的人。你现在主要有三个想法：第一个是和乱伦相关的，你所谓的“不好的想法”；第二个是“我不应该有这样的想法”；第三个是“有这样的想法就说明我是一个渴望乱伦的、恶心的人”。我们之前讨论过，对第一个想法我们什么都不需要做，仅仅是知道脑子里出现了这个想法而已。对后面两个想法需要贴上标签，你觉得这两个想法贴上什么标签合适？

来访者：你之前说过，我们无法控制自己头脑里出现什么样的想法和不出现什么样的想法，想法也不代表我们是什么样的人。所以，第一个想法贴“强人所难”，第二想法贴“错误解读”。

咨询师：很好，现在闭上眼睛把这两个想法复述一下，并贴上标签。

来访者：脑子里有个想法认为“我不应该有这样的想法”，这是“强人所难”；脑子里有个想法认为“有这个想法就说明我是一个渴望乱伦的、恶心的人”，这是“错误解读”。

咨询师：现在你的痛苦程度有什么变化吗？

来访者：感觉好了一点，刚才是 7 分，现在是 6 分。

咨询师：觉察一下这个痛苦在你身体的什么部位。

来访者：在胃这个地方。

咨询师：感觉一下它是什么形状的。

来访者：好像刷碗用的那个钢丝球，一团黏糊糊的。

咨询师：感觉一下，这个黏糊糊的球是什么材质的。

来访者：好像是胶水做的。

咨询师：很好，再感觉一下它是什么颜色的。

来访者：乳白色的。

咨询师：再感觉一下它有多重。

来访者：有两三斤吧。

咨询师：好，现在继续看妈妈的照片，同时觉察胃部这个乳白色的、黏糊糊的、两三斤重的球。如果你脑子里又出现了那两个想法，就复述它们并贴标签，然后再回到看照片和觉察那个球上来。如果想到其他东西，都不需要理会，就像正念呼吸那样简单地知道一下，然后再回到看照片和觉察那个球上来。当你对这个球的愿意经历指数达到 5 分，或者这个球变得你根本不留意它了，就告诉我。

为乱伦恐惧强迫症来访者做咨询时，掌握弗洛伊德的性发展阶段理论是很有必要的，尤其是关于俄狄浦斯期的内容，可以帮助来访者理解自己的那些想法、图像和身体感觉。

同性恋恐惧的来访者大概有三种情况，第一种情况是小时候和同性有过某种性游戏，或者青春期后和同性有某些性接触。虽然现在是异性恋，但还是把之前的性经历当成自己是同性恋的证据。他们通常会回避那个和自己有过性接触的同性，也回避和那个人有关的一切——他的名字、他的住所、他经过的地方和可能有接触的人和物，等等。对这类来访者，需要对之前的关键性经历进行心理教育，使他们明白那次性经历并不能说明自己就是同性恋。然后针对他们回避的情境逐级地进行基于正念的暴露练习。

第二种情况是过去没有特殊的性经历，但在某些情境下对同性产生过性相关的想法、图像和身体感觉。这种情况不需要关注过去的性经历，重点是对现在害怕的情境进行基于正念的暴露练习。表 18 – 1 中第 14 次至第 17 次咨询就是针对这种情况。

第三种情况是既没有同性接触的经历也不会对同性产生性相关的想法、图像和身体感觉，只是单纯地害怕自己是同性恋，表 18 – 1 中第 10 次至第 13 次咨询就是针对这种情况。

下面以第 15 次咨询的片段说明对第二种情况的处理。

4. 第 15 次咨询片段

咨询师：现在在网上搜索“男性模特”的照片①，看到让你感到恐惧的照片时告诉我。

来访者（在网上搜索照片）：看到了。

咨询师：现在什么情绪？

来访者：恐惧。

咨询师：恐惧有多少分？

来访者：我觉得有 8 分。

咨询师：觉察一下是什么让你这么恐惧。

来访者：我觉得照片里的人很帅，古铜色的皮肤、健美的肌肉看着很舒服，我很喜欢。第一眼看到的时候，我的胸口有异样的感觉，生殖器部位也有异样的感觉。我对同性有喜欢的感觉和身体上的反应，那不是说明我喜欢同性吗？我可能是同性恋！

咨询师：你有这些反应，并且认为这是同性恋的证据，所以你感到恐惧。你刚才说的内容可以分成三部分：一是有种喜欢的感觉；二是胸口和生殖器部位有点感觉；三是对前两部分的认知评价——“有这些感觉就说明我是同性恋”。先看看你这个完整的想法，你觉得贴什么标签合适？

来访者：我感觉是“过度联系”。

咨询师：好，贴上这个标签试试看感觉怎么样。

来访者：脑子里有个想法认为“有这些感觉就说明我是同性恋”，这是“过度联系”。

来访者（感觉了一会儿）：好像没啥用，换成“胡说八道”会有变化。

咨询师：那就贴“胡说八道”这个标签试试看。

来访者：脑子里有个想法认为“有这些感觉就说明我是同性恋”，这是“胡说八道”。嗯，这个可以。

咨询师：现在坐好，闭上眼睛觉察一下，看看那种喜欢的感觉在身体的什么部位。

---

① 根据来访者的性别以及恐惧的对象可以设定“泳装”“比基尼”“人体写真”等搜索关键词。

来访者：在胸口这个部位。

咨询师：觉察一下它的形状、质地、颜色和重量。

来访者：像心脏的形状，红色，好像肉做的，重量约一斤，一跳一跳的。

咨询师：好，现在睁开眼睛继续看照片，同时觉察胸口这个一斤重的、一跳一跳的、红色的心。当你对这个心的愿意经历指数达到5分，或者这个心变得你可以不管它了，告诉我。

来访者（5分钟后）：现在好像没有了。

咨询师：很好。现在感觉一下你的生殖器部位，觉察一下具体的部位、形状、质地、颜色和重量。

来访者：那种喜欢的感觉在生殖器的前半部分，像条棉线一样的，红色的，没有什么重量。

咨询师：现在继续看照片，同时觉察那根棉线。当你对这根线的愿意经历指数达到5分，或者这根线变得你可以不管它了，告诉我。

来访者（1分钟后）：不行，越觉察越明显，比刚才更严重了。

咨询师：这是正常的情况，继续边看照片边保持觉察，如果它变得更明显了，你就觉察“它更明显了”；如果它保持明显，你就觉察“它持续明显”；如果它变弱了，你就觉察“它变弱了”。你只是按照它本来的样子觉察它，仅仅是觉察它而不是分析它、讨厌它或者想消除它。

来访者（8分钟后）：现在可以了，我可以不管它了，有点愿意经历它了。

咨询师：很好，现在你的恐惧有多少分？

来访者：好像没了，最多不超过1分。

这个片段中，我们并没有直接对恐惧情绪进行觉察，而是正念觉察身体的感觉，如实地觉察和愿意去经历。如果是第三种情况的同性恋恐惧，就需要觉察恐惧的情绪而不是身体感觉，根据具体情况灵活调整。

练习的目的不是让那些想法、图像和身体感觉不再出现，而是能够不理会这些想法、图像和身体感觉，能正常地接触所害怕的人和场景。能做到这一点，那些想法、图像和身体感觉就会自然地减少直至消失，通过接纳、允许的方法来消除它们。如果把目标直接定为减少和消除这些想法、图像和身体感觉，则会适得其反。

在极少数的情况下，来访者可能真的存在同性恋倾向或者双性恋倾向，这时需要注意区分来访者的哪些部分是真正的性取向问题，哪些部分是强迫症的影响。也有可能完全不是强迫症，这时需要寻求督导或进行转介。

第 19 章　体悟疗法干预仪式行为类强迫症

一、仪式行为类强迫症的表现

DSM－5 对强迫行为的定义包含两部分：为了应对强迫思维而做出的反应；按照僵化的规则必须实施的。90% 以上的强迫症个体既有强迫观念又有强迫行为，只有不到 10% 的强迫症个体只有强迫观念而没有强迫行为，只有强迫行为而没有强迫观念的情况就更加罕见了。仪式行为类强迫症就有很大一部分属于只有强迫行为没有强迫观念的。这类强迫症最主要的特征是在进行某些日常活动时必须按照严格的规则完成刻板的仪式，连简单的日常行为都需要在仪式上耗费大量的时间。

1. 常见的触发情境

生活中的任何活动都可能是这类强迫症的触发情境，起床、穿衣、洗漱、穿鞋、吃饭、上厕所、站起、坐下、走路、转弯、从一个区域进入另一个区域、跨过一条线、上台阶、戴眼镜、脱衣服、洗澡、离开一个地方、开关手机、打开软件、扔垃圾，等等。触发多数发生在从一种活动状态转到另外一种活动状态时。

2. 常见的强迫观念

有一部分来访者没有强迫观念，仪式行为更像是一种习惯，不这样做就会难受，在仪式行为之前并没有先出现一个可怕的想法。另外一部分是有明确的强迫观念，通常的模式是“如果我不做××，就会发生××（不好的事情）”。比如，“如果我跨过线条的时候不右脚先来回迈六次，今天就会发生不好的事”“如果我洗漱不按照固定的程序，今天我就会被车撞到”“如果我穿衣服不按照固定的程序，那我就没有穿上衣服而是赤身裸体出门了”“如果开手机不按固定的程序，我就会打电话骂别人”……

3. 常见的强迫行为

仪式行为类强迫症的触发情境是类似的，但每个人的仪式行为却是千差万别、非常个人化的。有些仪式行为遵循先后规则，先迈左脚还是先迈右脚，先做哪个动作再做哪个动作；有些仪式行为遵循左右规则，从左侧经过还是从右侧经过，从左侧转身还是从右侧转身，穿衣服先伸左胳膊还是先伸右胳膊；有些仪式行为遵循上下规则或者正反规则，等等。所有这些动作都可能伴有次数和组数，比如抬左脚3次再抬右脚3次算1组，一共要做6组。有些人在执行这些仪式行为时口中会念念有词，所念的词也是非常个人化的，有的只是复述所做的动作，比如站起时要念“站起，站起，站起”；有的是念物品的名称，等等。

4. 常见的回避行为

仪式行为类强迫症个体会回避那些有可能引起仪式行为的情境，比如洗澡有仪式的可能回避洗澡，很长一段时间都不洗澡；扔垃圾有仪式的可能回避扔垃圾；跨过线条有仪式的，可能走路不看地面。由于很多仪式行为都涉及日常必须进行的活动，很难真正回避，这时来访者通常会采取拖延的措施。比如穿衣服有仪式行为的人会尽可能地拖延起床的时间，上午8点钟就醒了，为了避免穿衣服就躺在床上看手机、玩游戏，拖到下午5点钟才起床；上厕所有仪式的人会通过少吃饭、少喝水来减少上厕所的次数，这些都是变相的回避行为。

5. 对家人的要求

有些人在进行仪式行为时可能会要求家人保持绝对安静，一旦家人打断自己或者发出声响影响自己，就要重新开始。有些人可能会要求家人以某种方式配合或者参与自己的仪式行为，在仪式行为链条中有某个环节必须由家人完成。

6. 发病的诱因

那些没有强迫观念的个体，最初往往是为了应对生活中的其他焦虑而发展出仪式行为。在仪式行为的背后是一个刻板的规则，但这个规则是晚于仪式行为建立的。在发病的起始阶段，并不是先有了这个规则，然后按规则实施仪式行为的，而是先有了仪式行为，而后建立了相应的规则。仪式在人类心理发展史上占有重要的地位，人类面对不确定的、无法掌控的情境时会感到焦虑和恐慌，仪式行为可以有效缓解这种焦虑和恐慌。掌控感是服务于自我发展最大化需要的，对外界无法获得掌控感时，我们就从自身寻求掌控感，仪式行为就是获得这种掌控感的途径之一。仪式行为是按照一定的规则和程序进行的，仪式行为本身也是非常确定的，所以仪式行为既可以提高确定感又可以提高掌控感。比如人们在焦急地等待一个重要电话的时候，可能会不自主地用手指在桌子上一下一下地敲，或者按照一定的频率来回踱步，这都是在应对焦虑。比如某同学因为一次考试成绩很差，不知道回家怎么和父母交代，在家门口徘徊了几个小时。以后发展出每次进家门之前都要在门口按固定的方式来回走几趟的仪式，这个仪式慢慢地泛化到其他日常活动中。当然也有一部分人的强迫仪式是在正常仪式基础上慢慢发展变化来的。

有强迫观念的那部分人，可能在某些压力事件下或者遇到什么刺激时突然想到了某个规则，然后就必须按照这个规则行事了。

7. 所恐惧的后果

仪式行为类强迫症恐惧的后果有两类，没有强迫观念那部分个体恐惧的仅仅是情绪上的难受，不按规则执行仪式会带来焦虑，为了避免这种焦虑就必须执行仪式行为。有强迫观念那部分个体恐惧的后果就是发生不好的事情，如害怕发生不幸、考试考不好、和恋人分手、说错话、做错事、形象仪表不佳等。有的是害怕如果不按仪式进行某个动作就等于没有做这个动作，比如不按仪式穿衣服那就没穿上衣服，不按仪式洗澡那就没洗澡，不按仪式进门那就没进门。

二、体悟疗法干预仪式行为类强迫症

1. 摄入性会谈到第 6 次咨询

摄入性会谈时，需要充分了解来访者恐惧的后果，以便设计暴露练习的内容。仪式行为类强迫症个体一般有较好的自知力，都能够意识到仪式行为是没必要的，只是因为习惯的力量和对焦虑的恐惧而难以改变。在第 2 次咨询中讨论想法，对那些并不害怕发生什么不好的事情，仅仅是按照一个刻板的规则实施仪式行为的来访者，需要和他们讨论这个规则是如何习得的，习得的规则同样也可以通过再学习来改变，规则并不是必须遵循的。需要给规则找到合适的标签，比如“危害生活”“过度刻板”“过度僵化”“没有必要”，等等。

对于那些认为破坏仪式行为就会发生不好的事情的来访者，如果他们明确地认识到其强迫观念是不合理的，即看清想法的能力较好的话，那么直接讨论标签即可。如果其看清想法的能力不够好，认为自己的强迫观念可能是真的，则可以运用认知行为疗法里的“饼图”技术先进行认知调整，然后再讨论标签。

来访者：每天进学校大门时，我必须提前留好六步的距离，然后先迈右脚，并保证第六步正好跨入校门。我跨入校门时不能有其他人和我一齐进入校门。进入校门后我要双脚并拢立正站好，感觉一下，嘴里念六遍“进来”。然后先用左脚脚尖点地六次，再用右脚脚尖点地六次，原地顺时针转 360°，心里默念六个“走”字，再迈左脚继续往前走。如果不是这样进学校的话，今天老师讲的内容我就会听不懂。

咨询师：你觉得如果不这样进校门的话，你真的会听不懂老师讲课的概率有多大？

来访者：我觉得挺大的，应该有 70% 吧。

咨询师：你为了避免上课听不懂所以必须这样进校门。我们现在来看看上课听不懂和哪些因素有关，请你想想看。

来访者：我自己本来学习基础的好坏，上课是否认真听讲，是否走神等。

咨询师：如果所有导致上课听不懂的因素加起来是 100%，你觉得基础的好坏和是否认真听讲分别占多少？

来访者：基础的好坏占20%吧，是否认真听讲应该占80%。

咨询师：再想想，还有其他因素吗？

来访者：没有了吧。

咨询师：和老师的授课水平有没有关系？

来访者：有。

咨询师：和学习材料本身的难易程度有没有关系？

来访者：有。

咨询师：我也只想到这么多，你还能想到别的吗？

来访者（想了一会儿）：和我自己的理解力和领悟力也有关系。

咨询师：很好，还能想到别的吗？

来访者（想了一会儿）：应该没有了。

咨询师：现在重新评估一下每种因素所占的比例，画成饼图。

来访者（边评估边画图）：基础不好占40%，是否认真听讲占30%，学习材料本身的难易程度占15%，自己的理解力和领悟力占10%，老师的授课水平占5%。①

咨询师：很好！现在感觉一下，你能不能听懂老师讲课与你每天早上进校门是否走六步，是否脚尖点地，是否原地转圈等有没有关系？

来访者：应该没有关系。

咨询师：你能理解到这一点很好！现在想一想，给“如果我不这样进校门就会听不懂老师讲课”这个想法贴什么标签合适？

来访者（想了一会儿）：“胡乱联系”。

一般来说，强迫症不会因为明白了某个道理而好转，但这一步的工作是不能省略的。在讨论情绪的部分，对于害怕发生不好事情的来访者，讲解情绪的思路、原则和清洗类强迫症咨询时是一样的。对那些仅仅是害怕不实施仪式行为会很难受的来访者，需要鼓励他们去面对和经历难受的情绪。他们实施仪式行为并不是受“难受的情绪”直接驱动的，而是受“害怕经历难受的情绪”驱动的，这时候我经常会给来访者讲这个隐喻故事。

有一个人多年来一直做相同的噩梦，梦中有个可怕的怪物追自己。只

① 这些数据不要求客观准确，只要来访者自己觉得合适就好。

要怪物一出现，他掉头就跑，但无论他怎么跑，怪物还是一直在后面紧跟着他。他跑进房间关上门，怪物就会穿门而入；他跑进另一个房间关上门，怪物还是会穿门而入，直到把他吓醒。他为此苦恼不已，甚至不敢睡觉，后来终于无法忍受了，去找心理咨询师。

咨询师问："那个怪物具体是个什么东西，长什么样？"

他说："我从来没敢正眼看过它，根本不知道他是什么东西、长什么样子。"

咨询师告诉他："我必须知道那个怪物是什么东西，到底长什么样子，我才能帮助你。今天回去之后，再梦到那个怪物的时候你先不要跑，认真地看看它，看清楚并记住他长什么样子，然后来找我。"

这个人回家后又梦到这个怪物，开始的时候他还是拼命跑，跑着跑着突然想起来咨询师告诉他要看清楚怪物的样子，于是战战兢兢地停了下来，转过头来看怪物。没想到他停下之后怪物也停下了，在原地上蹿下跳。他仔细观察怪物，想看清楚它的样子，怪物开始变成一块一块的色块。随着他仔细观察，怪物的色块越来越小，变成了类似马赛克的样子，并不可怕了，也不再像个怪物。他继续观察，这些马赛克也开始瓦解，最终消散不见了。第二天他去见心理咨询师，咨询师对他说："我的工作已经完成了，你可以回家了。"他从此再没梦见过这个怪物。

故事里的怪物就是你的焦虑，仪式行为就是在不断地逃跑，不断地躲避焦虑。做了这么多年的仪式行为，那个要躲避的焦虑并没有因此而减弱或消失。真正有用的方法是像梦中的主人公那样，停止逃跑，转过身来面对焦虑并观察焦虑。当你可以这么做的时候，你就会发现焦虑就像那个怪物一样，其实它并不会伤害你，也没有能力伤害你，只要你能直面它，它就会逐渐消散。

在行为选择部分，我们的口号是"逆规则而为"。规则让我先迈左脚，我偏要先迈右脚；规则让我左转三圈，我就偏不左转三圈。无论规则让我做什么，我都坚决不听它的。把规则当成背景噪声，规则可以存在，但是不是按规则行事却完全由我自己决定。我经常带来访者到楼下的马路上做练习：我和来访者一起走路，我会不时发出指令："站住别走""向左转""向右转""转身往回走"……对来访者的要求只有一个，就是当他听到我的指令时，做和指令相反的动作，这是第一步，所有的来访者都能顺利完成这个练习。第二步是把我的指令变成他自己的指令，让来访者自己走路，自己给自己下指令，并做出和指令相反的动作。通过这个练习让来访者体会到：他的那些强迫规则就相当于这些指令，他完全可以不按照指令的要求行动。

2. 第 7 次咨询到第 20 次咨询

仪式行为类强迫症的行为训练一般不按照焦虑等级进行，而是按照“活动单元”进行，让来访者按照自己解决问题的迫切程度进行排序。表 19－1 中的来访者想先解决出门的问题，因为这个问题使得他几乎每天都迟到。排在第二位的是上厕所的固定仪式，他经常因为工作时间去厕所耗时太长被领导批评。

表 19－1　某来访者行为训练计划表

进程	靶症状	练习过程	目标	价值行为
第 7 次	出门有固定的仪式	视频咨询，在咨询师的监督下正常出门	不做仪式行为	直接去上班
第 8 次	上厕所后整理裤子有仪式	现场咨询或视频咨询，讲清楚上厕所后应该怎么整理裤子，然后让来访者自己去厕所里练习整理裤子	不做仪式行为	直接回去工作
第 9 次	上台阶有仪式	现场咨询，咨询师带领来访者一起练习上台阶	不做仪式行为	继续做该做的事
第 10 次	吃饭有仪式	现场咨询或视频咨询，来访者提前准备好饭菜，咨询时练习吃饭	不做仪式行为	正常吃饭
第 11 次	起床有仪式	视频咨询，在咨询师的指导下正常起床（如果是异性咨询师，需要来访者穿戴整齐地躺在床上练习起床）	不做仪式行为	正常起床
第 12 次	穿衣服有仪式	同性咨询师可以现场咨询或视频咨询时练习穿、脱衣服，异性咨询师可以通过音频咨询或者视频时先说清楚应该怎么练习，然后关掉视频让来访者自己练习，穿戴完毕后再打开视频	不做仪式行为	正常穿衣服
第 13 次	穿鞋有仪式	现场咨询，在咨询师的指导下练习穿鞋	不做仪式行为	继续做该做的事

续表

进程	靶症状	练习过程	目标	价值行为
第14次	洗澡有仪式	视频咨询，咨询时先说清楚怎么正常地洗澡，然后关掉视频让来访者自己去洗澡，最好有家里人协助。如果咨询时无法实现，就做想象练习	不做仪式行为	节省下来的时间陪家人聊天
第15次	进入另一个房间有仪式	现场咨询或视频咨询，在咨询师的陪同下练习从一个房间进入另一个房间	不做仪式行为	继续做该做的事
第16次	站起来和坐下有仪式	现场咨询或视频咨询，在咨询师的指导下练习从沙发上站起来再坐下	不做仪式行为	直接站起来
第17次	洗漱有仪式	现场咨询或视频咨询，在咨询师的指导下练习正常洗漱	不做仪式行为	继续做该做的事
第18次	遇到消防栓有仪式	现场咨询，在咨询师的陪同下练习经过消防栓，直接经过	不做仪式行为	继续走路
第19次	打开手机屏幕有仪式	现场咨询，在咨询师的指导下正常打开手机屏幕	不做仪式行为	继续做该做的事
第20次	过减速带有仪式行为	现场咨询，咨询师陪来访者一起正常地经过减速带	不做仪式行为	继续往前走

3. 第13次咨询片段

来访者：我穿鞋的时候必须坐在椅子上，把鞋在自己面前摆放整齐，两只鞋之间要有十几厘米的距离。伸出右脚，脚尖在鞋右侧点地3下、左侧点地3下，然后把右脚伸入鞋里一半，停一会儿，然后一下子把整只脚伸进去。用手捋鞋带，左边捋3下、右边捋3下，然后系鞋带。左脚也是完全一样的程序，然后站起来以军姿立正，嘴里数数，从1数到8算1组，数6组之后，迈右脚开始走路。

咨询师：确实是一套很复杂的仪式。之前你的目标是在穿鞋的过程中不做任何仪式行为，也不需要一定坐在椅子上才能穿鞋，而是可以站着穿鞋。我们今天就按照这个目标进行练习，现在感觉一下，你准备好了吗？

来访者：嗯，我觉得应该可以。

咨询师：很好，那现在把鞋脱了。

（来访者脱鞋）

咨询师：把两只鞋弄歪。

（来访者把鞋弄歪）

咨询师：现在把左脚直接伸进鞋里。

（来访者犹豫地抬起左脚，停了一会儿放下，又抬起了右脚，想按照仪式先穿右脚）

咨询师：停！觉察一下你现在在干什么？

来访者：嗯……想先穿右脚。

咨询师：好，把右脚放下，先穿左脚。

（来访者放下右脚，抬起左脚，在鞋上停留了一会儿，然后迅速在鞋的左侧用脚尖点地三下）

咨询师：停！停！停！觉察一下你在干什么？

练习过程中，这种情况会经常出现，来访者会不自觉地进入强迫模式，按照仪式进行。这时咨询师需要大声喊停，打断仪式，然后让来访者觉察一下此刻的动作。也有很多来访者一旦进入强迫模式就好像和外界完全隔绝了，咨询师说的话完全无法进入他的大脑，要么他对咨询师的话完全没有反应，继续做仪式行为；要么就是嘴里像机器人一样地答应着，行为却完全按照规则继续做仪式行为，直到仪式行为完成之后才缓过神来和咨询师对话。这时需要重新训练刚才的行为。比如上面的这位来访者，经过几次练习最终才正常地穿好了鞋。

咨询师：恭喜你，终于成功了！你现在的情绪是怎么样的？

来访者：很难受，想脱下来重穿。

咨询师：觉察一下，你的难受程度有几分？

来访者：7 分吧。

咨询师：评估一下，你对这 7 分的难受的愿意经历指数有几分？

来访者：3 分吧，有点不愿意经历。

咨询师：好的，现在坐好，闭上眼睛，觉察一下这个 7 分的难受在你身体的什么地方。

来访者：在胸口这里。

咨询师：它是什么形状的？

来访者：不规则的石头形状。

咨询师：有多大呢？

来访者：就像拳头那么大的一块石头。

咨询师：什么颜色呢？

来访者：灰色的。

咨询师：有多重呢？

来访者：五斤左右吧。

咨询师：用手摸摸，是什么质地的呢？

来访者：硬硬的，有点热。

咨询师：好的，尽可能地把你的注意力放在这个在胸口处的、五斤左右的、灰色的、有点热的、硬硬的、像拳头那么大的石头上，觉察它一会儿（保持觉察一分钟左右）。现在想象这块石头的边缘慢慢开始变得模糊，渐渐融化扩散到你的整个身体里。就像一粒冰糖在水里慢慢溶化，最后完全溶解于水中。想象这块石头完全融化、消散在你的身体里。

来访者（三分钟后）：好了，现在那块石头没有了，融化到我的身体里了。

咨询师：现在你的难受程度怎么样？

来访者：不怎么难受了。

咨询师：现在你的身体感觉怎么样？

来访者：身体里好像到处都是小石头了，就是刚才那块石头变碎了，身体里到处都是了。

咨询师：嗯，继续觉察身体里这些小石头。想象这些小石头像白砂糖溶化在水里一样，融化消散在你的身体里。当你觉得这些小石头完全融化了之后告诉我一下。

来访者（两分钟后）：好了，现在没有了。

咨询师：好，现在把你的身体当成一个整体来觉察一会儿（觉察一两分钟）。想象你的整个身体完全融化、消散于空间中。当你感觉只有呼吸，其他的什么都没有了的时候告诉我一下。

来访者（两分钟后）：只有呼吸了。

咨询师：好，在这个除了呼吸什么都没有的状态里待一会儿。待不住或者不想待的时候告诉我。

来访者（一分钟后）：待不住了。

咨询师：好，觉察一下你整个身体的感受，尤其是屁股和沙发接触的感受（觉察30秒）。当你准备好了，就可以睁开眼睛了。

（来访者睁开眼睛）

咨询师：现在什么感觉？

来访者：非常舒服！

反复练习几次坐着穿鞋，之后练习站着穿鞋。其他项目的训练也都以相同的思路和原则进行。这位来访者不是恐惧什么不好的事情，所以在行为训练中我们并没有安排正念觉察想法，因为他虽有规则，但这个规则是隐在背后的，前面心理教育时涉及了这一点，这里就无须重点关注了。对于担心不做仪式行为就会有不好的事情发生的来访者，训练的时候还是需要有正念觉察想法这一步的。

仪式行为类强迫症个体也可能会把行为训练中习得的行为变成新的仪式行为。比如某人进门必须先迈右脚，咨询时让他先迈左脚，之后他就变成每次都必须先迈左脚了。这种情况并不少见，所以要保持敏感，不断地转化行为方式，以免形成新的仪式行为。

第 20 章 体悟疗法干预对称整齐类强迫症

一、对称整齐类强迫症的表现

对称整齐类强迫症是对某些物品摆放或某些动作（过度）要求对称、整齐。某些无法用对称或整齐来要求的就要求必须在“恰好的位置”，比如开窗时窗扇必须打开到一个恰好的位置，开门也必须让门停在某个恰好的位置，桌上的水杯（哪怕只有一只水杯）也要摆放到一个恰好的位置。概括来说，对称整齐类强迫症最主要的特征是要求物品、动作都达到一个“刚好”的位置。

1. 常见的触发情境

整理东西是一种常见的触发情境，他们会尽可能地把东西摆放整齐或位置刚刚好。梳头、戴眼镜、穿衣服、穿鞋的动作也是触发情境，他们会要求做到对称，或者位置刚刚好。

2. 常见的强迫观念

对称整齐类强迫症和仪式行为类强迫症相似，也存在潜在的规则，这个规则要求物品或动作必须整齐、对称。其强迫观念是：如果动作或物品摆放不做到对称、整齐，就会发生不好的事情。

3. 常见的强迫行为

对称整齐类强迫症的强迫行为就是反复摆放和整理。与其他类型的强迫行为不同的是，对称整齐类强迫症的强迫行为通常不会伴随数数，以及对次数的严格要求等。穿衣服时要反复整理；戴眼镜时要反复调整或反复地摘下来再戴上去；系鞋带时要反复调整，直到鞋带的系节两边对称；脱下的鞋或衣服要反复摆放整齐；书包里的书本要放整齐；书桌、茶几上的东西要摆放整齐。拉窗帘时要求两边的窗帘位置必须对称；开窗、开门时要开到一个“刚好”的角度和位置；把一个东西放下时要反复移动，直到确定一个“刚好”的位置；身体的左边被碰到时需要右边也被碰一下；某些动作也必须是左右对称的，比如往左边看了一眼就必须再往右边看一眼。

4. 常见的回避行为

对称整齐类强迫症的回避行为一般不明显。比如系鞋带要求对称的人可能回避穿有鞋带的鞋；对衣服有对称要求的人可能会尽量穿套头的衣服；如果写作业时会反复摆放书桌上的东西，他们可能会把书桌上的所有东西都清空。

5. 对家人的要求

对称整齐类强迫症一般对家人没有特殊的要求。

6. 发病的诱因

一种是缓慢起病的，原本正常的对整齐、对称的要求慢慢发展成为过度的、强迫的。对整齐、对称的要求是普遍存在的，在动物和两三岁的儿童身上也可以观察到相关的行为和需求。另一种情况是，遭遇到某些事件之后开始出现对整齐、对称的过度要求，这一类大多与追求确定感、掌控感有关，与仪式行为的驱动逻辑相似。

7. 所恐惧的后果

对称整齐类强迫症恐惧的后果有两种，一种是仅仅害怕情绪上的难受，如果做不到对称和整齐就感觉整个人很别扭。另一种是认为如果没有做到对称、整齐就会发生什么不好的事情，如做事不顺利、生病，等等。第一种情况占多数，第二种情况相对少见。

二、体悟疗法干预对称整齐类强迫症

1. 摄入性会谈到第6次咨询

讨论想法的部分，可以参照仪式行为类强迫症对规则的讨论。对称整齐类强迫症要求动作或者物品的位置要“完美”，需要通过讨论让来访者意识到“完美”并不存在。对于这一类强迫行为，我们一般使用的标签是“追求完美”，与来访者分析“追求完美”的利弊，让他们意识到为了追求没有必要的完美而大大牺牲了效率。对担心会发生不好的事情的来访者，需要先进行认知调整，然后找到一个合适的标签。

讨论情绪的部分，我们重点关注那种“不完美”“不到位”的感觉。虽然说他们是在追求对称、整齐和完美，但实际上并没有客观的标准，唯一的标准就是心里那个“刚刚好”的感觉。但这种“刚刚好”的感觉不会持续很久，过一会儿这个感觉就会变化，他们就需要重新摆放、调整，再找到一个刚刚好的感觉。如果没有找到这个刚刚好的感觉，他们就会感到难受、别扭。咨询和练习中，需要对这种难受和别扭保持正念的觉察和愿意经历。

也有一部分来访者和意向类强迫症个体有些类似，他们有一种想去摆放、去调整的冲动，或者说他们感觉需要去摆放和调整。这种情况下，需要让来访者明白：这种冲动和感觉并不是行动的命令，对这种感觉和冲动需要正念觉察。

在行为选择部分，我们的原则仍然是“逆强迫而为”。强迫症让我们摆放对称、整齐，我们就偏偏弄得凌乱。可以有意弄乱来访者已经摆放整齐、对称的物品，然后引导他们去正念地经历这种“混乱”状态下的难受情绪。

2. 第7次咨询到第20次咨询

对对称整齐类强迫症来访者进行咨询，行为训练是最关键的部分。让他们把已经摆放整齐的物品弄乱并不难，但我们会发现他们的“乱”仍然是相当整齐的，所以咨询过程中最好能有一位家人协助，让家人把来访者的物品弄乱，然后让来访者正念觉察和经历“乱”的情绪和感受（表 20－1）。

表 20－1　某来访者行为训练计划表

进程	靶症状	练习过程	目标	价值行为
第 7 次	整理书包	在咨询师的指导下把书包弄乱	不弄整齐	节省的时间用来学习
第 8 次	整理书桌上的物品	在咨询师的指导下把书桌上的物品弄乱	不摆整齐	节省的时间用来学习
第 9 次	戴眼镜	在咨询师的指导下把眼镜戴上即可，不调整对称	不调整对称	节省的时间准备考试
第 10 次	梳头	在咨询师的指导下不特意把发型弄到左右对称	不做到对称	继续做该做的事
第 11 次	系鞋带	练习系鞋带，故意让左右不对称	不做到对称	继续做该做的事
第 12 次	整理衣襟和衣领	在咨询师的指导下穿衣服，左右衣襟和领子故意不弄对称	不整理到对称	正常穿衣服
第 13 次	整理衣袖	在咨询师的指导下故意把左右衣袖卷到不同的高度	不整理到对称	正常穿衣服
第 14 次	左臂碰触，右臂也必须碰触	咨询时练习，左胳膊被碰触，但不去让右胳膊同样地碰触到	不要求对称	继续做该做的事
第 15 次	脱下来的鞋必须摆放整齐	视频咨询时从外面回家，故意把鞋放得不整齐	不放整齐	节省下来的时间做家务
第 16 次	睡前必须把衣服叠放整齐	想象练习，睡前脱下的衣服随便扔到地板上	不整理	上床睡觉
第 17 次	放水杯	拿起水杯，然后随便放在桌子上	不反复移动位置	继续做该做的事
第 18 次	左右对称地看	做某件事情时先向左看一眼，然后不向右看就直接做事情	不刻意做对称动作	继续做该做的事
第 19 次	拉窗帘时两边要对称	视频咨询，练习拉窗帘，故意弄到两边不对称	随便拉一下就好	节省下来的时间背单词
第 20 次	开窗要开到刚好的位置	视频咨询，随便开一下窗户就随意停在那儿	不要求刚好的位置	节省下来的时间练钢琴

下面以一例戴眼镜要求对称的来访者的第9次咨询为例，讲解咨询过程。戴眼镜时要保证左右对称在对称整齐类强迫症中是比较常见的，有的来访者戴一次眼镜需要花几个小时不断地重戴和调整。

咨询师：今天我们练习戴眼镜。计划分两步进行，第一步是双手戴眼镜，但不需要全身僵硬、小心翼翼地戴，戴上之后也不要再继续调整和保证两边对称。第二步练习单手戴眼镜，戴上即可，不进行调整。如果一次戴上后确实感觉没戴到位，这种“没戴到位”的感觉是来自鼻梁、耳朵等眼镜和皮肤接触的地方，是来自真实的感觉而非脑子里想保证对称或“刚刚好”的要求，这时可以用手简单调整一下，但要避免长时间调整。

来访者：好的，我尽量按你说的做。

咨询师：很高兴你愿意进行这个练习。实际上你并不是要按照我设想的方式生活，你需要按照现实的环境和生活的要求做出反应。前面我们讨论过你想要的生活是什么样子的，实际上你不需要按照任何人的要求去生活，你只需要明确你自己真正想要的生活是什么样子的，并且选择那些可以让你过上你想要的生活的方式去行动。我们今天练习的是戴眼镜不需要花太长的时间进行调整，你觉得这符合你想要的生活吗？

来访者：我明白，我自己也想做到。

咨询师：好的。现在把眼镜摘下来放在茶几上。

很多有这个症状的来访者，不仅在戴眼镜时要花很长时间进行调整，摘眼镜的时候也会小心翼翼地把眼镜取下来，再小心翼翼地放在桌子上，就好像是取放一件易碎的珍贵艺术品一样。所以，对摘眼镜、放眼镜也需要进行专门的训练，此处省略这一部分训练。

咨询师：好，现在把眼镜拿起来，直接戴上。

通常来说，来访者的动作是：把头摆正，一动不动地直视正前方，双手持眼镜在眼睛的正前方对准，小心翼翼地把眼镜戴上，两只手捏住眼镜腿前后、上下地调整，再把两个镜框前后上、下地调整，对鼻托也要进行调整，如此反复循环。训练的过程经常遇到的问题和仪式行为类强迫症基本相同，可参考本书第19章有关仪式行为类强迫症的内容中训练来访者穿鞋的方法。

当来访者能够相对正常地双手戴上眼镜后，让来访者正念觉察情绪和身体感受。对称整齐类强迫症的训练中涉及正念觉察想法通常比较少，因为他们并不是有“眼镜没戴好”的想法，而是有一种感觉，感觉眼镜没戴好。这个现象在强迫症群体中是比较常见的，这种感觉并非普通心理学里讲的感知觉里面的感觉，也不适合用还原论的思想将感觉还原为想法、情绪和身体感受，而是类似于我们汉语中的“我感觉好像有什么不对劲”“我感觉好像要发生点什么事”里面的“感觉”。这是一种整体弥散、不可清晰描述的感觉。遗憾的是，目前心理学中对这种“感觉”的研究还很少。但在强迫症中，这种感觉却占有重要的地位，需要重视和深入研究。

两只手摘、戴眼镜的动作训练达到了咨询目标后，再训练一只手摘眼镜和戴眼镜，步骤和训练双手时是一样的。需要注意培养和提高来访者的觉察力，因为在咨询中他们相对比较容易做到不要求对称和整齐，但是在实际生活中很容易习惯化、自动化地去摆弄整齐和对称，所以需要通过正念练习来不断提高其觉察力。

第 21 章　体悟疗法干预惩罚类强迫症

一、惩罚类强迫症的特征

惩罚类强迫症的特征是“害怕惩罚”。宗教相关的强迫症害怕来自“超自然力量”的惩罚，道德相关的强迫症害怕来自良心、道德的惩罚。惩罚类强迫症与忌讳类、仪式行为类强迫症不同的是，虽然都是害怕发生不好的事情，但后两者害怕因为自己的行为直接导致不好的事情发生，前者则是害怕自己的行为另某种超自然力量或良心、道德不满而招致惩罚。其中存在一个中间因素：超自然力量或良心、道德。

1. 常见的触发情境

神灵相关的各种信息都可能是这类强迫症的触发情境：文字、图像、塑像、场所、影视作品等。比如，耶稣、佛、菩萨、玉皇大帝、阎王爷、龙王、关公、财神等的名字、图像、塑像，或者供奉这些神灵的场所，如教堂、寺庙等，以及某些供奉财神的饭店、公司等。和道德相关的强迫症的触发因素通常和某些行为相关，比如看见乞丐是否给钱；和别人交往时的眼神、语音语调等是否傲慢；同学请求帮助时是否给予帮助，等等。个体通常会对自己在这些情境下的行为反应进行道德判断，害怕自己的行为是不道德的。

2. 常见的强迫观念

常见的强迫观念是，（处于相应的触发情境时）脑子里会自动冒出不敬的想法、语言，如“去你妈的”“去死吧”“你是骗人的”。也有的是出现某些不敬的画面，比如面对圣母、观音菩萨的画像或雕塑时，头脑里不由自主地出现性相关的画面。还有的是在做某些“不好的事情”（比如上厕所）时会突然想到神灵。有的来访者在某些行为之后会冒出“我这样做是不道德的”的想法，接下来的认知评价是“因为我有这样的不道德的想法、画面、行为，所以我会受到惩罚”。

3. 常见的强迫行为

一类强迫行为是过度的宗教仪式，比如过度的祈祷、忏悔、烧香等。一类是用自己来替换，比如面对神灵时出现了“你去死吧”的想法，个体会把这个想法指向自己，在心里用“我是在说‘我自己去死吧’”来替换。脑子里冒出某人会倒霉或发生不幸的想法时，会在心里说“我自己会倒霉或发生不幸”。有的强迫行为表现为向家人不断地解释，当出现某些不好的想法后会反复地向家人解释：“我刚才的想法不是有意的，我不是对神灵不敬，也不是希望某人不好，我心里不是真的希望这样，这些念头是自己冒出来的，不能怪我。”这样的解释可能会持续几个小时。

过度捐赠也可能是一种强迫行为。捐赠或者布施是值得鼓励的行为，但有的惩罚类强迫症个体可能出现过度捐赠的行为，比如某人在上海只有一套住房，而且是和父母共同拥有，但是因为自己出现了“不好的想法”，就要将这唯一的房产变卖，捐赠到教会来“赎罪”。

心理回顾也是一类具象的强迫行为。比如今天看见一个菩萨的圣像，当时好像有一些“不好的想法”，之后就会不断地回忆并确认“当时我是不是出现过不好的想法，这些想法到底是不是我自己真的想要想的”，甚至花上几个小时的时间去回顾，希望得到的结果是“这些想法并不是我真的希望的”。回顾今天和某人说话时的眼神、语气是不是有傲慢的成分，如果有，就说明我是不道德的人。或者过度地检查公共场所的水电，比如在高速服务区的洗手间，看到水龙头没关就必须去关掉，可是关掉了这个又有其他的没关，要花几个小时在这里不断地关水龙头。

4. 常见的回避行为

惩罚类强迫症（尤其是宗教相关的）的回避行为是很普遍的，他们会回避一切和他们所害怕的神灵相关的文字、图像、塑像、场所、影视作品等。比如文章或书中可能会有上帝、佛、菩萨等文字，只要预见到这篇文章或作品里会出现相关内容，就不看这篇文章、这本书。回避教堂、寺庙，旅游时也尽量避开相关路线。去饭店吃饭时发现饭店供奉有财神、关公等，就会离开这家饭店。

也有的个体会回避某些行为，如某人在商场里看见一件礼物，想买来送给妻子。买的时候想到"应该给我妈也买一个，不能娶了媳妇忘了娘啊"；给妈妈买的时候又想到"姐姐平时对我也很好，也该给姐姐买"。然后又想到"给妈妈、姐姐都买了，岳母不能不买啊"，又给岳母买了一个。接着是"既然给岳母买了，不能不给奶奶买啊；给奶奶买了，也得给我外婆买啊；给外婆买了，没给妻子的外婆买也不合适啊；给妻子的外婆买了，也得给妻子的奶奶买一个"……不给谁买都是"不道德的"，所以很痛苦，最后干脆谁也不给买了。

5. 对家人的要求

惩罚类强迫症个体会要求家人在行为、语言方面不要触及他所害怕的神灵，如果触及了会要求家人实施祈祷等行为。他们也会向家人反复求证，要求家人佐证：自己不是有意冒犯神灵的。

6. 发病的诱因

一类是缓慢起病，记不清具体何时开始。比如父母有宗教信仰，来访者从小就生活在这个环境里，自然而然地就对父母的信仰有所认同，后来慢慢感到生活并不是那么一帆风顺的，开始对信仰的对象产生怀疑，造成内心的冲突，进而发展成强迫症。和忌讳类强迫症类似，惩罚类强迫症个体也许听说过某些神灵惩罚的传说，比如听说某人因为上香不够虔诚，刚出寺庙的门就遭遇了车祸；某人因为对神灵不敬而得了不治之症。另外一类因为某些事情不顺利而怀疑是神灵的惩罚。也有一些是和文化相关的，比如"善有善报，恶有恶报""举头三尺有神明”“人在做天在看”这些思想，都可能成为道德相关强迫症的影响因素。

7. 所恐惧的后果

宗教相关强迫症恐惧的后果一般涉及两类：一类指向来世，另一类指向今生。指向来世的恐惧，主要是怕“下地狱”“下油锅”，或者不能转世为人。指向今生的恐惧主要是担心生病、发生意外、诸事不顺，等等。有些来访者有宗教信仰，不仅会害怕受惩罚，还会为自己的强迫观念而自责、内疚，觉得自己这样是不忠诚、不虔诚的。道德相关强迫症恐惧的是良心和道德的惩罚，害怕那种自责和内疚。

惩罚类强迫症和忌讳类强迫症不同，后者把没有因果关系的事情认为有因果关系，而前者的特点是害怕受到惩罚。

二、体悟疗法干预惩罚类强迫症

1. 摄入性会谈到第 6 次咨询

如果咨询师对宗教和文化传统有一定的了解，对这部分来访者会很有帮助。摄入性会谈除了收集常规信息之外，需要重点关注信念强度、信念的习得过程，如父母是否有宗教信仰、听说过哪些相关传言、是否经历过某些特殊事件，等等。比如，有些来访者从小体弱多病，或者长时间诸事不顺，后来有所信仰，进行了祈祷、忏悔等，身体慢慢地恢复健康，或者境况变得顺利了。类似的事件和经历会对来访者当下的强迫信念有很大的影响，后面咨询时需要进行处理。

在第一次咨询中，需要和来访者探讨哪些是正常的宗教行为，哪些是强迫行为。可以简单地用趋利避害来进行区分，正常的宗教行为都是基于对信仰对象坚定不移的相信，为了能和信仰对象亲近和沟通，需要各种宗教行为，这些行为都是能给自己提供安慰和力量的。而强迫行为却恰恰相反，是因为害怕自己的过错和不虔诚招致惩罚，为了避免惩罚而进行的一种“交换”行为，这些行为模式并不能持续地提供安全感和力量，相反会让自己越来越虚弱无力，这是一条通往痛苦的道路。

道德相关强迫症也是如此，道德的行为有助于培养自尊，持续地获得道德感和崇高感。强迫行为却相反，会因为有别于常人的强迫症状而不断降低自尊水平，这些强迫行为并不是为了追求道德，而是为了避免因不道德而受到惩罚。

在讨论想法的部分，如果来访者明知这些害怕被惩罚的想法是虚、假、空的，就不必安排过多的心理教育，直接讨论标签即可。如果他们看清想法的能力还有不足，就需要先进行必要的认知调整，之后再讨论标签。

来访者：我非常痛苦，我无法控制地对神灵产生这样的想法，我有这样的想法就说明我的信仰是不坚定的、不虔诚的。

咨询师：你非常痛苦是因为你觉得自己这样就是对神灵不虔诚。我们来设想有A和B两个人，A出现了你这样的想法，他对这个想法毫无所谓，没有一点内疚和自责；B也出现了相同的想法，他因此非常痛苦，深深地自责和内疚。你想想看，A和B谁更虔诚？

来访者：那应该是B更虔诚。

咨询师：对啊，你的痛苦恰恰说明了你信仰的坚定。

来访者：听你这么说，我没那么痛苦了。

对于害怕信仰的对象会惩罚自己的来访者，我们也可以从下面两个方面进行心理教育。

来访者：我头脑里出现了对神灵“不好的”想法和画面，这是非常不敬的，他们一定会因此而惩罚我。

咨询师：能理解你的恐惧，那我举个例子你听听看。假设你对我东振明有些不满，在心里悄悄骂了我一句。我知道之后耿耿于怀，从此想方设法要报复你。我想尽各种办法让你走在马路上就被车撞到，想尽各种办法让你和你的家人天天生病，想尽各种办法让你诸事不顺。这样我还觉得不够，因为你在心里骂了我，我怀恨在心，不仅要让你们活着的时候受尽各种折磨，还要让你死后下地狱、下油锅。如果这样的话，人们会如何评价我，会认为我东振明是一个什么样的人？

来访者：如果你真的这样，我会觉得你是一个小肚鸡肠、心胸狭窄、睚眦必报、阴险恶毒的人。

咨询师：就是。你觉得一般人会这样做吗？

来访者：不会的。

咨询师：你看，一般人都不会这么做，如果这样做了那就是一个小肚鸡肠、心胸狭窄、睚眦必报、阴险恶毒的人。信仰的对象都是爱的化身，他会连普通人都不如吗？会和小肚鸡肠、心胸狭窄、睚眦必报、阴险恶毒的人一样吗？

来访者：肯定不会！肯定不会！

咨询师：是啊，神灵不会这样对你，所以你不必害怕。

上面是从神灵的爱和慈悲方面进行的心理教育，也可以从神灵的全知全能方面来切入。

咨询师：你的这些想法、画面是你自己真的想要的吗？

来访者：不是啊！我不愿意这样想，可是我控制不住啊！

咨询师：是的，你不愿意这样想啊。那你为什么还这样想呢？

来访者：我也不知道，我就是会冒出这些想法啊。

咨询师：你因为这个困扰而求医多年，别的医生和咨询师也都告诉你这是强迫症。如果我现在也说你这是强迫症，你是因为有强迫症这种病才会有这些想法和画面的，你认同吗？

来访者：对啊对啊，我知道啊，我就是因为有强迫症才这样的。

咨询师：是的。你看，我和其他的医生、咨询师都知道这是强迫症，是一种病，都知道你并不是主动想这样，都知道你一直在拼命地控制。难道你的神会不了解这些吗？他们会不如我们这些凡夫俗子吗？

来访者：肯定不会啊，他们肯定也知道的。

咨询师：非常好！连我们普通的医生、咨询师都希望你能好，难道充满爱的神却不希望你能好，反而会惩罚你吗？

来访者：肯定不会。

通过这样的心理教育，一般来说，来访者都能认识到自己害怕惩罚是不符合宗教精神的，然后再讨论贴上什么样的标签合适。

惩罚类强迫症和与性相关类强迫症有一个相似之处，就是来访者来咨询的目的通常都是想让咨询师帮助他们“脱离”那些不好的想法和画面，当然也都是越想消除就越严重。所以，需要改变的是对这些想法、画面的认知评价，以及因恐惧而产生的排斥和抗拒。

在讨论情绪的部分，要让来访者认识到恐惧并不等于会受到惩罚，恐惧仅仅是由于他们自己认同了错误的想法而产生的情绪，这和神灵、佛祖、菩萨等毫无关系。给想法贴上合适的标签之后，他们只需要如实地经历这些情绪，情绪自然会按照其自身的规律发展、变化，直至消失。

2. 第 7 次咨询到第 20 次咨询

对惩罚类来访者进行基于正念的暴露练习时，一般是以回避行为为线索，帮助他们逐渐去面对他们所回避的情境，这个过程中出现不敬的想法、画面时，给想法贴标签，正念地经历恐惧的情绪。表 21 -1 是某位来访者的行为训练计划表。

表 21 -1　某来访者行为训练计划表

进程	靶症状	练习过程	目标	价值行为
第 7 次	对财神爷、关公有不敬的想法	咨询时看财神爷、关公的照片	不回避，不做强迫行为	继续做该做的事
第 8 次	对财神爷、关公有不敬的想法	咨询时看财神爷、关公的塑像	不回避，不做强迫行为	继续做该做的事
第 9 次	对上帝、佛陀、菩萨有不敬的想法	咨询时看上帝、佛陀、菩萨的照片	不回避，不做强迫行为	继续做该做的事
第 10 次	对上帝、佛陀、菩萨有不敬的想法	咨询时看上帝、佛陀、菩萨的塑像	不回避，不做强迫行为	继续做该做的事
第 11 次	对上帝、佛陀、菩萨有不敬的想法	在咨询师的陪同下去教堂或寺庙	不回避，不做强迫行为	正常进行宗教活动
第 12 次	对上帝、佛陀、菩萨有不敬的想法	手机里有相关内容，如果不小心把手机坐在屁股底下就很恐惧，咨询时练习把手机坐在屁股底下	不回避，不做强迫行为	继续做该做的事
第 13 次	对老天爷有不敬的想法，不敢抬头看天	咨询时抬头看天	不回避，不做强迫行为	继续做该做的事
第 14 次	对老天爷有不敬的想法	咨询时，咨询师示范骂老天爷，让来访者跟着做，正念经历情绪	不回避，不做强迫行为	继续做该做的事

续表

进程	靶症状	练习过程	目标	价值行为
第 15 次	对玉皇大帝有不敬的想法	咨询时在纸上写“玉皇大帝”然后在上面划 ×，并把这张纸撕掉	不做强迫行为	继续做该做的事
第 16 次	对是否给乞丐钱这件事，有道德上的疑虑	咨询时想象路过火车站、地铁站时遇到乞丐但不给钱	之后不强迫性地回忆和自责	节省下来的时间学习绘画
第 17 次	看见水龙头没关就必须去关	咨询时想象在高速服务区的洗手间看见有水龙头没关，不去关水龙头，直接离开	不关别的水龙头	继续做该做的事
第 18 次	下晚自习要检查所有教室的灯有没有关	咨询时想象晚自习后不检查教室的灯，然后所有教室的灯都开了一夜	不检查其他教室的灯	回寝室睡觉
第 19 次	担心和同学讲话时眼神带有傲慢	咨询时想象用傲慢的眼神看别人，然后想象可能发生的最糟糕的后果	不回避交往，不做强迫行为	正常进行人际交往
第 20 次	因对同学有嫉妒心而自责	咨询时主动想象同学会考得比自己差	不做强迫行为	正常地学习

对有宗教信仰的来访者，我们的练习不需要让他们主动想象那些不敬的想法、画面，只是去面对那些可能会出现这些想法和画面的情境。一般来说，一旦身处这些触发情境，他们都会出现相关的想法、画面。下面是第 10 次咨询的片段。

咨询师：为了今天的练习，我特意准备了观音菩萨的塑像，一会儿拿进咨询室放在你面前的茶几上。你看着菩萨的塑像，不需要刻意想什么，也不要刻意不想什么，如果脑子里自然冒出了那些让你恐惧的想法就告诉我。你觉得可以吗？

来访者：你真准备了观音菩萨的塑像啊！如果我冒出不好的想法怎么办呢？

咨询师：你完全有可能冒出这样的想法，学习正确面对这些想法是我们的咨询目标。正是因为你有这些想法并且因此而恐惧，我才特意为你准备了这个菩萨的塑像，如果你没有这些想法也就不需要做这个练习了。

来访者：好吧，那你去拿来吧。

咨询师（把观音菩萨的塑像放在来访者面前）：看着菩萨，不要控制你的想法，随便想什么都可以，出现让你害怕的想法时告诉我。

来访者（看了不到一分钟）：出现了，我很害怕。

咨询师：好的，告诉我出现了什么想法。

来访者：我不敢说出来。

咨询师：好的。[①] 评估一下你现在的害怕程度是几分，你对这个害怕的愿意经历指数有几分。

来访者：害怕有8分；愿意经历指数只有1分，完全不愿意经历。

咨询师：现在觉察一下，你对这个冒出来的想法又是怎样看待的。

来访者：我出现这样的想法菩萨就会惩罚我，让我遭遇意外。

咨询师：所以你非常害怕，以至于不敢说出来。回想一下我们之前对这个想法的讨论，看看你这个怕惩罚的想法贴上什么标签合适？

来访者：嗯……“诬陷，不可能的”。

咨询师：现在觉察这个想法，复述它并贴上“诬陷，不可能的”标签。

来访者：脑子里有个想法认为“我有这个想法菩萨就会惩罚我，让我遭遇意外”；这个想法是“诬陷，不可能的”。

咨询师：好，现在的害怕有几分？

来访者：好一点，7分吧。

咨询师：好的，现在把注意力放在你的身体上，觉察一下这个害怕在身体的什么地方……

（接下来做正念经历情绪的练习）

如果重复进行上面的练习可以消减来访者的恐惧，那就按这个方式逐项练习即可；如果这样的练习不能达到预期效果，就需要对恐惧的后果进行想象练习。比如上面的片段里，要把他害怕遇到的意外详细地描述清楚——害怕的究竟是什么样的意外，意外发生时的具体细节，等等。写好脚本后进行想象暴露练习，步骤和正念经历情绪是一样的。

---

① 根据咨询的进程和来访者的具体情况，可以允许来访者不说出这些想法或画面。

第22章 体悟疗法干预注意力固着类强迫症

一、注意力固着类强迫症的特征

注意力固着类强迫症的主要特征是，注意力顽固地集中在某些自己不想注意的对象上。常见的注意对象有：某些身体感受，如喉咙的感受、腹部的感受、舌头的感受、眼睛的感受、阴部的感受等；某些触觉，如胳膊和桌子接触的感觉、皮带和皮肤接触的感觉、口袋里的东西和身体接触的感觉、脚和鞋接触的感觉、内衣和身体接触的感觉等；某些生理过程，如呼吸、口水的分泌和吞咽等。余光强迫会无法控制地注意到自己不想注意的视觉刺激；声音强迫主要是对某些声音特别敏感。

注意力固着类强迫症通常涉及五个心理过程：一个感觉，两个注意，两个评价。一个感觉是注意力顽固集中的那个对象，如呼吸的感觉、口水在嘴里的感觉、视觉、听觉、身体感觉等；两个注意，第一个注意是对前述“一个感觉”的注意，第二个注意是对“第一个注意”的注意，也就是对注意的注意。比如我让你注意看黑板，你把注意力集中在黑板上，这是第一个注意。然后我问你“现在你在注意干什么”，你回答“我在注意看黑板”，这就是第二个注意，也就是你能够注意到你的注意在哪里。两个评价，第一个是对“一个感觉”本身的评价，这个评价都是把一个正常的感觉评价为有问题的感觉。比如我注意呼吸，会认为呼吸是不正常的；我注意喉咙的感觉，会认为这个感觉不正常。第二个评价是对第一个注意的评价，认为这个注意是不正常的。“我不应该把注意集中于此，但注意偏偏集中于此”，所以这个注意是不正常的。这里真正造成问题的是这些评价，有些来访者只有一个评价，有些两个评价都有，这一点需要在摄入性会谈中了解清楚，然后在讨论想法的第 2 次咨询中进行干预。

1. 常见的触发情境

呼吸强迫、口水强迫和身体内部感受强迫，一般没有明显的触发情境。对触觉过度关注的强迫症一般和某些接触的刺激有关，比如口袋里有东西、系着皮带或者穿着鞋。余光强迫有三种触发情境：第一种是视野边缘的东西，包括物品、人或动作，动作可能是旁边的人在转笔或抖腿等；第二种是视野里新异的刺激，比如电脑屏幕右下角闪烁的图标等；第三种是其他人的隐私部位（主要是胸部和阴部）或其他特征部位，这些特征部位通常是来访者认为有瑕疵或不完美的地方，比如和秃顶的人接触时总是会注意他的头顶。有声音强迫的个体，其敏感的声音各种各样，有人对电话铃声敏感，有人对空调的嗡嗡声敏感，有人对挪动凳子的声音敏感，这些声音都是他们的触发情境。

2. 常见的强迫观念

注意力固着类强迫症通常有两类强迫观念，就是上面说的两个评价：一类是认为“注意到的××”是不正常，有问题的；另一类是认为这个注意的过程本身不正常，有问题。

3. 常见的强迫行为

注意力固着类强迫症的强迫行为比较特殊，不表现为明显的行为或者思维，而是一种精神控制，即控制自己的注意力，让自己不要注意到这些感觉，但这种控制根本达不到预期效果，反而强化了注意。

4. 常见的回避行为

如果注意是由外部刺激引起的，那么这种外部刺激就会成为注意力固着类强迫症个体刻意回避的。这一类回避主要体现在余光强迫、声音强迫和触觉强迫中。如果余光注意视野边缘的东西，他们会把周围的东西都清理掉；如果余光注意书页底部的页码数字，他们无法回避这个数字，就干脆不看书了；如果余光注意的是旁边的人，他们可能用手或其他东西遮挡视线。如果注意别人的敏感部位，就可能会造成回避社交。声音强迫的人如果无法回避声音环境，可能会用耳塞堵住耳朵。触觉强迫的人会避免在口袋里装任何东西，穿不需要系腰带的裤子。口水强迫的人因为怕影响别人、传染别人，咽口水时会用手捂住嘴，或者避免在别人面前吃东西，甚至干脆回避和人接触，也可能一直穿高领衣服遮住喉咙，以免别人看见自己吞咽口水的动作……呼吸强迫和身体内部感受强迫的人因无法避免相应的动作和感受，所以也就没有回避行为。

5. 对家人的要求

注意力固着类强迫症对家人没有什么特殊的要求。

6. 发病的诱因

一部分来访者是在上初中、高中开始发病的，源于他们对课堂注意力的高要求，希望自己能够百分之百集中注意力。他们无意中发现了环境里的声音或者余光里的东西，就认为干扰了自己的注意力而拼命排斥，结果陷入恶性循环，发展为强迫症。注意他人隐私部位的强迫症，可能和青春期的性发育有关，也可能和某些自认为不好的经历有关。也有一部分来访者最开始是失眠，在睡不着的煎熬中注意到自己的呼吸、心跳等生理过程，经由排斥而发展成为强迫症。在这类强迫症中，压抑和排斥既是发病的诱因，也是症状维持的重要因素。

7. 所恐惧的后果

大多数情况下，注意力固着类强迫症个体只是无法忍受情绪上的不适。注意呼吸的强迫症个体中，有一部分会害怕呼吸不正常、害怕会憋死；注意口水的强迫症个体中，有相当一部分是害怕影响别人或传染给别人；注意余光的强迫症个体，常常也是害怕影响别人。还有一部分人担心影响做重要的事情，比如学习、开会、工作、和领导谈话等，害怕注意力无法集中到这些该做的事情上而产生负面影响和后果。

二、体悟疗法干预注意力固着类强迫症

1. 摄入性会谈到第 6 次咨询

摄入性会谈要了解清楚一个感觉、两个注意和两个评价，尤其是两个评价。对口水强迫、余光强迫，要了解他们是否认为自己的情况会影响别人或传染给别人。回避行为也是需要关注的部分，有些行为训练是针对回避行为的。同时需要咨询师对注意的基础理论有充分的了解，熟练掌握《普通心理学》等专业著作的相关内容，以便开展关于注意的心理教育。

第 1 次咨询中有两个任务要完成，第一个任务是和来访者讨论清楚在“一个感觉、两个注意、两个评价”中哪些是正常的，哪些是属于强迫症的。首先，那个“感觉”是正常的，无论他注意到的是什么感觉，那个感觉本身是正常的。这也说明“第一个评价”是错误的。“第一个注意”是也正常的，这就说明“第二个评价”是错误的。

这部分工作并不容易，通常来访者会列举很多证据，证明他的感觉是“不正常的”。他们清楚地记得没得强迫症之前是什么样的，现在是什么样的。“如果你说现在是正常的，那就说明没得强迫症之前是不正常的，这怎么可能呢?”这一点和与性相关类强迫症类似，他们现在的感觉确实和以前不一样——以前没有注意过余光里的东西，现在总会注意到；以前口水分泌是正常的，现在确实变多了……

我们并不否认来访者现在的情况和以前不同，而是要讨论这种“不同”是如何造成的，这就是第二个任务——帮来访者体悟到，是他们最初的错误评价和随之而来的排斥、压抑使得他们从正常状态发展为强迫症。最初那个“感觉”是正常的，“第一个注意”也是正常的，如果当时不进行错误评价，不进行压抑和排斥的话，就不会变成现在这样。现在他们仍然持有两个错误评价，仍然在极力排斥和压抑，这是使症状持续存在、不见好转的最重要的因素。

要想好转，就需要放弃这两个错误评价，将排斥、压抑的态度调整为接纳、允许、愿意经历的态度。这部分内容不能仅仅通过言语的方式传递，还需要通过行为实验让来访者体悟到。比如安排来访者看《专注力实验：请注意穿白色

衣服的球员一共传球几次》视频。第 1 次看的时候，让来访者注意白衣服球员传球的次数；第 2 次看的时候请来访者“不要注意是否有个大猩猩经过”。两次看完之后讨论感受，目的是让来访者体悟到：越是提醒自己不注意什么反而越会注意到什么。看第 3 次看时请来访者“不要注意这个过程中是否少了一个人”；看第 4 次看时请来访者“不要注意这个过程中背景屏颜色是否发生了变化”。最后和来访者讨论这和他们的强迫症有什么关系。

注意力固着类强迫症是典型的“正念的缺失”。正念强调如实地觉察，接纳、允许，不进行评判，所以正念练习对这类来访者非常重要，此时的正念练习同时也是暴露练习，也更加困难和充满挑战。正念觉察呼吸一般安排在第 2 次咨询时进行，但对于呼吸强迫的来访者可以调整到第 6 次、第 7 次咨询时再进行。对初学者来说，把注意力保持在同一个目标上不发生游移是很困难的，这也正是学习的好机会，他们会发现想要主动地、不带评判地持续专注一个目标是“做不到的”，但他们为什么会长时间地注意自己不想注意的对象呢？要和他们讨论这和正念的区别就在于他们一直是评判、排斥的态度，需要转回到正念的觉察。对这类来访者来说，培养按照自己主观需要投放注意力的能力也非常关键，可以通过日常生活中的正念练习来培养，正念饮食、正念洗漱和正念走路都是很好的练习。

讨论想法的重点是讨论“两个评价”。有些人可能只有第二个错误评价，即认为第一个注意是不正常的。来访者很可能认为他们的评价是对的，所以我们讨论的不是评价的对错而是评价的功能，重点讨论这样的评价对其病情的影响。就算评价是对的，它的功能是也是维持强迫症，对来访者并无助益。之后和来访者讨论给评价找个合适的标签，如“适得其反”“南辕北辙”“自我迫害”“事与愿违”等。

对口水强迫、余光强迫，尤其要注意三种常见的错误想法——认为别人会发现自己的异常；自己的症状会影响到别人；自己的症状会传染给别人（口水强迫症中这个想法最常见）。一般来说，来访者对这三个想法的信念强度非常强，甚至接近妄想，并且能够用很多无法反驳的事实证据来证明，所以不建议咨询师对这三个想法直接进行认知重构，那将极具挑战性。对这三个想法的干预方法是，在进行行为训练的同时持续强调他们的个人权利，这种方式的实践反馈非常好。

比如某余光强迫的学生认为同学能发现自己的余光，并且会受到自己余光的影响，自己用余光看到谁，谁就会低下头不看黑板，或者趴在桌子上。甚至觉得别的同学上课请假上厕所都是因为受到自己余光的影响，这时我们可以通过以下方式来强调他的个人权利。

咨询师：假设我是学生，并且外貌非常难看，有个同学看到我就会感到恶心，无法专心听课。我想好好学习，但是因为我的存在，他每天上课都无法听课。你说这种情况是他应该去看心理医生还是我应该做整容手术？

来访者：他应该去看心理医生。

咨询师：很好！那如果他让我退学，我怎么办？

来访者：你要是想好好学习的话就不应该退学，让他自己想办法。

咨询师：非常好！坐在教室里学习是你的权利，这不仅是教育法赋予你的权利，也是你作为一个人本来具有的权利。如果他受不了你，那他应该去做心理咨询，如果他实在无法忍受，应该申请转学或退学。他受你外貌影响是他的事，需要他自己去解决。如果我有余光问题，并且在咨询中影响到你，那我建议你换一个咨询师，反正我的余光我管不了，你受不了那是你的事，你要自己去解决。

这部分工作也需要和价值观结合在一起，上面的片段中“我想好好学习”就是我的价值观，要坚定地实践自己的价值观。这部分的工作需要咨询师有笃定的力量感，人挡杀人，佛挡杀佛。来访者一开始不太容易接受这样的观点，他们有过强的责任感和道德感，咨询师的力量感可以影响到来访者。就算他们接受了这样的观点，也可能在实践中被“打回原形”，所以要持续地强调他的个人权利，随着行为训练的推进，来访者会逐渐放弃这三个错误想法。比如口水强迫症个体会认为自己的强迫症状能传染给别人，这时咨询师可以强调：“如果有人被传染了，那是他的心理不够强大，你怎么传染不了我呢？是他们需要提高心理能量，而不是你需要改变什么。”

第 3 次咨询本来是讨论情绪的，对这类来访者可以不讨论情绪的意义和规律，而是讨论注意的规律。愿意经历的对象也不是情绪，而是要愿意经历那个“感觉”和“第一个注意”，即回到正念。

2. 第 7 次咨询到第 20 次咨询

注意力固着类强迫症来访者的行为训练计划，一般是延长主动注意那个害怕对象的时间，也就是延长正念的时间。对于回避和他人交往的来访者，应逐渐延长和人交往的时间。这类强迫症一般都是只有一类症状表现，很少有来访者同时具备表 22 – 1 中的多个症状。

表 22 – 1　某来访者行为训练计划表

进程	靶症状	练习过程	目标	价值行为
第 7 次	呼吸强迫	正念觉察呼吸 1 分钟	不评判，不调整呼吸，不排斥	正念练习
第 8 次	呼吸强迫	正念觉察呼吸 5 分钟	不评判，不调整呼吸，不排斥	正念练习
第 9 次	呼吸强迫	正念觉察呼吸 10 分钟	不评判，不调整呼吸，不排斥	正念练习
第 10 次	呼吸强迫	正念觉察呼吸 20 分钟	不评判、不调整呼吸、不排斥	正念练习
第 11 次	过度关注皮带和身体接触的感觉	正念觉察这种感觉 5 分钟	不评判，不排斥	正念练习
第 12 次	过度关注皮带和身体接触的感觉	正念觉察这种感觉 10 分钟	不评判，不排斥	正念练习
第 13 次	过度关注皮带和身体接触的感觉	正念觉察这种感觉 20 分钟	不评判，不排斥	正念练习
第 14 次	余光强迫	看书 10 分钟，如果注意到了视野里的其他东西，就简单地知道一下，再温柔地回到看书上	不排斥，不控制眼神，不烦躁	学习
第 15 次	余光强迫	看书 20 分钟，如果注意到了视野里的其他东西，就简单地知道一下，再温柔地回到看书上	不排斥，不控制眼神，不烦躁	学习
第 16 次	余光强迫	把咨询师作为训练对象，或者想象练习和特定的害怕对象交流 20 分钟	不回避，不控制眼神	人际交往
第 17 次	口水强迫	正念地觉察口水 10 分钟，或者当着咨询师的面吞咽口水	不回避，不控制	正念练习
第 18 次	口水强迫	把咨询师作为训练对象，或者想象练习和特定的害怕对象交流 20 分钟	不回避，不控制	人际交往

续表

进程	靶症状	练习过程	目标	价值行为
第 19 次	声音强迫	把害怕的声音录下来，然后正念地听	不回避，不排斥	正念练习
第 20 次	声音强迫	把害怕的声音录下来，然后听着这个声音做该做的事情	不回避，不排斥	正常地做该做的事

下面是一个口水强迫症个体的咨询片段。

咨询师：今天我们练习面对面地交流。首先是和我进行练习，然后和我的同事练习。咨询结束后你需要在现实生活中和其他人练习。这周的目标是可以和你的某个同事面对面正常交流 10 分钟。

来访者：好的。

咨询师：接下来的 10 分钟，我们随便找个话题闲聊。你的任务是像你平时生活中那样，聊天的同时尽可能地不要关注自己的口水，同时想办法尽量少分泌口水。

来访者：好的。

（咨询师和来访者闲聊 10 分钟）

咨询师：好，先停在这里。刚才这 10 分钟里你有什么感受？

来访者：很难受，有几次都没有听到你说什么。还是不断地关注到口水，而且口水分泌得很多。

咨询师：嗯，现在体会一下并且记住这种感觉。

（给来访者留点儿时间去体会）

咨询师：下面我们还是闲聊 10 分钟，这次你的任务是不控制你的注意力也不控制口水。在开始闲聊之前你需要在心里提醒自己："接下来我只管说话，不关注注意力，爱注意到什么就注意到什么，爱注意到口水就注意到口水，口水分泌得多就多，分泌得少就少，什么时候想咽口水就什么时候咽。"我说明白了吗？

来访者：说明白了。

咨询师：好的，现在先提醒一下自己。

来访者（花点儿时间提醒自己）：好了，可以了。

（咨询师和来访者闲聊 10 分钟）

咨询师：好，先聊到这里。刚才这10分钟里你是什么感受？

来访者：开始的时候还是很关注口水，我提醒自己“爱关注就关注吧”，然后继续和你说话，后面关注得就少了。

咨询师：和前面那个10分钟的感受比较一下，有什么不同吗？

来访者：整体上第二次谈话感觉要好很多，没那么焦虑，口水分泌得也没有第一次那么多了。

咨询师：这个觉察很好，一会儿和我同事聊天以及日常生活中和其他人聊天时，你也都要按照第二次的方式来做。

由于咨询关系的作用，一般来说和咨询师进行练习时来访者都会做得比较好，现实生活中则相对困难。所以需要不断地强调他的个人权利、价值观，以此鼓励来访者在现实生活中进行更多、更有效的行为练习。

参考文献

[1] 许又新. 神经症［M］. 2 版. 北京：北京大学医学出版社，2008.
[2] 张亚林. 神经症理论与实践［M］. 北京：人民卫生出版社，2000.
[3] 李广智. 名医会诊强迫症［M］. 上海：上海文化出版社，2008.
[4] 司天梅，杨彦春. 中国强迫症防治指南［M］. 北京：中华医学电子音像出版社，2016.
[5] 许慎. 说文解字：注音版［M］. 长沙：岳麓书社，2006.
[6] 李国祥，杨合鸣. 古代汉语词典［M］. 武汉：湖北长江出版集团·崇文书局，2010.
[7] 朱滢. 文化与自我［M］. 北京：北京师范大学出版社，2007.
[8] 孟昭兰. 情绪心理学［M］. 北京：北京大学出版社，2005.
[9] 张觉. 荀子译注［M］. 上海：上海古籍出版社，2012.
[10] 傅安球. 实用心理异常诊断矫治手册［M］. 上海：上海教育出版社，2005.
[11] 彭聃龄. 普通心理学：修订版［M］. 3 版. 北京：北京师范大学出版社，2004.
[12] 刘天君，章文春. 中医气功学［M］. 北京：中国中医药出版社，2016.
[13] 李恒威. 意识：从自我到自我感［M］. 杭州：浙江大学出版社，2011.
[14] 冯友兰. 中国哲学史［M］. 上海：华东师范大学出版社，2011.
[15] 孟子［M］. 杨伯峻，杨逢彬，导读 注译. 长沙：岳麓书社，2019.
[16] 林琼. 催眠疗法治疗强迫症 11 例报告［J］. 健康心理学杂志，2001，9（1）：58-59.
[17] 戴伟华，沈均，严成华，等. 催眠疗法治疗强迫症临床分析［J］. 神经疾病与精神卫生，2005，5（5）：362-363.
[18] 刘兴华，韩开雷，徐慰. 以正念为基础的认知行为疗法对强迫症患者的效果［J］. 中国心理卫生杂志，2011，25（12）：915-920.
[19] 邱平，罗黄金，李小玲，等. 大学生正念对冗思和负性情绪的调节作用［J］. 中国健康心理学杂志，2013，21（7）：1088-1090.
[20] 东振明. 内观行为疗法治疗强迫症一例报告［J］. 中国临床心理学杂志，2011，19（5）：703-707.

[21] 王蕾，张华. 中医对强迫症的认识 [J]. 辽宁中医药大学学报，2007，9（2）：50-51.
[22] 朱迪茜·瑞坡坡特. 不能停止洗手的男孩：强迫症的经验和治疗 [M]. 袁伟，译. 上海：华东师范大学出版社，2012.
[23] 美国精神医学学会. 精神障碍诊断与统计手册：案头参考书 [M]. 张道龙，等译. 5版，北京：北京大学出版社，北京大学医学出版社，2014.
[24] 大卫·亚当. 停不下来的人：强迫症自救指南 [M]. 朱晓宇，路本福，译. 北京：外语教学与研究出版社，2014.
[25] 大原浩一，大原健士郎. 森田疗法与新森田疗法 [M]. 崔玉华，方明昭，译. 北京：人民卫生出版社，1995.
[26] 戴维·巴洛. 心理障碍临床手册 [M]. 刘兴华，黄峥，徐凯文，等译. 3版. 北京：中国轻工业出版社，2004.
[27] 丹尼尔·韦格纳. 白熊实验：如何战胜强迫性思维 [M]. 武丽侠，王润晨曦，陈颖，译. 北京：人民邮电出版社，2018.
[28] 海曼，佩德里克. 自由的心：强迫症自助治疗 [M]. 陈晓莉，容怡，译. 重庆：重庆大学出版社，2009.
[29] MENZIES R G，SILVA P. Obsessive-compulsive disorder：theory，research and treatment [M]. Hoboken：John Wiley and Sons，Ltd.，2003.
[30] 克莱尔，特里布. 理解与治疗强迫症 [M]. 朱广赢，张巍，译. 上海：上海社会科学院出版社，2019.
[31] 赫什菲尔德，科博伊. 强迫症的正念治疗手册 [M]. 聂晶，译. 北京：中国轻工业出版社，2015.
[32] 巴赫，莫兰. 接受与实现疗法：理论与实务 [M]. 方双虎，王维娜，译. 重庆：重庆大学出版社，2011.
[33] FAIRFAX H. The use of mindfulness in obsessive compulsive disorder：suggestions for its application and integration in existing treatment [J]. Clinical psychology & psychotherapy，2008，15（1）：53-59.
[34] PATEL S R，CARMODY J，SIMPSON H B. Adapting mindfulness-based stress reduction for the treatment of obsessive-compulsive disorder：a case report [J]. Cognitive and behavioral practice. 2007（14）：375-380.
[35] HANSTEDE M，GIDRON Y，NYKLICEK I. The effects of a mindfulness intervention on obsessivecompulsive symptoms in a non-clinical student population [J]. The journal of nervous and mental disease. 2008，196（10）：776-779.
[36] 西格尔，威廉姆斯，蒂斯代尔. 抑郁症的内观认知疗法 [M]. 刘兴华，等译. 北京：世界图书出版公司，2007.

[37] HERTENSTEIN E, ROSE N, VODERHOLZER U, et al. Mindfulness-based cognitive therapy in obsessive-compulsive disorder: a qualitative study on patients' experiences [J]. BMCP sychiatry, 2012 (12): 185.

[38] 伯顿. 聚焦取向的心理治疗 [M]. 罗希，译. 北京：中国轻工业出版社，2010.

[39] 米勒，罗尔尼克. 动机式访谈法：帮助人们改变 [M]. 郭道寰，王韶宇，江嘉伟，译. 上海：华东理工大学出版社，2013.

[40] 布莱克. 全然接受：18 个放下忧虑的禅修练习 [M]. 罗辛迪，译. 深圳：深圳报业集团出版社，2009.

[41] 巴斯. 进化心理学：心理的新科学 [M]. 熊哲宏，张勇，晏倩，译. 上海：华东师范大学出版社，2004.

[42] 迈克劳德. 心理咨询导论 [M]. 潘洁，译. 上海：上海社会科学院出版社，1998.

[43] 布朗. 自我 [M]. 王伟平，陈浩莺，译. 北京：人民邮电出版社，2015.

[44] 罗洛·梅. 焦虑的意义 [M]. 朱侃如，译. 桂林：漓江出版社，2016.

[45] 米尔腾伯格尔. 行为矫正：原理与方法 [M]. 石林，等译. 3 版. 北京：中国轻工业出版社，2004.

[46] 杨，克洛斯科，韦夏. 图式治疗：实践指南 [M]. 北京：世界图书出版公司，2010.

[47] 弗洛伊德. 精神分析导论 [M]. 张爱卿，译. 北京：九州出版社，2014.

[48] LEDLEY D R, MARX B P, HEIMBERG R G. 认知行为疗法 [M]. 李毅飞，孙凌，赵丽娜，等译. 北京：中国轻工业出版社，2012.

[49] 伊利亚德. 宗教思想史 [M]. 晏可佳，吴晓群，姚蓓琴，译. 上海：上海社会科学院出版社，2008.

致　谢

由衷地感谢所有找过我咨询的朋友！你们使得我有机会不断地思考和研究强迫问题，和你们一起工作使我不断地反思和完善这套思想和方法，最终使体悟疗法以这本书的形式奉献给大家。

感谢朱建军教授、张天布主任医师、徐光兴教授审阅了本书的书稿并真诚地为本书写了序言。感谢上海师范大学的傅安球教授、北京中医药大学的刘天君教授、北京理工大学的贾晓明教授、北京师范大学的王建平教授、中国地质大学的吴和鸣副教授、中国科学院心理研究所的祝卓宏教授、香港城市大学的岳晓东教授、首都医科大学的李占江教授、华东师范大学的李国瑞副教授、北京大学的刘兴华研究员、上海市精神卫生中心的徐勇副主任医师、陆军军医大学附属新桥医院的高旭滨副教授、南嘉心理咨询中心的徐钧老师、郝滨老师、李孟潮老师、张沛超老师，上海精神卫生中心的吴艳茹副主任医师，安徽师范大学的陶金花副教授审阅书稿、提供宝贵意见，并撰写推荐语。同时也感谢以上诸位老师多年来对我本人专业上的指导与帮助。感谢张海燕老师把我讲课的录音整理成文字作为本书的底稿。

本书得以顺利出版要感谢知识产权出版社的编辑刘爽老师做出的努力。

感谢我的家人对我工作的一贯支持，尤其是我的妻子，她的支持帮我渡过了事业上最艰难的时期，使得我最终在心理咨询领域坚守，才有今天这本书的面世。

此刻正在全球肆虐的新冠肺炎疫情让我们更深切地体悟到：宇宙中的一切都是休戚相关的，我们在一个无比复杂的关系网中互依互存。如果太阳离我们再远一点或者再近一点，人类将不会存在。如果电子的电荷稍微有点不同，就不会有人类的存在。如果在137亿年前宇宙大爆炸后的那1秒中的膨胀率哪怕小十亿亿分之一，也不会有人类的存在。所以，我要感谢宇宙中的一切是如此恰到好处的存在！

东振明

2020 年 5 月 8 日